VINGT ANS DE LÂCHETÉS DE LA GAUCHE BELGE

Entre désillusion et espérance

MERRY HERMANUS

VINGT ANS DE LÂCHETÉS DE LA GAUCHE BELGE

Entre désillusion et espérance

MERRY HERMANUS

Collection Premier Amendement
LES ÉDITIONS AMÉRICAINES

©LES ÉDITIONS AMÉRICAINES
UNITED STATES OF AMERICA
2024
Library of Congress
ISBN 979-8-9907180-0-5

PRÉFACE

« Mieux vaut une vérité qui dérange
qu'un mensonge qui rassure ».

Que voilà une tâche bien délicate ! Relire des articles écrits parfois il y a 10 ou 15 ans. Dure épreuve que de soumettre à l'épreuve du temps des textes rédigés sous le coup de l'indignation, de l'effarement ! Même les esprits les plus ouverts courent le risque de découvrir des analyses, des idées, que les faits ou l'histoire, ont impitoyablement remisé dans l'insondable cimetière des erreurs, des opinions devenues grotesques, dérisoires ou simplement obsolètes. On le sait, l'Avenir ne se préoccupe pas de nuances, son jugement est sans appel, féroce, et même parfois assassin. Certains ne s'en remettent jamais ! Le cas de Jean-Paul Sartre est emblématique. On connaît la preuve de l'existence de Dieu par Sartre. Sartre s'étant trompé sur tout, puisqu'il affirme que Dieu n'existe pas, c'est donc qu'il existe !

J'ai été très impressionné par la lecture de tous les « *Bloc-notes* » écrits par François Mauriac, d'abord dans le « *Figaro* » puis dans « L'Express ». J'avoue n'avoir jamais eu de passion débridée pour ce bourgeois catholique du Bordelais, ayant passé son existence à dissimuler son homosexualité, tout en découpant au scalpel les mœurs délétères de sa province natale, marquant néanmoins un immense courage lors de la guerre d'Espagne. En effet, sa condamnation des atrocités commises par Franco démontrait que cet académicien possédait une qualité rarissime, à savoir, considérer que la vérité prédominait sur ses intérêts de classe. La lecture de ses « *Bloc-notes* » me conduisit à un changement radical d'opinion, car cet homme ne s'était pratiquement jamais trompé, ses analyses, ses prévisions s'avérèrent d'une extrême justesse, vrai régal d'intelligence, de précision… plus exceptionnel encore, de prescience.

Il va de soi que je ne me compare en rien au prix Nobel de 1952. Je conserve… encore… assez de lucidité pour ne pas

---

7

sombrer dans le ridicule. Cependant, je ne crois pas avoir à rougir, mes chroniques tiennent la route, elles ne sont pas en opposition avec la situation d'aujourd'hui, j'ajouterais... malheureusement. Au contraire, elles signent la permanence de mes combats, de mes indignations, de mes colères parfaitement perceptibles. Oui, c'est vrai, c'est souvent un homme en colère qui écrit. Les nombreuses répétitions, les images, les formules qui parfois reviennent sont attachées à la récurrence des situations que je fustige et... qui sont les mêmes depuis que j'ai pris le risque de les dénoncer.

Depuis plus de vingt ans, la gauche s'est effondrée, aspirée par elle-même, par son incapacité de se remettre en question. La lutte pour l'Universalisme, pour le progrès des Lumières, pour la laïcité, pour l'égalité absolue Femme/Homme... pour la démocratie, la Justice...pour la défense des acquis sociétaux et sociaux, le combat contre l'antisémitisme, contre tous les racismes... pour toutes les valeurs constituant le socle de notre civilisation, voilà ma lutte inébranlable.

Voilà le cap qu'indique ma boussole, il n'a pas varié, ne variera jamais !

Cependant, on constatera dans mes textes, s'agissant de certains hommes, une évolution perceptible. Comme je l'ai déjà précisé, je n'ai rien modifié. Ainsi, Emir Kir fut, à mes yeux, pendant de nombreuses années, l'exemple parfait d'une intégration réussie... Jusqu'à cet horrible déjeuner d'octobre 2012, où glaçant, il m'affirma qu'à Bruxelles seul le communautarisme avait désormais sa place. Plus tard, au détour de son procès intenté contre un journaliste local, je découvrirai encore certains éléments de sa biographie sur lesquels il avait stupidement menti. À tout cela s'ajoute sa scandaleuse sinuosité quant à la qualification de génocide au sujet de l'atroce massacre d'un million et demi d'Arméniens en 1915. À partir de là, je m'attacherai à mettre en évidence l'attitude d'Emir Kir, à souligner qu'il avait endossé la livrée d'ambassadeur officieux d'Erdogan... Il m'a étonnamment offert l'occasion de le lui dire les yeux dans les yeux !

Pour Rudi Vervoort, les choses furent plus compliquées. Je le connaissais depuis des décennies, je l'avais apprécié en qualité de chef de cabinet rigoureux, travailleur, de François Guillaume. Au début de son premier gouvernement, il réalisa plus de choses en six mois que Picqué en 15 ans. Puis, progressivement, il s'enfonça dans une sorte de torpeur, de brouillard, d'opacité, où, bras toujours croisés, il est aujourd'hui totalement immergé.

Pourquoi a-t-il cédé sur toutes les revendications islamistes, le voile à la STIB, à Francisco Ferrer, sur l'égorgement rituel ? Pourquoi s'est-il livré pieds et poings liés à Ridouane Chahid, dont il fit son remplaçant à Evere, jouant ainsi le pénible rôle d'idiot utile ?

Pourquoi, après avoir expliqué dans « Le Soir » que plus rien ne fonctionnait à la Région, a-t-il tout avalisé ? Pourquoi avoir admis que le « ministricule» écolo, Maron se lance, seul sans l'aval du gouvernement, dans des tentatives aussi stupides que ridicules d'achat de terres agricoles ? Pourquoi a-t-il accepté que le mortifère plan de circulation soit mis en place ainsi que différentes mesures suicidaires pour Bruxelles ? Pourquoi a-t-il accepté que le confinement soit lâchement mis à profit pour faire adopter toutes des mesures plus nuisibles les unes que les autres ? Pourquoi a-t-il accepté une politique budgétaire apocalyptique ? Pourquoi est-il resté à la tête d'un attelage, qui est à la gestion de notre ville Région, ce que le savon de Marseille est au N° 5 de Chanel ! Pourquoi n'a-t-il pas renversé cette équipe aussi incompétente que nuisible ?

L'effondrement, l'effacement politique de Rudi Vervoort reste pour moi une tristesse et un mystère. Quelque chose s'est éteint chez cet homme dans lequel j'espérais.

Même lorsque j'évoque Philippe Moureaux, le lecteur peut discerner, entre son échec aux élections communales de 2012 et l'article que j'écris lors de son décès, que je garde pour cet homme, avec qui j'avais rompu toute relation personnelle depuis mars 2004, l'espoir qu'il pourrait un jour trouver le bonheur et enfin cicatriser les blessures de son enfance.

Quant à Magnette, « *il avait tout pour me plaire* », je passerai donc du soutien à la critique, quand je constaterai qu'il avait été infecté par le virus du wokisme, mêlant « *l'homme blanc* » à la si « utile» culpabilité générale... façon de faire sombrer nos valeurs dans un océan de remords et de regrets.

Pour les autres personnages cités... Pas d'évolution dans mon chef. Qu'il s'agisse de Jamal Ikazban, Pascal Smet ou Mesdames Khattabi, Moureaux ou Huytebroeck, je les ai toujours considérés pour ce qu'ils sont ! Et je ne me prive pas pour l'écrire !

Le classement de mes articles par chapitres est parfaitement arbitraire, ils auraient pu s'échelonner différemment. Mais je tenais pour essentiel de commencer par « *L'identité* », puis d'aborder ce cancer du communautarisme, avant de mettre en évidence les immenses trahisons de la gauche, tournant le dos à toutes ses valeurs pour de veules raisons électoralistes.

Il ne fait aucun doute, que la gauche à Bruxelles s'est effondrée, le communautarisme séparatiste ayant pris la place de l'universalisme. Il est vrai que certains s'en revendiquent encore comme d'une vieille marque, d'un label, qui en a peut-être l'odeur, le goût, les vocables, mais cette gauche, ce PS-là ne possède plus ce qui en faisait depuis près de 150 ans la substantifique moëlle, c'est-à-dire les Valeurs. Le PS à Bruxelles coincé dans une tenaille, dont l'une des pinces est le communautarisme et l'autre les fariboles fanatiques des écolos, a tout cédé, abandonnant progressivement ses valeurs fondatrices dans une course suicidaire pour capter aux élections, à n'importe quel prix, les voix supposées musulmanes. Il s'est cru ainsi propriétaire d'un électorat captif... dont il est aujourd'hui prisonnier !

La question de l'identité est centrale dans une Région où selon les statistiques officielles, il ne subsiste plus que 20 % de Belges de souche belge, où 80 % des habitants ne sont pas nés en Belgique. L'essentiel n'est cependant pas dans le mot « Identité », il est dans les valeurs qui la constituent. Ainsi à Bruxelles se pose la question du respect de celles-ci par ceux qui forment maintenant la majorité démographique de la ville région. Sur ce point l'avenir ne semble guère engageant.

Pour moi, l'article premier de la Déclaration des droits de l'homme et du citoyen, adoptée le 26 août 1789, reste le seul rempart contre toutes les barbaries, le phare de toutes nos libertés, « *Tous les hommes naissent libres et égaux en droit* ». Tout ce qui s'oppose à cette seule et symbolique courte phrase doit être combattu sans relâche et sans faiblesse. Aucune discrimination, qu'elles soient religieuses, politiques, raciales, sociétales, sexuelles, ne peut être admise. Le respect de l'altérité, la reconnaissance en chaque Homme de sa qualité d'Homme est et reste la seule digue contre l'horreur, qui, par exemple, conduisait des nazis à embrasser leurs enfants, à caresser leur chien, à se réjouir du repas qui allait être servi par une épouse attentionnée, à pleurer d'émotion à l'écoute d'une partita de Bach... après avoir pendant la journée assassiné des milliers de Juifs !

Je suis de ceux qui estiment que l'immigration est aussi une chance, un heureux brassage de populations comme le monde en a toujours connu, à la condition cependant, que l'on n'importe pas une autre culture, une autre civilisation, d'autres mœurs, qui impliqueraient l'abandon de nos valeurs universelles. J'estime inacceptable la cohabitation, les petits aménagements ou les grandes lâchetés, que l'on veut imposer pour plaire aux obscurantistes, alors que ceux-ci refusent nos valeurs, les combattent.

Je trouve particulièrement significatives les affirmations de Mohammed Mogouckhov l'assassin islamiste du professeur de français d'Arras... de son professeur de français. Ce criminel a déclaré au juge « *qu'il n'avait pas tué son ancien professeur de français au hasard. Que ce dernier était sa cible principale. Dominique Bernard était professeur de français, c'est l'une des matières où l'on transmet la passion, l'amour de la République, de la démocratie, des droits de l'homme, des droits français et mécréants.* » C'est donc ce professeur qu'il « devait » égorger. Ce barbare n'est pas un malade mental, n'agissait pas au hasard. Je pense que l'on n'écoute pas suffisamment ce que disent ceux qui assassinent au nom d'un Islam dévoyé, déformé, radicalisé, trahit. Leurs propos sont d'une grande cohérence, d'une parfaite clarté. Ils sont parmi nous, mais haïssent notre société, nos valeurs qu'ils estiment devoir détruire par le fer et par le feu ! Il faut, sous peine de sombrer, oser regarder cette horreur en face… Et en tirer les conséquences.

Quel abominable crime a commis le PS en abandonnant ses valeurs, en acceptant de s'aligner sur des revendications moyenâgeuses, en abandonnant le militantisme, cette école de la vie publique, en favorisant les ghettos. Il prive ainsi des milliers de jeunes issus de l'immigration d'un avenir auquel ils ont droit, il les « réduit » à leur religion, abandonnant sa fonction formatrice et éducative, qui avait façonné des générations et des générations de ses mandataires. Les candidats qui « *poussent en une nuit* » ont remplacé les militants !

L'angoisse électorale a tout dominé, transformant le Parti socialiste en une formation confessionnelle, où des candidats font sur leurs photos, soit apparaître ou disparaître, selon le public dont ils guignent les voix, le cal, la tache noire sur le front, marqueur de leur religiosité ; un parti, où des candidats vont systématiquement dans les mosquées réclamer le vote des fidèles, alors que le PS a pendant plus de 120 ans dénoncé les candidats soutenus par l'Église catholique ! Le PS a ignoré puis rejeté la belle formule « *S'intégrer sans s'oublier* », ce que pourtant ont réussi jusqu'ici tous les immigrés, qu'il s'agisse des Polonais, des Italiens, des Juifs ou encore des Espagnols. Pire encore, à Bruxelles, le parcours d'intégration est freiné, ridiculisé. Est-il nécessaire de rappeler qu'en 1982, le PS fit sa campagne communale sur le thème « *Stop à l'immigration* », y compris

Moureaux à Molenbeek ! Quel chemin parcouru, quel glissando sur le toboggan de la déchéance, de la veulerie électorale !

Si vous interrogez des dirigeants du PS, si vous osez parler d'intégration, vous obtiendrez une réaction gênée, comme si vous aviez prononcé un gros mot. N'évoquez surtout pas le vote multiple, clé de voûte de la communautarisation à Bruxelles. L'intégration à Bruxelles est devenue une insanité, même marcher dessus ne porte pas chance, alors, vous pensez... en parler... Horreur et désolation dans les lieux saints ! L'immigration devrait être des valeurs partagées dans le respect des diversités, mais exclure catégoriquement tout ce qui s'oppose à l'universalisme.

J'ai eu connaissance d'un incident très significatif. La Chambre de commerce d'un pays d'Asie organisa l'année passée un dîner de gala. Ses agapes eurent lieu dans les locaux du Parlement bruxellois obligeamment cédés par le Président Madrane. Un diplomate présent s'étonna de l'absence de vin à table. L'organisateur asiatique lui répondit que c'était le souhait du Président Madrane. Or, il s'avéra que rien n'était plus faux. Jamais R. Madrane n'avait interdit la présence de vin. Mais l'organisateur avait déduit que puisque Rachid Madrane était, selon lui, musulman, le vin devait être interdit. C'est cette suite logique qui me fit bondir, Madrane prête le local, Madrane est musulman, donc le vin est interdit ! Voilà où nous en sommes. Voilà l'image de Bruxelles à l'international, « *le ventre mou du ventre mou de l'Europe face à l'islamisme* » comme titrait, pointant Bruxelles, le « *Nouvel Observateur* ».

Pourquoi ne pas admettre que se pose à l'égard du gouvernement bruxellois un problème, non pas de légalité, mais de légitimité ? Il ne fait aucun doute que le gouvernement bruxellois est légal, il est issu des urnes sur base du strict respect du prescrit constitutionnel. Mais est-il légitime ?

Voilà bien une notion qui n'a aucun contour juridique, elle ressort du vécu démocratique d'une population. Et dans ce cas, c'est une tout autre problématique. Notons que l'accord de 1988 sur la création de la Région Bruxelloise mit 7 ans de plus pour voir le jour, les Régions flamande et wallonne existaient déjà en 1981. J'étais présent au bureau politique du PS de Bruxelles lorsque Moureaux et Cudell furent contraints de faire avaler cette amère pilule. Les Bruxellois devront donc attendre sept longues années.

Plus dommageable encore, par l'institution de mandats de députés réservés à la communauté flamande, cet accord légalisait à Bruxelles une différence entre le poids électoral des voix francophones et flamandes. Une aberration en démocratie. Ainsi, dans le rôle flamand, on devient député, et, s'il échet, ministre, avec quelques centaines de voix sur plus de 500000 électeurs bruxellois. Or, ces ministres flamands, une fois élus et nommés dans l'exécutif, peuvent bloquer le fonctionnement du gouvernement en son entier ! Nous en avons vu les conséquences, certains fantasmes doivent être concrétisés sous peine d'immobilisme complet de la Région.

S'il existait encore une opinion publique bruxelloise, jamais elle n'accepterait la perpétuation d'un système d'autant plus bancal que la population flamande depuis 1988 a fondu comme neige au soleil.

Les partisans du maintien de cet accord inique font valoir les chiffres obtenus par les listes flamandes, semblant ignorer que de nombreux Bruxellois francophones votent pour elles, désespérés par les partis francophones. Si la voix des Bruxellois avait été écoutée, jamais un système aussi injuste, catastrophique, que le vote multiple ne se serait maintenu, un système qui encourage, perpétue et nourrit le pire des communautarismes.

Mais les chiffres existent et ne mentent pas ! L'opinion publique bruxelloise s'est évanouie dans la diversité démographique où, aujourd'hui, seuls comptent les intérêts du séparatisme communautaire. Région bruxelloise R.I.P !

Le plus grave est évidemment la situation budgétaire de Bruxelles. Circule en ce moment, quasi sous le manteau, un peu comme une image porno qu'on se refile en douce, un article du « New York Times » au titre évocateur « *L'état en faillite le plus riche du monde* ».

Sauf erreur de ma part, je ne l'ai vu mentionné nulle part dans les journaux. C'est, vous l'aurez deviné, de la Belgique qu'il s'agit, qui est comparée à un pays… d'Afrique… Et ce n'est pas gentil pour les Africains ! Tout y passe, les quatorze mille fonctionnaires bruxellois, le mille-feuille institutionnel dont le « *New York Times* » écrit qu'*un chat n'y retrouverait pas ses jeunes*, mais qui offre de larges, d'immenses opportunités en matière de mandats, prébendes diverses et d'enrichissements personnels (sic). L'article évoque les 1 128 Conseillers communaux à Bruxelles pour un million deux cent mille habitants, en Flandre pour plus de 6 millions d'habitants, on en compte 12 450. Il pointe les 23 778 mandats politiques dans notre pays. Et l'article se termine par cette formule : « *Encore, un effort, et chaque Belge aura un emploi politique.* » Cela ne fait rougir personne, bien mieux, nos élus bruxellois dopèrent leurs revenus au moment même où ils augmentaient de 10 % le revenu cadastral de tous les Bruxellois… Pourquoi se gêner ! Vivre sur la bête tant qu'elle bouge encore, voilà le mantra.

Malgré, ou mieux à cause, de cette gigantesque brochette d'élus, la situation budgétaire de la Région peut être résumée d'un mot : la faillite ! Lorsque la Cour des comptes refusa pour la première fois d'examiner les comptes de la Région, la presse n'a que très peu évoqué cette question, mis à part un excellent article de « L'Écho ». Il y est question de triplement de la dette directe de la Région entre 2018 et 2024, passant de 3 365 à 10 382 milliards.

La dette en rapport avec les recettes régionales, qui, il y 20 ans pesait moins de 60 %, a dépassé les 100 % en 2008, a atteint les 194 % en 2023 et devrait atteindre, toutes choses restantes égales les 286 % en 2028… Ce n'est ni plus ni moins que la république de Weimar en 1923 ! C'est affolant et explique sans doute l'augmentation de 10 % imposée sur le précompte immobilier, plus une palanquée d'autres augmentations de toutes natures, transformant cette région en enfer fiscal. L'incompétence atteint un point de non-retour s'agissant du ministre du Budget qui « oublie » quelques zéros dans ses additions !

Est-il nécessaire d'ajouter que 3 Bruxellois sur 10 sont au seuil de pauvreté et que le nombre de bénéficiaires de l'Aide sociale est passé de 13 000 en 2002 à plus de 45 000 en 2023 (chiffres provisoires) ? L'augmentation depuis 2002 étant de 153,45 %.

N'est-il pas permis de se poser la question de savoir qui peut survivre à un tel bilan ? Je réponds que la Région en tant qu'institution elle-même n'y survivra pas !

Quoi qu'il en soit, l'Exécutif régional pompe le budget fédéral et les communes pompent la Région, chacun moulinera jusqu'à extinction de la ressource non renouvelable et en inévitable diminution au regard des accords communautaires, moins 10 % pour la Région dès 2024 ! Inéluctable faillite !

Constat dramatique, qui a sans doute conduit ceux qui le peuvent, de plus en plus nombreux chaque année, à quitter la Région. Ainsi 44 000 habitants payant l'impôt ont quitté en 2022 la Région soit pour le Brabant flamand soit pour le Brabant wallon. Bien sûr, en terme purement démographique, ils sont « avantageusement» remplacés soit par des infra salariés soit par des assistés sociaux, soit par des immigrés… À qui, très vite, on expliquera comment et pour qui voter... Mais le parcours d'intégration… Pas la peine de s'en préoccuper !

Voilà où nous en sommes, voilà pourquoi, il m'a semblé, à moi le néo minoritaire, « *l'homme blanc coupable de tout* » … pour m'exprimer comme le président Magnette, qu'il faut revoir dans sa globalité la situation institutionnelle de la Belgique et de Bruxelles en particulier. La situation actuelle n'est plus tenable, la machine à gaz inventée par Jean-Luc Dehaene et Philippe Moureaux ne fonctionne plus… a-t-elle fonctionné un jour ?

Une dernière question. Qui est à Bruxelles, l'homme ou la femme politique, oserait affirmer comme l'a fait en 2016, Ahmed Aboutaleb, maire de Rotterdam : « *je refuse l'idée de venir dans un pays puis de refuser de m'intégrer… Que ceux qui refusent de s'intégrer aillent voir ailleurs… Les extrémistes, foutez le camp* ». Je les mets tous au défi !

1

L' IDENTITÉ, OSER EN PARLER

Identité et Région bruxelloise

Publié le 8 janvier 2023

« L'identité, au lieu de nous demander constamment qui nous sommes, demandons-nous qui est l'autre. »
Mona Ozouf, historienne, documentaire sur la Cinq, octobre 2022.

Oser parler d'identité, c'est immédiatement courir le risque d'être traité de fasciste, de raciste… en un mot de type infréquentable. Il faudrait en déduire que Claude Lévi-Strauss devait donc être un fasciste invétéré quand il écrivit que : *« L'identité n'est pas une pathologie. »*

Je ne cesse d'être admiratif pour la façon dont le «politiquement correct» cloue le bec à tous ceux qui tentent d'évoquer des réalités qui ne s'emboîtent pas dans la case que la bien-pensance leur a dévolue. Curieux comme le réel éprouve beaucoup de mal à s'imposer lorsqu'il n'est pas conforme aux idéologies. Les terrifiants pépins du réel dont parlait Jacques Prévert se digèrent mal ! Pourtant, plus d'excuse, on sait aujourd'hui que ce fut le poison dont mourut l'URSS.

Le mensonge, la falsification, les faits alternatifs... Un mode de gestion moderne !

> *« L'identité n'est pas une pathologie. »*
> Claude Lévi-Strauss

Aujourd'hui, le mensonge devenant une forme de gouvernement, les choses deviennent plus simples, « *J'ai perdu une élection* », il suffit que j'affirme qu'elles ont été volées. Le mensonge est le grand enjeu des démocraties. La falsification de l'histoire, des faits, des documents est devenue un mode de gestion, qu'il s'agisse des USA ou d'une commune bruxelloise. Le discours politique ne s'embarrasse plus de la pesante, de l'ennuyeuse vérité, les « faits alternatifs » sont là pour s'en sortir... On ment et... « ça » passe, les gogos n'y voient que du feu ou pire sont convaincus par le mensonge.

Si l'URSS est morte de sa cécité volontaire, du poids de ses mensonges, c'est aussi depuis une trentaine d'années le cas de ce qu'on appelait « la Gauche ». En effet, pour beaucoup de ceux qui se réclament de la gauche, tout fonctionne comme si seule l'identité exotique avait droit de cité, d'être protégée, admirée, adulée, subventionnée. S'agissant de celle de l'Occident, ah! cela non! pouah, une horreur! Elle est devenue quelque chose de honteux, une de ces maladies que l'on cache, de celles qu'on attrape lors de mauvaises fréquentations, dans des lieux innommables... pour certains leur propre histoire n'est plus qu'un chancre purulent... pas de thérapie, seule la culpabilité, la cendre dont on se couvre la tête... vite des excuses d'exister encore ! Seule réponse l'éradication ! L'annihilation... en attendant celle-ci...des excuses, l'expression de remords, de regrets, la honte d'être soi !

Le président du PS Paul Magnette répondant dans les colonnes du « Soir» à propos de la problématique du voile n'a-t-il pas répondu qu'« *étant un homme blanc de 47 ans* » il lui était difficile de se prononcer ? Ah ! Bon ! Un homme blanc... pourquoi donc un homme blanc n'aurait-il pas un avis sur la valeur universelle de l'égalité homme/femme! Sur la liberté des femmes de se voiler ou non, sur l'oppression subie par des dizaines de millions de femmes… en Iran et ailleurs. Magnifique exemple de la honte de ce que l'on est ! Sartre s'était fait l'analyste de la haine de soi, nous vivons maintenant dans l'atmosphère méphitique de la honte de soi généralisée à toute une civilisation… La nôtre! De la haine à la honte, est-ce un progrès ou une étape de plus sur le toboggan de la déliquescence ?

On s'émerveillera des rites des Dogons, on comprendra donc, on excusera le pire, on soutiendra l'horreur de l'égorgement rituel, on exigera le port du voile partout, on exigera la séparation sexuée des heures piscines, on exigera le port du burkini, on exigera une nourriture halal dans toutes les cantines… mais on s'offusquera, on trouvera insupportable la vue d'un sapin ou d'une crèche de Noël dans le couloir d'une école ! (exemple vécu) ; sapin ou crèche, qu'ils ne sauraient voir, comme Tartuffe le sein de son hôtesse, seraient attentatoires à l'identité de ceux-là mêmes qui tentent d'imposer la leur au travers d'une politisation de leur religion, assimilant religion et système politique… cocktail mortel tout au long de l'histoire. Ainsi, cette « gauche » soutiendra les femmes iraniennes qui jettent leurs voiles aux orties, mais estimera que le voile en Europe est l'expression d'une libre volonté et même « *qu'il embellit les femmes* » dixit Mme Rousseau, élue écologiste en France et professeure à la faculté de Lille ! Au secours !

Richard Malka, l'avocat de « *Charlie Hebdo* » a parfaitement raison d'écrire : « *Je suis à gauche, mais je suis parfois tout seul à gauche. Ma gauche a disparu en représentation politique. Elle était la gauche universaliste, laïque, libertaire. Elle s'est éradiquée elle-même.* » J'ajouterai qu'elle a sombré corps et biens dans la confusion, l'inculture, le communautarisme, la bassesse électorale… et la stupidité à front de taureau !

Repentance et culpabilité, seul avenir de l'occident

« C'est la meilleure chose du monde que de savoir être soi. »
Montaigne

Pour la civilisation judéo-chrétienne ne reste que la repentance, l'humble sollicitation d'un pardon rédempteur pour les crimes commis par nos ancêtres. Voilà donc que par une étrange alchimie, les enfants, les petits-enfants, les arrière-petits-enfants, des générations après les faits, deviendraient tous coupables.

Comment ne comprenons-nous pas que derrière cette repentance exigée, derrière cette stigmatisation générationnelle d'actes odieux commis parfois des centaines d'années plus tôt, se dissimile la volonté de détruire... de « déconstruire » notre civilisation, nos valeurs, au profit... mais oui, en définitive au profit de qui ?

Richard Malka signale encore que « *la culpabilité... est un instrument de destruction massive de la pensée, car elle fait mal réfléchir. La culpabilité est une arme utilisée par les ennemis de l'état de droit et de la démocratie.* » Dont acte ! L'ennemi à détruire est donc la démocratie et ses valeurs fondatrices.

En définitive, il n'est pas utile de savoir qui seront les bénéficiaires de notre déchéance, l'important étant de nous affaiblir de l'intérieur, de nous phagocyter, de nous miner par la culpabilisation...

Coupables de tous les crimes de l'histoire... il est temps de... payer... important cela... payer... suffit pas de restituer les restes empaillés de la malheureuse vénus hottentote, les crânes des Hereros et Namas horriblement suppliciés, de rendre les objets d'art volés... non... il nous faudra tôt ou tard payer en monnaies sonnantes et trébuchantes... pour des crimes que nous n'avons pas commis.

Ainsi, on évoque la culpabilité collective, notion que le tribunal de Nuremberg avait fermement rejetée. Nous serions encore les profiteurs impénitents des crimes du passé ! Mieux encore, cette revendication de la repentance, invente, instaure la

24

culpabilité collective. Et le plus extraordinaire est que cela fonctionne ! Ah ! les cons !

Je ne vois que deux précédents, l'accusation millénaire que l'Église catholique a décrétée contre le peuple juif, l'accusant tout entier, en qualité de peuple, de déicide et le génocide des Arméniens, tous accusés en tant que peuple de trahir la politique « progressiste » et belliciste du gouvernement « Jeune turc ». On en connaît les conséquences ! Ce ne fut qu'un long et sanglant cortège d'horreurs.

Deux mille ans de martyrs pour les Juifs, un million et demi de morts pour les Arméniens dont le génocide est toujours nié par les descendants de ceux qui l'ont perpétré.
Connaître le passé, l'histoire est une absolue nécessité, en faire une arme dans le présent est ajouter le crime du présent aux crimes du passé.

Identité ou race, voilà la question

Au XVIe siècle, Montaigne écrivait déjà « *C'est la meilleure chose du monde que de savoir être soi.* » Il avait raison, parler d'identité, c'est d'abord se connaître, savoir qui on est, savoir d'où l'on vient. C'est aussi reconnaître l'identité de l'autre… celle quiest différente… et la respecter, oui, mais pourquoi l'idolâtrer, pourquoi vouloir l'imposer ?

Ne pas accepter que l'on évoque l'identité est une réponse parfaitement commode pour ceux qui refusent que l'on en débatte. Si vous tentez de le faire, vous êtes immédiatement classé, catalogué de raciste, pis encore d'islamophobe, le cadenas absolu…

Fichet, qualité supérieure… fermeture assurée de tout débat… fleur de lys marquée au fer rouge sur l'épaule des condamnés au bagne sous l'ancien régime… Normal qu'avec de telles gens on ne discute pas… plus de fleur de lys… mais au mieux direction… la prison. Comme le racisme, l'islamophobie ne sera plus une opinion, mais un délit… dans la confusion des mots et de leurs sens, on y viendra ! Tout fait farine au moulin de la diabolisation, de la condamnation, de la répudiation de nos valeurs.

Il n'y a que quelques dizaines d'années que l'on évoque l'identité, pendant des siècles, il ne fut question que de race ! Pour permettre à l'identité d'émerger, il fallut d'abord se dégager de la race, gangue nauséabonde du classement des humains, où de fait, en sus du classement, ce qui était mis en place, fut avant tout une hiérarchie.

Dans la mesure où c'était le colonisateur blanc qui dominait, il allait de soi que la race blanche fut supérieure aux autres.

Au XIXe siècle, le comte de Gobineau en rédigeant son « *Essai sur l'inégalité des races* » structurait pour longtemps l'humanité. Il alla même jusqu'à reprendre cette énorme stupidité véhiculée dans la noblesse française qui soutenait que les aristocrates étaient issus des envahisseurs germains des débuts de l'ère chrétienne alors que la masse vulgaire descendrait des Gaulois asservis par les Romains.

Ne riez pas ! j'en ai rencontrés qui encore se racontaient cette fable afin de se rassurer quant à leur « supériorité »... en général ceux-là en avaient bien besoin.

Est-il utile de rappeler les tentatives nazies visant à démontrer l'origine tibétaine des Germains ? Plusieurs missions nazies partirent dans le lointain Tibet pour y mesurer des crânes, des oreilles, la distance entre le nez et les lèvres, etc. L'un des membres de cette mission fut celui qui sélectionna à Auschwitz les 85 juifs qui furent exécutés pour servir au laboratoire d'anthropologie de l'université de Strasbourg... où les corps des victimes se trouvaient toujours des décennies après la chute du Reich nazi ! Il ne fut jamais jugé. L'excellent film de Joseph Losey « *Mr Klein* » commence par une scène où l'immonde docteur Montandon examine une femme nue, mesure sa démarche, la voûte des pieds, son crâne, son nez, la distance de sa lèvre supérieure par rapport à celui-ci, l'éclat des yeux, l'intensité du regard, le menton... fuyant ou affirmé ? Les gestes sont ceux d'un maquignon jaugeant du bétail, même insensibilité, même brutalité sèche, même distance, même inhumanité. Le but étant d'obtenir un certificat d'aryanité… et de survivre ou prendre la direction d'Auschwitz. L'ignoble Montandon se faisait payer, on l'aura deviné. C'est le même qui proposa que l'on coupe le nez des femmes juives pour qu'on puisse les reconnaître. Cet intime de Louis-Ferdinand Céline fut, par bonheur, abattu par la Résistance.

Pourtant la hiérarchisation de l'espèce humaine s'était immédiatement heurtée à l'universalisme des religions monothéistes où, dès l'instant qu'il en accepte les dogmes, quelle que soit sa race, sa couleur de peau, son statut social, tout être humain fait partie, à égalité avec les autres, de l'Église, de l'umma, du peuple de Dieu.

Des valeurs universelles, vraiment !

Il est vrai que dans l'histoire, ce projet universaliste s'est heurté aux dures réalités politiques ou économiques. La promesse de la vie future, forcément égalitaire, ne fut qu'un baume permettant de maudire, de relativiser, d'endurer les horreurs de « *la vallée de larmes*» du présent des peuples. La religion chrétienne a vite résolu le problème en précisant qu'il fallait «*rendre à César ce qui appartenait à César…* », le tour était joué… chacun dans sa sphère de responsabilité et l'église resterait pour des millénaires au milieu du village. Et puis chacun le sait, ce qui est important dans «*la terre promise*», c'est la promesse.

Là est le coup de génie, jamais personne n'est revenu pour protester contre « La » promesse non tenue !

La découverte de l'Amérique et de ses indigènes posait un sérieux problème. Les Indiens avaient-ils une âme ou étaient-ce des animaux à forme humaine ? L'Église catholique a doctement débattu du problème lors de la célèbre controverse de Valladolid au XVIe siècle. Le problème de l'altérité devenait essentiel. Le jésuite Las Cassas et certains évêques condamnaient l'esclavage subi par les Indiens d'Amérique, avec la conséquence, dans certaines îles, de leur disparition totale.

Ces condamnations et ces objurgations n'empêchèrent nullement l'exploitation de se poursuivre. Il en fut de même plus tard, au XIXe siècle, lors de la mise en coupes réglées de l'Afrique. Business d'abord... la morale, la religion, les valeurs ensuite. Même si la colonisation se drapait dans les grands idéaux chrétiens dont le vernis cachait mal les horreurs d'une exploitation sans vergogne, sans pitié.

Est-il besoin de préciser que les colons, qu'ils s'agissent des Espagnols, des Portugais en Amérique, des Allemands, des Belges, des Français, des Anglais, en Afrique, des Hollandais en Indonésie, tous se fichaient éperdument de l'identité des peuples asservis.

On s'esbaudissait devant le pittoresque, on riait des rites que l'on ne comprenait pas, on organisait des voyages « touristiques » au Bénin pour assister aux sacrifices humains suivis de cannibalisme.

Regardez les films tournés sur les zoos humains, que ce soit à Paris, Berlin ou... Tervuren, vous pourrez mesurer ce qu'était le ressenti à l'égard de ces peuples « premiers » pour parler comme Chirac. Ce sera cependant au nom de leur identité, ignorée ou niée par les colons que les peuples se révolteront. Ainsi, la révolte des cipayes en 1857 trouve son origine dans le fait que les cartouches de fusils étaient enduites de graisse de porc, dont les soldats, musulmans, devaient, avec leurs dents, arracher l'emballage. Plus tard, toutes les luttes anticolonialistes se sont arc-boutées sur l'identité des peuples et de façon très subsidiaire sur une idéologie politique, en général marxiste. Ceci se vérifie partout.

L'Identité violée, méprisée, moquée est au premier plan des révoltes... même si le mot n'apparaît pas. On parlera de culture, de religion, d'us et coutumes, de rites... tous éléments constitutifs de l'identité... on peut y ajouter l'histoire ou plus exactement le roman national... en ce compris l'histoire de la colonisation.

Il fallait être aussi inculte que Sarkozy pour oser prononcer à Dakar, en juillet 2007, un discours où il déclara sans ciller que « *l'homme africain n'était pas assez entré dans l'histoire* ».

28

Invraisemblable déclaration ! C'était tellement ridicule que ceux qui écrivaient les discours de Sarkozy se disputèrent entre eux, tous niaient être l'auteur de cette énormité historique.

Au moment des indépendances, les États nouvellement créés essayeront d'unifier les peuples en retrouvant cette identité enfuie, occultée, niée pendant la période coloniale. Il suffit de songer à la campagne de zaïrianisation voulue par Mobutu. J'étais par hasard à Kinshasa au moment du lancement de cette campagne.

Les officiels se devaient de porter l'abacos, abréviation « d'à bas le costume », les femmes étaient giflées par la police si elles s'habillaient à l'occidentale, avant chaque libation, il convenait de verser un peu de vin ou de bière sur le sol ou… dans le cendrier, en l'honneur des ancêtres. Comme toujours au Congo, les choses se firent avec ce que j'appellerai… une certaine élasticité… qui rend ce malheureux peuple si attachant.

La race vaincue par l'ADN

Il est clair aujourd'hui que la notion de race n'a pas résisté à la découverte de l'ADN démontrant, mis à part d'infimes différences, une parfaite similitude des hommes, quelle que soit la partie du globe qu'ils habitent. Les travaux de Claude Lévi-Strauss, lui-même s'inspirant de l'Américain Franz Boas, démontraient l'inanité de la hiérarchie raciale.

La race disparue, reste cette notion plus floue, plus difficile à définir, à cerner : l'identité. Est-ce un agglomérat de religion, d'éducation, de culture, d'arts, d'histoire, de roman national, propre à chaque groupe humain ? Je le crois. Ce qui nous constitue est précisément cet assemblage de briques disparates, éparses, de tailles et de formes différentes, de celles qui constituaient les vieilles bâtisses villageoises, dont seul l'art du maçon permettait d'élever les murs, dont certains résistèrent aux siècles.

Définir ce qui fait l'identité d'un peuple, d'un groupe humain reste difficile, parce que ce qui hier unissait peut demain diviser. Et parfois, particulièrement en politique, le changement est très rapide. En avril 1944, des milliers de Parisiens enthousiastes acclamaient Pétain, quatre mois plus tard les mêmes hurlaient leur amour à de Gaulle et conspuaient Pétain, ce n'est qu'un exemple, mais à mon sens très parlant.

La difficulté principale survient quand le mur n'est constitué que d'une seule brique, la religion, quand cette seule croyance soude l'ensemble, seul facteur supportant tout l'édifice. Dans ce cas, l'individu n'appartient au groupe que s'il reste d'une inébranlable fidélité à cette croyance. Hors d'elle, point de salut ni sur terre ni au ciel, point d'humanité, ni d'au-delà.

Ce fut longtemps le cas dans la religion catholique. On se souviendra de la question des cimetières au début de notre indépendance, première manifestation d'ampleur du règne de Léopold Ier. Dans le judaïsme régnait et règne encore dans certains groupes ultras orthodoxes le totalitarisme qui conduisit au XXVIIe siècle la communauté juive d'Amsterdam à excommunier Baruch Spinoza et, faut-il le préciser, c'est encore le cas pour beaucoup de musulmans. Même dans les années soixante qui ont vu le triomphe du baasisme, ou socialisme arabe, l'islam faisait toujours partie intégrante de toutes les idéologies, sans cependant avoir le poids qu'il a aujourd'hui. Poids acquis sur les ruines du baasisme. Dans de nombreux pays, l'islam fait partie des lois fondamentales. Les sondages démontrent que dans les populations immigrées en Europe, nombreux sont ceux qui placent la loi religieuse au-dessus des lois civiles.

Le recteur de la grande mosquée de Paris dans une longue interview au « Monde » de ce vendredi 6 janvier ne disait-il pas qu'il était indispensable de séparer religion et politique ?

Me voilà donc en excellente compagnie. Pourrait-il être entendu en Belgique ?

Or, toute l'histoire de la libération de l'homme grâce à la raison a conduit à remettre en cause cet enfermement de l'identité par la religion. Du bûcher de Jan Hus, à celui de Servet, constitué de ses propres livres, celui de Giordano Bruno à Rome sur le campo dei fiori, en passant par les abominations de l'inquisition, ces luttes s'étalèrent sur des centaines d'années, conduisirent à d'effroyables massacres comme la guerre de

Trente Ans qui ravagea l'Allemagne ou encore l'épouvantable massacre à la Saint-Barthélemy de 1572. Ce sont ces flots de sang qui ouvrirent le passage vers l'émergence de la raison dans l'Histoire.

Aujourd'hui, ce qui constitue un homme, ce qui lui donne une identité n'est plus seulement sa croyance religieuse, s'il en possède une, c'est beaucoup plus. C'est une mosaïque de valeurs, d'éléments culturels et historiques, tous étroitement tressés. Les identités aujourd'hui sont donc multiples comme ce qui les composent, dont le fondement, le socle, les piliers sont les valeurs universelles… ne pas l'admettre consiste à rejeter l'Homme dans les ténèbres, dans l'obscurantisme générateur de l'inégalité entre les êtres… ouvrir toujours la voie au pire.

Le choc des civilisations ou le choc des identités

Depuis quelques dizaines d'années, nous sommes confrontés en occident à des populations immigrées qui, pour certaines, ne se définissent qu'en fonction de l'appartenance à une religion, alpha et oméga de toute existence, en dehors de laquelle il n'y a pas d'appartenance possible, ni à la communauté ni même à l'humanité. Dans ce cas, l'altérité conduit inévitablement à l'infériorité, à l'inhumanité. La cohabitation pose donc d'évidents problèmes avec nos sociétés où les Valeurs sont issues des Lumières, impliquant la liberté de penser, de croire… ou de ne pas croire. Libertés inscrites dans le marbre de notre constitution.

La complexité des relations est liée au fait, que ces immigrés souvent issus de théocraties où le religieux et le politique ne sont qu'un, veulent, considèrent, estiment, parfois exigent que leurs modes de vie, corsetés par la loi religieuse, les interdits, les rites, doivent pouvoir s'exercer sans réserve dans des pays où depuis deux siècles la liberté de penser, le libre examen, droits et libertés chèrement acquises, ont façonné l'identité, structuré la société de façon toute différente. Mais c'est précisément au nom de leur identité que certains immigrés et leurs descendants, aujourd'hui nos compatriotes, **exigent que se substituent à nos libertés… leurs interdits** !

Pour se convaincre de cette tension et sortir d'un angélisme, d'une naïveté mortifère, il suffit de lire les récits faits par les enseignants de la haute école Francisco Ferrer. Ils racontent les crachats sur les sandwiches de ceux qui osent manger en période de ramadan, les pressions sur les jeunes filles qui ne désirent pas porter le voile, l'autocensure de professeurs n'osant plus aborder certains sujets. C'est le conducteur de tram qui retarde le départ de son convoi pour faire la prière et crache sur ceux qui lui demandent de démarrer. Ce sont les multiples plaintes déposées dans les hôpitaux publics contre des médecins qui tentent d'effectuer leur travail. Il y a plus de trente ans, un professeur de l'athénée de Laeken avait déjà évoqué dans un article du « Vlan » le fait qu'il ne pouvait plus enseigner Darwin. On l'avait traité de raciste.

Plus personne constatant la situation avec objectivité ne peut nier que la confrontation de ces deux identités revêt à Bruxelles une acuité grosse de graves difficultés. Les votes sur l'égorgement rituel, le débat sur le foulard dans les services publics ne sont que la pointe émergée de l'iceberg.

L'écart au lieu de se resserrer s'élargit de plus en plus, le communautarisme, la volonté de séparatisme étant de plus en plus prégnante.

Pourquoi ?

Parce qu'après la loi Gol, allégeant considérablement la procédure d'acquisition de la nationalité belge, le nombre d'étrangers naturalisés en mesure de participer aux élections a modifié les rapports de force électoraux.

Les partis politiques de gauche ayant toujours mené une politique généreuse en matière d'immigration ont été pris au piège de leurs bons sentiments. Aujourd'hui à Bruxelles, le PS a de fait disparu en qualité de parti de gauche, j'entends par là, de défenseur des Valeurs d'humanisme, de laïcité. Par pur électoralisme, il défend des valeurs qui n'ont jamais été les siennes. Ah ! bien sûr sur le papier les choses restent les mêmes, par exemple l'égalité homme/femme est toujours proclamée... mais lorsque des candidats vont glaner des voix dans les mosquées, c'est avec un gros clin d'œil, un ricanement cynique, qu'ils évoquent cette égalité. Croyez-moi, ce sont des exemples vécus.

Un PS très poreux !

On admet de nos jours dans les rangs du PS bruxellois des gens :

— Qui se réclament des frères musulmans, organisation qualifiée de terroriste par les instances internationales, dont l'un des premiers articles de la Charte implique la destruction d'Israël,

— On admet qu'un de ses élus s'affirme proche du Hamas, organisation elle aussi qualifiée de terroriste par l'ONU,

— On accepte que soit organisée une conférence dont l'affiche est digne de l'antisémitisme nazi,

— On intègre un « loup blanc 1» sur la liste municipale que présente le PS à Schaerbeek.

Et encore :

— Le gouvernement dirigé par le PS refuse d'interjeter appel dans l'affaire du voile à la STIB abandonnant une institution qu'il préside, un service public sous son autorité

— le bourgmestre socialiste de Bruxelles n'a pas de majorité pour soutenir l'appel en justice de ses propres enseignants de la haute école Francisco Ferrer,

— le PS, à deux exceptions près, vote pour la poursuite de l'horreur de l'égorgement rituel... alors qu'en Wallonie les socialistes l'ont interdit...

La liste des petits accommodements et des grandes lâchetés est encore longue, inépuisable

Triste conclusion... le PS bruxellois a perdu son âme... Car oui, il en avait une... celle qui lui avait permis de lutter, depuis 1886, date de la création de la section bruxelloise du Parti ouvrier belge, dans tous les combats pour la démocratie, la justice sociale, l'éducation pour tous, l'émancipation des femmes et des hommes de notre pays, la liberté de penser, l'avortement, de croire en un Dieu... ou de ne croire en rien, si ce n'est en l'avenir de l'Homme ! Tout cela est ignoré au profit d'un séparatisme exigé par la frange la plus rétrograde, la plus obscurantiste de l'immigration maghrébine, celle qui procure les précieuses voix.

Pire encore, dans quelques mois, il sera sans doute question au parlement bruxellois de l'octroi du droit de vote aux élections régionales permettant aux étrangers **non issus** de l'Union européenne de participer aux suffrages. Dans une région où 58 % des habitants ne sont pas nés en Belgique, où plus de 40 % ne disposent pas de la nationalité belge, ce sera asseoir définitivement et pour longtemps le pire des communautarismes, seule et unique justification de cette proposition... qui sera, je n'en doute pas un seul instant, votée les mains jointes... dans un souffle extatique et les yeux fermés par Écolo dont 19 % des électeurs se réclament de l'Islam et par le PS dont 44 % des électeurs, sondage de sortie des urnes, se disent eux aussi musulmans. Le vote multiple a déjà été l'arme fatale au service de la communautarisation, en y ajoutant le vote des étrangers hors UE, ce sera complet ! Le paysage politique tout entier dominé par le communautarisme.

Y a-t-il manière plus explicite d'affirmer son mépris à l'égard de la nationalité belge, en bradant ainsi, pour des raisons électoralistes, un droit de vote si chèrement acquis ? La nationalité ne sera donc plus rien ! **La négation de sa propre nationalité par des élus est une chose rare ! Une spécificité bruxelloise en somme. On en revient à la haine ou à la honte de soi !**

L'intégration… ou le bled

Je trouverais cependant admissible ce virage à 180° du PS, s'il s'agissait de convictions profondes, mais non ! Il ne s'agit que du plus veule des électoralismes. Comme me l'a dit un bourgmestre socialiste : « *au PS, tout doit désormais être basé sur le communautarisme ou le PS disparaîtra* ». Je répondrai qu'à mon avis, il a déjà disparu…à cause du communautarisme, qui est devenu une volonté nette et affirmée de séparation des communautés avec tous les risques que cela représente. Le mal être des uns et des autres s'exprimera sans nul doute de façon de plus en plus violente. Ainsi, comment comprendre que si le Maroc gagne un match de football, il s'en suit des émeutes, s'il perd, il y en a aussi. Comment expliquer que les services de secours, pompiers et ambulanciers sont de plus en plus souvent l'objet d'agressions alors qu'ils tentent de sauver des vies ?

Ce n'est là que la matérialisation d'un profond mal être dans la société où ces jeunes devraient en principe s'intégrer. Ne sont-ce pas là les signes d'une profonde opposition au pays où le plus souvent, ils sont nés et ont été, en principe… scolarisés ? Mais que leur a-t-on appris ?

N'est-il pas vrai qu'une élue PS estimait, il y a quelques années que les cours d'histoire devraient traiter de l'histoire du Maroc? Comment dans ces conditions envisager quelque intégration que ce soit ?

L'argument présenté par la vice-présidente d'Écolo, tout juste sortie du bac à sable de la cour des petits, relatif au fait que ces jeunes émeutiers répondraient aux provocations de l'extrême droite, serait risible s'il ne s'agissait d'une situation aussi dramatique.

Je ne crois pas qu'un pompier ou un ambulancier en pleine action de secours puisse être assimilé à un nervi d'extrême droite…

Il y a quelques mois, le président du parti socialiste flamand Mr Conner Rousseau déclarait dans une interview que se baladant à Molenbeek, il n'avait pas eu le sentiment d'être en Belgique.

Scandale dans le landernau, désolation dans les lieux saints, cris d'orfraie d'élus bruxellois. Très récemment, il vient de refaire l'exercice. Il s'en est ouvert dans la presse en affirmant qu'il n'avait pas changé d'avis.

Des touristes à Bruxelles

Qu'en est-il ? J'ai travaillé quatorze ans à Molenbeek. J'y ai réalisé les projets européens Urban, fait construire et géré trois centres d'entreprises. De plus, je connais cette commune depuis toujours, mon père y avait différentes ouvrières piqueuses ou boutonniéristes, je l'ai parcourue à pied et à vélo dans tous les sens. J'ai donc vu cette cité ouvrière au XIXe siècle évoluer, devenir ce qu'elle est aujourd'hui, partiellement un ghetto, n'en déplaise aux plus bêlants des thuriféraires stipendiés lorgnant l'électorat maghrébin qui leur offrira enfin le mandat très rémunérateur auquel ils aspirent.

Oser dire que dans certains quartiers on se croit sous d'autres cieux est une vérité que seuls les hypocrites nient. La réalité est celle-là. J'invite ceux qui en doutent à parcourir certaines rues, afin de tenter d'entrer dans certains établissements... certes pittoresques. J'ajoute, et c'est très important, que cela ne veut pas dire qu'il y ait une quelconque agressivité, les gens sont la plupart du temps sympathiques, accueillants, mais ce n'est plus Bruxelles, ce n'est plus la Belgique, c'est autre chose ! Voilà la vérité ! Le président des socialistes flamands a raison de le dire.

La vérité doit être dite pour que l'on puisse progresser.

Il y a déjà quelques années, pour soutenir la campagne électorale d'une jeune candidate, je l'avais amenée chez des amis à Matonge. Alors qu'elle s'entretenait avec une sympathique coiffeuse, je vis s'arrêter un bus, en descendre une petite cinquantaine de gens parlant flamand, ceux-ci sortant du car le nez en l'air, observaient les vitrines, scrutant les gens comme ils l'auraient fait dans un musée devant des toiles de maître, se chuchotaient à l'oreille, se tiraient par la manche, l'un montrant à l'autre les choses à observer. Ma curiosité, toujours la plus forte, me força à demander à l'un d'entre eux ce qu'ils faisaient là. Il me répondit très courtoisement qu'ils venaient de Flandre, le voyage était organisé, pour visiter Matonge qu'on leur avait décrit comme un lieu exceptionnel, méritant le détour... un quartier de Kinshasa transplanté au cœur d'Ixelles... Matonge, combien d'étoiles au guide du routard ? Du tourisme ethnographique en somme !

Voilà peut-être un avenir pour Bruxelles où il ne sera plus possible de circuler, mais où des cars de touristes pourront débarquer leur cargaison de curieux intéressés par ce que sont devenus les Bruxellois...oui, il y a là peut-être un filon à creuser... un ghetto... une réserve d'Indiens... où est la différence ? La pauvreté et la misère sont si pittoresques... voilà notre avenir !

La paix civile confiée aux mosquées

La vérité est qu'à Bruxelles depuis les émeutes de 1991, on a remis les clés de la paix civile aux mains des mosquées. Philippe Moureaux ne fut pas le seul. On connaît le terrible résultat. Molenbeek « bénéficie » de nos jours d'une notoriété internationale... Pour la pire des raisons !

L'ordre et la sécurité ont été confiés à des gens qui furent progressivement animés par d'autres objectifs. À savoir appliquer, comme cela m'a été dit publiquement, la charia en lieu et place de nos lois. Sur cette prise de contrôle du religieux sur le politique s'est greffé le désordre mondial lié à l'état islamique et Al-Qaïda. On connaît la suite, Bruxelles et en particulier Molenbeek sont devenus une pépinière de terroristes. À Bruxelles, la célèbre formule allemande «Ruhe und Ordnung» s'accompagne du tampon halal garanti par les mosquées! Le PS en abandonnant, ce qui faisait sa colonne vertébrale, son « université », le militantisme, et ce au profit d'un électoralisme contraire à toutes ses Valeurs, porte, dans ce terrible naufrage, une responsabilité écrasante.

Et pourtant... Un immense espoir

J'ai ressenti une immense espérance en rencontrant quelques rhétoriciens de l'athénée de Molenbeek. Lors de trois rencontres, j'ai éprouvé le même plaisir, la même joie, au cours d'un dialogue sans fards, sans faux-semblants, sans hypocrisie, dénué de toutes les grimaces de la comédie sociale. J'en suis chaque fois sorti le cœur en joie, car j'avais pu mesurer les énormes possibilités de ces jeunes molenbeekois tous issus de l'immigration.

Et c'est-là le crime que commet le PS, complice de l'étouffement de cet élan merveilleux vers la savoir, en se liant, en donnant les clés de l'avenir aux plus obscurantistes, car les plus rémunérateurs en termes de suffrages électoraux, qui eux ne souhaitent que le maintien de ces jeunes pleins de vie, d'espoir, d'avenir dans les mentalités et les mœurs du bled. Dans ces conditions, pas une chance, pour ceux qui restent coincés là, de s'intégrer, d'une vie harmonieuse dans le pays dont ils sont, qu'ils le veuillent ou non citoyens, qui a accueilli leurs parents ou leurs grands-parents.

Ainsi le communautarisme conduisant inévitablement au séparatisme empêche toute intégration, obligeant les enfants issus de l'immigration à se percevoir toujours maghrébins, toujours étrangers, les isolant de la communauté nationale jugée inévitablement hostile. Alors qu'il aurait fallu promouvoir l'intégration, un mot aujourd'hui jugé scandaleux, imprononçable, stigmatisant, alors que l'intégration n'implique pas l'oubli des origines. Les enfants issus des immigrations polonaises, italiennes, juives, espagnoles, qui eux aussi ont connu la discrimination et le racisme, se sont tous intégrés sans s'oublier, sans renier leurs précieuses racines.

S'intégrer sans s'oublier, voilà la clé ! Pourquoi ce processus éminemment positif ne pourrait-il pas se réaliser avec les enfants du Maghreb ? Il y a là, j'en suis témoin, des potentialités fabuleuses qui ne demandent qu'à éclore. Il y a d'ores et déjà des milliers et des milliers de splendides réussites.

Mais ceux-là ont fui, dès qu'ils l'ont pu, le ghetto… et votent rarement socialiste !

Tant que l'électoralisme nourrira le communautarisme, se poursuivra dans la frange la plus fragilisée de cette population, une volonté sans cesse plus forte de séparation, éloignant toujours plus, ceux qui sont devenus nos compatriotes, du « vivre ensemble », qui ne pourront que se racrapoter sur le séparatisme qui, on l'a constaté avec les attentats, peut conduire au pire ! Et dans ce pire-là, le PS, en sa qualité de parti dominant à Bruxelles, porte une responsabilité historique.

Celui qui écrit ces lignes, les trace avec une profonde tristesse et le recul de ses 53 ans d'affiliation à ce parti qui, aujourd'hui, à Bruxelles a tourné le dos aux valeurs de ses origines, et plus grave encore aux valeurs universelles constitutives de notre identité !

Il ne fait pas de doute qu'un jour l'Histoire lui en demandera raison.[1]

---

[1] Les loups gris sont les membres d'une organisation fasciste et nationaliste turque. L'un d'entre eux, Ali Agça, sans doute manipulé par les services soviétiques, a tenté d'assassiner le pape Jean-Paul II. Ce mouvement est responsable de nombreux crimes en Turquie et au sein de la diaspora turque.

VINGT ANS DE LÂCHETÉS DE LA GAUCHE BELGE
Entre désillusion et espérance

2

LE
COMMUNAUTARISME

Être musulman aujourd'hui à Bruxelles

Lettre ouverte de Mme H. Conseillère communale PS à Jette, au Journal « Le Soir »

Publié 12 avril 2011

C'est bien volontiers que j'ouvre mon Blog à mon amie H. afin qu'elle puisse expliquer avec toutes les nuances nécessaires et sa grande sensibilité ce qu'elle aurait voulu dire dans l'interview qu'elle a donnée au journal « *Le Soir* ».

« Lettre ouverte au journal « Le Soir ».
Je souhaite préciser certains éléments à la suite de l'article paru dans « le Soir » du 11/04/2011. J'ai eu un entretien de 2 h avec le journaliste, Monsieur Olivier Mouton. Le journaliste a sacrifié ma sensibilité et mon honnêteté pour les transformer en sensationnalisme !
Quel intérêt de « discriminer » le quartier de mon enfance, en estropiant mes propos sur ma famille, mes amis de façon directe et indirecte ? Qui sert Olivier Mouton ? Quelle est sa crédibilité ? Pourquoi s'être déplacé pour mon interview si c'est pour sortir mes propos de leur contexte, propos qui n'ont aucun rapport avec le sujet du cliché : « Bruxelles, ville musulmane ? » ? Mon intention était toute autre que celle de stigmatiser qui que ce soit.
Au contraire, si j'ai accepté de participer à cette « enquête », à visage découvert, c'est pour les raisons suivantes :
    — Celle d'essayer de casser la sempiternelle stigmatisation des musulmans de Bruxelles. C'était le sujet du cliché.
    — Celle de partager ma détresse et ma désolation par rapport à certains jeunes — sans jamais avoir l'intention de pointer qui que ce soit du doigt, qui suis-je pour le faire ? — qui ont un parcours difficile sans nier (sans langue de bois) la réalité.
    — Celle de parler des responsabilités partagées : Belges de souche, Belges d'origine marocaine et autres nationalités, pouvoirs publics et

responsables politiques où chacun doit faire un effort pour ne pas renforcer les clichés véhiculés par la presse notamment.

    — Celle d'insister sur l'éducation, l'éducation civique, l'enseignement comme outil et « bouée de secours » surtout pour les femmes et pour ceux qui ont un parcours difficile lié au quartier, pour sortir du cercle vicieux de l'enfermement dans certains ghettos bruxellois ; car ceux qui s'en sortent ragent qu'on les fige dans les clichés « voyou arabe casseur de bagnoles ».

    — Celle de parler des réussites de femmes et des hommes issus de l'immigration comme moi (en citant mon parcours) — bien plus diplômée que moi ! — dont on ne parle pas.

Je ne suis ni psychologue, ni sociologue, ni spécialiste de l'islam, ni « donneuse de leçon », j'ai encore beaucoup à apprendre.

Je voulais simplement (naïvement ?) insister sur le fait que je suis une citoyenne belge d'origine marocaine, musulmane et maman et qu'il y en a beaucoup comme moi et exprimer mon ras-le-bol (terme utilisé à maintes reprises durant l'entretien) qu'on nous bassine les oreilles sur les sujets qui reviennent de manière récurrente lorsqu'il s'agit de parler des musulmans qui n'ont absolument rien à voir avec l'islam. Pour moi, islam = sphère privée.

Je voulais insister sur l'islam, en tant que religion ouverte aux autres, ma religion où j'ai encore beaucoup à apprendre, d'où ma quête personnelle et continue.

Je me sens à 100 % Belge et Marocaine, jamais je ne renierai mes origines, ma culture, etc., je suis trop fière et beaucoup trop reconnaissante à l'égard de mes parents, je peux vivre 1000 ans que je ne saurai leur rendre !

J'ai voulu souligner que ce n'était pas incompatible avec la culture belge.

Je l'ai appris au CBAI (Centre bruxellois d'Action Interculturelle) où j'ai passé 2 années qui m'ont marqué où j'en retire une satisfaction personnelle et une expérience enrichissante qui me sert chaque jour qui passe.

Je suis une femme passionnée, impliquée, « jamais assise entre deux chaises ».

J'ai voulu montrer dans cet article — assez naïvement d'ailleurs — via mon parcours et je ne suis pas la seule et certainement pas l'élite de ma communauté! — qu'il était tout à fait possible de marier sa culture, sa religion (sphère privée) avec la vie active à Bruxelles (us et coutumes…) Il serait déplacé et anti-déontologique de ma part de stigmatiser qui que ce soit alors que je suis assistante sociale de formation. Un choix d'études très jeune. J'ai toujours été attentive aux exclus — un héritage familial ! qui j'espère se perpétuera de génération en génération — et à l'avenir que nous construisons pour nos enfants (je mise sur mes enfants).

Je revendique une société juste qui incarne l'égalité, la diversité et le respect des valeurs humanistes. C'est pour cette raison que j'ai commencé à militer, au PS. Un parti ouvert qui accepte le dialogue et la critique de ses élus. Dans le cas contraire, je parlerais de mon « suicide politique ».

J'ai insisté sur le fait que le sujet est complexe et sensible, car plusieurs éléments s'interpénètrent et je comprends que j'ai choqué certaines personnes qui « s'en sont sorti ».

En conclusion, j'ajouterai deux éléments :

1— je reste positive et confiante, car c'est par le « dialogue que jaillit la lumière ». Dialogue qui passe par la nuance, ce qui n'a pas été le cas d'Olivier Mouton. J'ose croire encore au débat sans concession, mais respectueux des différentes opinions même si celles-ci vont à l'encontre du bien tel que défini par une majorité en sachant que la majorité n'a jamais le monopole de la vérité.

2 – C'est pour moi un non-sens de tenir des propos tels que repris dans l'article et également un manque de respect total envers mes parents, mes 5 frères et 3 sœurs ! Jamais je ne me le permettrai même de façon anonyme. J'ai trop de respect et de reconnaissance envers ma famille.

Cette lettre ouverte leur est surtout adressée.

Je terminerai par la phrase d'un internaute qui a écrit : « c'est une occasion manquée » !

H.

Une balade en taxi à Bruxelles en mars 2016 en compagnie des illuminatis, des satanistes, des francs-maçons, des sionistes ! Trente-six heures avant les attentats !

21 mars 2016

Avant toute chose, je veux souligner que toutes les généralisations sont ridicules, je n'entends nullement accabler toute une profession ou toute une communauté, je veux simplement informer sur ce qui m'est arrivé les deux fois où je suis monté dans un taxi à la gare du Midi entre le 1er janvier et le 20 mars.

Rien de plus… rien de moins. J'ajoute que je ne suis que très très rarement client des taxis bruxellois.

Épisode premier

Le 2 janvier, mon épouse et moi débarquons vers 13 h 30 du Thalys. Quelques mètres et nous voilà sur l'esplanade Paul-Henri Spaak. Après avoir croisé les inévitables poivrots et clochards agglutinés à la porte de la gare, nous nous présentons devant la station de taxis, disciplinés, nous montons dans le premier, le chauffeur sort de son véhicule pour ouvrir le coffre. Petite taille, bonnet de laine, collier de barbe, yeux noirs, parka brun. Immédiatement, son regard retient le mien, il me scrute, l'œil mauvais, les épaules vers l'avant.

Un malaise diffus me gagne. J'indique la direction. Après quelques dizaines de mètres, il nous adresse la parole, évoque les attentats de Paris. Je lui dis qu'il ne faut pas tout mélanger, que ces horreurs sont le fait des islamistes, une infime minorité de la communauté maghrébine.

Immédiatement, il hausse le ton. Orage force 9, le temps se gâte… « *Comment vous parlez d'islamistes, mais cela n'a rien à voir*

47

avec l'Islam, vous tombez dans le piège... ce sont des gens qui les obligent à commettre ces actes... ces jeunes gens n'en peuvent rien... on les pousse à faire ces actes. En Syrie, au Moyen-Orient des gens meurent tous les jours à cause des bombardements de l'Occident... alors, de quoi se plaindre ici ? Il ne se passe rien à Bruxelles, il n'y a pas d'attentats. » J'ose alors : « *Mais Monsieur... et les quatre morts du Musée juif !* » La réponse éclate : « *Oh ! ça, c'est une provocation, ça n'a rien à voir...* ». Heureusement, ce jour-là les voies sont dégagées, les invectives durent une bonne dizaine de minutes et nous sommes chez nous. Nous sommes éberlués... inconscients que ce n'était qu'un léger hors-d'œuvre. Alors que nous pensions qu'il s'agissait d'un hurluberlu isolé, bien pire allait suivre.

Épisode deux

Ce dimanche 15 h 10, nous débarquons du TGV en provenance de Marseille où nous étions allés entendre l'un de nos amis français chanteur d'opéra. À nouveau, nous croisons les quelques sympathiques ivrognes armés de leur longue canette de bière. La station de taxi, on s'engouffre. Celui-ci a l'air assez sympa, la bonne quarantaine, petit collier de barbe, veston propre, anodin, passe-partout, des yeux assez vifs, souriants. J'indique au chauffeur la direction de la basilique de Koekelberg en précisant que nous habitons à cinq minutes et que pour plus de facilité, je lui expliquerai le chemin.

À mon vif étonnement, il tourne à gauche vers la rue Ernest Blérot, puis à droite dans la rue Bara. Je m'en étonne, le chauffeur explique que le marché se termine, que le passage est difficile vers les tunnels. Je ne suis qu'à moitié convaincu, mais je n'insiste pas. Il s'engage dans l'avenue Clémenceau, totalement encombrée, on avance au pas, des véhicules en double file rendant la circulation encore plus difficile, les minutes passent, les chiffres basculent à grande vitesse sur le cadran du compteur. J'aperçois le haut de l'avenue Clémenceau dégagé.

Brusquement, le chauffeur vire à droite dans la chaussée de Mons. Je lui demande ce qu'il fait, il répond qu'il va rejoindre les tunnels ! Je réagis, on est beaucoup plus au nord, rejoindre les tunnels, c'est opérer un demi-tour ! Sa réponse fuse : « *Mais réveillez-vous ! Je connais cette ville.* » Poliment, je rétorque « *Moi aussi Monsieur, j'y vis depuis 72 ans !* » Nous n'avançons que très lentement, tout est bloqué quand il ajoute : « *Ah ! bon ! je croyais que vous étiez Français ! Vous en avez l'accent !* » Curieux, j'ai toujours cru avoir un accent bruxellois assez prononcé.

Je comprends mieux ses tours et détours, nous croyant étrangers, ne connaissant pas la ville, il faisait chauffer le compteur !

Un grand classique ! Mais le pire allait surgir. Après une ou deux minutes de silence, il m'apostrophe : « *Vous avez vu l'arrestation ?* »

Échaudé par l'épisode du 1er janvier, je suis prudent et réponds :

« *Oh ! vaguement, on a vu ça à la télévision.* » Il n'est pas satisfait, le ton de la voix franchit la barre des décibels les plus bas, il hurle : « *Non ! mais qu'est-ce que vous en pensez ? Réveillez-vous ?* »

Sans doute ai-je l'air endormi ! Ça non plus, on ne me l'avait jamais dit. De façon aussi calme et sereine que possible, j'ajoute donc : « *C'est une très bonne chose ! J'espère que ces crimes s'arrêteront.* » D'un ton encore plus haut, proche du hurlement : « *Non ! Mais vous croyez ce que disent les journalistes, tout ça, c'est du bourrage de crâne !* »

J'ose : « *Ah ! vous pensez ! Mais ce sont quand même des islamistes qui tuent des gens !* »

Un torrent se déclenche : « *Vous tombez dans le piège, ça n'a rien à voir avec l'Islam, ces types sont de pauvres jeunes gens à qui on a promis de l'argent pour se faire exploser… sinon ils n'auraient jamais rien fait.* »

La démonstration du grand complot démarre, le chauffeur vient de déposer la première pierre de la démonstration qu'il va nous infliger, nous faire entrer dans la tête. Maintenant, il crie et nous n'avançons toujours pas ! On se sent coincé, la main de ma femme se crispe sur la mienne, plus tard, elle me dira avoir eu envie de faire stopper le véhicule et sortir. On finit par rejoindre le boulevard des abattoirs, là aussi l'encombrement est total. Je lui demande de rouler sur les voies du tram… ce qu'il fait, sans s'arrêter de parler. « *La religion interdit de tuer, s'ils le font, c'est qu'on les a forcés !* »

Timidement, je réagis : « *Monsieur, le problème c'est que les religions promettent le paradis après la mort… donc ils espèrent…* », j'évite de parler des 72 houris promises aux martyrs, je ne veux pas provoquer ! Réaction : « *Mais non, vous n'avez rien compris, ce sont de pauvres jeunes gens, trompés par ceux qui leur promettent de l'argent, d'ailleurs on a une conversation téléphonique où l'un des "martyrs" affirme qu'on ne lui a pas encore payé les 50 000 euros promis… il ne s'est pas fait sauter à cause de cela.* »

Je comprends qu'il parle du salaud capturé vendredi !

Arrivés à la porte de Ninove, je lui demande de prendre directement à gauche et de monter la rue Delaunoy… maintenant connue par le monde entier. À partir de là, le ton monte encore…est-ce parce que nous sommes maintenant à Molenbeek? On longe l'avenue Vandenpeereboom. J'essaye de lui expliquer que l'Islam est aussi une civilisation, je lui rappelle les grandes dates de l'histoire.

« *Non ! l'Islam n'est pas une civilisation, c'est une religion… ça n'a rien à voir.* »

J'en ai assez de ces hurlements : « *Monsieur, pourquoi criez-vous ainsi, ce n'est pas parce que je ne suis pas d'accord avec vous que je vais vous couper la tête ! Et si vous n'êtes pas d'accord avec moi, je suppose que vous n'allez pas me couper la mienne ? Et d'ailleurs, je vous signale que je suis athée, je ne crois en aucun dieu !* »

Un silence s'installe, mon dernier aveu le trouble, je vois dans le rétroviseur ses yeux emplis de points d'interrogation. Silence de courte durée…

Il m'interpelle : « *Au moins est-ce que vous connaissez les illuminatis, les francs-maçons, les satanistes ?* »

La main de Mireille serre un peu plus fort la mienne. De toute évidence, elle craint que j'avoue être franc-maçon, en sommeil, mais franc-maçon quand même. Je ne peux pas ne pas réagir, je décide de me foutre un peu de lui :

« *Oui ! Les francs-maçons, je connais ! Les satanistes, jamais entendu parler ! Les illuminatis c'est une secte née au XVIIIe siècle.* »

Le chauffeur : « *Eh ! bien si vous connaissez les francs-maçons, vous connaissez leurs buts… la domination du monde.* »

J'ose encore, je simplifie : « *Mais non Monsieur, ce sont des gens qui entendent respecter la Déclaration des droits de l'homme et du citoyen de 1789 !* »

Il ne répond plus, j'observe qu'il hurle pour lui-même : « *Ceux qui font faire ces attentats à ces pauvres jeunes gens, ils le font pour salir l'Islam… ça, c'est leur but, c'est le nouvel ordre mondial.* » Il répète en hurlant : « *le nouvel ordre mondial… vous connaissez non !* »

Je songe au tweet que Moureaux avait lancé quelques jours après les attentats de Charlie hebdo et de l'Hyper Casher : « *Israël instille la haine des Arabes en Europe.* » Ce chauffeur est-il Molenbeekois ? Vote-t-il PS ? Est-il membre chez nous ? J'en frémis !

La démonstration se poursuit : « *Vous n'avez rien compris ! Allez, allez, allez réfléchissez enfin ! qui veut imposer le nouvel ordre mondial… Les sionistes, ce sont eux qui sont derrière tout cela avec la complicité des pays occidentaux. Ils veulent dominer le monde, il n'y a que les Arabes qui ne se laissent pas faire. D'ailleurs, Mitterrand essaye grâce à ça de se faire réélire !* »

« *Mais Monsieur Mitterrand est mort en janvier 1996 !* »

Réponse, sans s'émouvoir, « *Oui ! c'est Hollande, c'est la même chose. Les sionistes sont avec les illuminatis, les francs-maçons, les satanistes, ce sont eux qui ont provoqué ces attentats. D'ailleurs, après les attentats de New York, cela n'a pas existé, ce sont des montages, de tels buildings ne se transforment pas ainsi en poussière ! et vous vous croyez toutes ces histoires que les sionistes vous font gober. D'ailleurs, on a la preuve sur les dollars, on y voit le signe des illuminatis.* »

Je tente de lui expliquer les symboles figurant sur les dollars… je me dis que je suis un peu con d'essayer ! On vient de franchir le boulevard Léopold II, on s'engage dans la chaussée de Jette.

Je résiste encore : « *Monsieur, comment pouvez-vous douter de ces attentats ? Il n'y a pas le moindre doute. Est-ce que c'est à la mosquée qu'on vous tient de tels discours ?* »

D'abord un silence, ma question sur la mosquée le trouble, je le perçois hésitant, il ne répond pas, puis brutalement, un rugissement :

« *Voilà, vous êtes dans le piège, vous croyez toutes les choses racontées par des journalistes payés par les sionistes. Le nouvel ordre mondial, voilà pourquoi ils font faire tous ces attentats. D'ailleurs, ce sera bientôt la troisième guerre mondiale avec des milliards de morts, oui ! oui ! des milliards !* »

Nous arrivons au square Amnesty International, virons à gauche dans l'avenue Odon Warland, trente secondes plus tard nous parcourons 50 mètres dans l'avenue Firmin Lecharlier et… enfin… enfin, nous sommes avenue Paul De Merten. Il stoppe la voiture en répétant : « oui ! des milliards de morts, des morts par milliards. » Sur ces bonnes paroles, immense soulagement, 27 euros… chers payés pour avoir dû entendre de telles énormités; récupération des bagages. Ouf !!!

Assommés par ce qui ne serait qu'un fatras de stupidités, preuves d'une effroyable débilité, si celles-ci n'étaient pas le support de justification de crimes horribles qui endeuillent le monde ! Aujourd'hui, cette diatribe prend une autre dimension, ouvre différentes explications quant aux climats dans certains quartiers de Bruxelles, quant aux évidentes complicités dont bénéficient les assassins !

C'est d'une extrême gravité, n'en déplaise à ceux qui ne sont que vissés sur le compteur électoral !
VOILÀ? TOUT EST D'UNE DRAMATIQUE AUTHENTICITÉ ! C'ÉTAIT UNE BALADE ORDINAIRE, DANS UN TAXI À BRUXELLES, UN DIMANCHE DE PRINTEMPS, 36 HEURES AVANT LES ATTENTATS DE ZAVENTEM ET DU METRO MAELBEEK… 31 MORTS ET PLUS DE 250 BLESSÉS !

Pourquoi je ne défilerai pas dimanche ?

25 mars 2016

D'abord, je veux dire combien cette initiative est positive et nécessaire, mais à Bruxelles ce sera aussi le défilé de l'HYPOCRISIE ! Ça non ! « *Ce n'est plus un jeu... on a mis les morts à table* », écrivait Aragon. Ils sont là ces cadavres, ce sont eux qui nous regardent avec leurs visages sanglants, leurs yeux morts où l'indicible a surgi dans un petit matin de Bruxelles.

J'ai le souvenir de la manifestation devant le palais de justice après les assassinats du musée Juif. Je fus stupéfait et très mal à l'aise de devoir côtoyer un parlementaire qui peu avant avait traité un journaliste « d'ordure sioniste » et qui avait ajouté qu'il se sentait proche du HAMAS, un groupe classé dans la liste des organisations TERRORISTES par l'ONU. Ce qui n'a pas empêché un responsable de mon parti de le qualifier publiquement de « *type bien !* » Je ne supporterai pas une seconde fois une telle proximité. Cette proximité aujourd'hui, ce serait accepter le crime !

En outre, tout laisse craindre que certains en profitent pour clamer des revendications n'ayant aucun rapport avec le drame vécu par notre pays. Certaines attitudes sur les escaliers de la Bourse pendant les 48 dernières heures ont été proprement ignobles.

Défilera-t-il ce député SP qui participait il y quatre ans à une manifestation à Anvers dont le slogan lancé à plein poumon était « *les Juifs dans le gaz* » ? Enfin, parmi ceux, qui manifesteront tout sourire aux lèvres ou figés dans une attitude qui se voudrait concentrée, respectueuse... iront lors des prochaines élections quémander avec la pire des bassesses des voix dans les mosquées en échange de petits accommodements... au mieux !

Non ! Non ! Non ! Les crimes commis nous imposent d'abandonner une fois pour toutes ces pratiques qui nous ont éloignés de nos valeurs. Les morts déchiquetés, brûlés, criblés d'éclats, nous crient, nous hurlent que cela doit cesser, leur sang répandu réclame de nous qu'enfin cesse les ambiguïtés, les faux semblants, les « *je ne savais pas* » et autres hypocrisies. Là est l'essentiel, là doit être notre vérité, notre seule vérité, celle qui fait de nous socialistes, les fils de 1789.

Plus le moindre atermoiement dans l'égalité absolue homme/ femme, dans le respect le plus strict de la laïcité, dans La Défense la plus ferme de notre démocratie, de notre mode de vie, pour tout dire de notre civilisation ! La maison brûle, le danger est partout. Le choix est clair demain soumis ou demain libres ! Pour cela, oui ! Tous debout !

Le Symbole et le piège

28 juillet 2016

Une précision personnelle d'abord. Celui qui rédige ces lignes est athée, non pas un de ces athées d'ostentation ou de circonstance, mais quelqu'un qui a pu juger lors de moments où l'essentiel était en jeu, que sa conviction restait forte, qu'aucune velléité de recours à des valeurs de transcendance n'affaiblissait sa lucidité.

Que l'on ne s'y méprenne pas ! Mon athéisme ne m'empêche pas d'éprouver une vraie émotion lorsque je découvre dans un appartement une petite croix, le désir de croyance en un au-delà m'a toujours semblé être une réponse à l'inéluctable mort, néant que l'esprit de l'homme se refuse d'admettre... on peut le comprendre.

Le Symbole

Le drame qui s'est déroulé hier dans la banlieue de Rouen est extraordinairement symbolique. L'égorgement d'un prêtre au pied de son autel, au cours de la messe matinale, dans une église où ne se trouvent que cinq fidèles, voilà qui nous ébranle qui touche en nous des fibres lointaines, mais tellement présentes de notre civilisation judéo-chrétienne.

L'assassinat du prêtre, pas de n'importe quel prêtre, un homme de quatre-vingt-six ans, au visage émacié, tête de moineau déplumée émergeant d'une chasuble, dont sans doute le poids lui est lourd à porter. Non ! Ils n'ont pas assassiné un jeune curé à poitrail de rugbyman, à cou de taureau ; c'est à un inoffensif vieillard qu'ils se sont attaqués, qu'ils ont égorgé pendant la messe, au pied de son autel, sacrifice quasi biblique ! La symbolique est immense, lourde, elle touche à l'essentiel, elle parle à nos cœurs de croyants... ou d'athées ! Parmi le monceau d'images dont les télévisions nous abreuvent, il en est une qui donne un sens tout particulier à ce meurtre. Cette commune a un maire communiste, cet homme s'est exprimé... entre ses sanglots, il n'a pu articuler que deux phrases... un maire communiste qui ne retient plus ses larmes face à l'ignoble assassinat du prêtre de sa commune.

Y a-t-il un spectre plus large de la société française, du maire communiste... au curé ? Quel symbole de notre société... de notre civilisation ! Oui! Voilà bien la preuve que ce n'est pas seulement ce vieux curé que les monstres ont égorgé, mais c'est aussi notre civilisation ! Peut-on imaginer un crime plus rituel ? La victime, le lieu, le mode d'assassinat, le moment ! Tous les ingrédients de la symbolique sont présents, nous parlent, nous renvoient à l'Histoire, aux pires moments des guerres de religion. Peut-être n'est-il pas inutile de rappeler que certaines régions d'Allemagne ont vu leur population réduite de moitié lors de la guerre de Trente Ans, pour ne pas évoquer les horreurs du 24 août 1572 lors de la Saint-Barthélemy... n'en doutons pas, voilà où nous renvoient les monstres se réclamant de l'Islam radical.

Je ne peux pas ne pas évoquer non plus l'assassinat systématique des communautés chrétiennes du Moyen-Orient, qui jour après jour subissent des persécutions sous prétexte qu'elles seraient les dernières représentantes des croisés honnis, alors que ces ignares ne savent pas qu'elles sont les dernières témoins des âges du Christ ! Nous devons le reconnaître, ces meurtres des chrétiens d'Orient n'ont guère ému en Occident, c'était loin, cela ne nous touchait pas directement... comme toujours la lâcheté, notre lâcheté se paye, nous la payons, nous la payerons encore longtemps !

Le Piège

En France, les chiffres varient selon les sources, mais on évoque généralement que cinq millions de musulmans vivent sur le territoire national, sur soixante-six millions d'habitants, à Bruxelles quarante pour cent de la population serait musulmane, les démographes affirment que dans dix ou quinze ans la ville sera à majorité musulmane. De fait, les islamistes appliquent à front renversé la stratégie du FLN en 1958, au moment où il a lancé sa campagne de bombes dans Alger notamment au Milk Bar et sur la corniche d'Alger, tuant un maximum de jeunes gens dans les lieux où ceux-ci se rassemblaient, l'objectif proclamé était « *créer un fleuve de sang entre la communauté musulmane et les Pieds noirs de façon à rendre toute cohabitation impossible* ». Il y avait à l'époque en Algérie un million de Français et neuf millions et demi d'Algériens. On connaît la suite ! Il fallut choisir entre le cercueil et la valise. C'est exactement le même but que recherchent les islamistes et leurs thuriféraires. Convaincre un maximum de musulmans que les pays d'Europe qui les ont accueillis ne sont que des terres où l'Islam est pourchassé, discriminé, insulté, jour après jour ! La preuve par « Charlie Hebdo ». En un mot, des pays où le vivre ensemble est impossible ! Des pays où l'Islam n'a pas sa place comme religion, parmi les autres. C'est ce même fleuve de sang qu'ils tentent d'alimenter crime après crime.

On entend, surtout en France, de plus en plus souvent des propositions visant à créer des camps de rétention, quelle pudeur pour appeler ce qui ne serait que des camps de concentration, voir à arrêter « préventivement» toute personne suspectée de radicalisation. Voilà le piège, basculer dans de telles pratiques conduirait immanquablement à l'isolement des communautés musulmanes d'Europe, à les couper des communautés nationales… à faire ce que les islamistes veulent… de crimes en meurtres, certains n'hésiteraient plus à s'en prendre au hasard à des musulmans.

Pour reprendre l'analogie de la guerre d'Algérie, les desperados de l'OAS ordonnaient de tuer un jour tous les facteurs algériens, le lendemain, tous les bouchers, le surlendemain tous les épiciers… ce fut une suite de meurtres ignobles, sans le moindre sens ! Sinon, de terroriser la population musulmane. Non! Nous ne devons abdiquer aucune de nos libertés, nous devons rester, envers et contre tout, des états de droit. L'arsenal judiciaire existe, il doit être appliqué avec la plus extrême rigueur, sans la moindre faiblesse.

Mais abdiquer nos libertés serait faire le jeu des terroristes… Ne tombons pas dans ce piège.

Comment s'en sortir ?

La première des clés est entre les mains des musulmans. Il faut qu'ils s'expriment avec force, sans ambiguïté, sans atermoiement, sans la moindre nuance pour condamner ces crimes atroces qui, qu'ils le veuillent ou non, que cela les choque ou non, sont commis au nom de LEUR religion !

Ensuite, il faut détruire de la façon la plus urgente les théories du complot qui font florès au sein de la communauté musulmane.

Une fois, ce sont les illuminatis, une autre les francs-maçons, une troisième les Américains, ou encore... mais c'est bien sûr le Mossad ou les Israéliens... ceux-là ils sont partout... C'est bien connu depuis les années 40, ceux-là, ils sont responsables de tout !

Leurs doigts crochus, si parfaitement dessinés récemment sur une affiche du PAC de Molenbeek-Saint-Jean, enserrent le globe terrestre ! Cher lecteur, vous croyez que j'exagère... détrompez-vous, ce genre de théorie est extrêmement fréquente parmi les musulmans belges ou français ! C'est ce genre de justification qui est mise en avant pour expliquer l'inexplicable que ne peuvent comprendre ni admettre en toute bonne foi une masse de nos compatriotes de religion musulmane. Dès lors, pourquoi ne pas trouver un refuge confortable de l'esprit grâce à l'une des multiples théories du complot ?

Les médias, les politiques ont l'impérieux devoir de combattre partout ce genre d'ineptie. Il est vrai que cela n'est pas simple quand on voit Philippe Moureaux, l'ancien bourgmestre de Molenbeek, vice-président du PS s'afficher au premier rang en compagnie de sa malheureuse fille lors d'une conférence de Tarek Ramadan, dont les ambiguïtés sont connues de longue date, et que pire encore, à quelques mètres de celui qui fut longtemps professeur de critique historique, se vend « *Le protocole des sages de Sion* » faux antisémite, qui nourrit les pires horreurs. Apparemment, cela ne l'a en rien gêné ! En septembre, il descendra encore d'un cran le toboggan du déshonneur en s'affichant comme conférencier aux côtés de ce même Tarek Ramadan, vous savez celui-là même qui au cours d'un débat avec Sarkozy se refusait à condamner la lapidation des femmes adultères, tout juste acceptait-il un moratoire ! Le brave cœur ! Ce soir-là, j'ai aimé Sarkozy… c'est dire !

L'autre clé est aux mains des politiques. Il est impératif, urgent de mettre fin aux votes multiples (faculté de voter pour plusieurs candidats sur une même liste), de les limiter à trois au maximum.

Tout le monde sait à Bruxelles que le vote multiple conduit à des campagnes électorales exclusivement communautaires, au prix de concessions dramatiques sur nos valeurs essentielles. C'est cette aberration qui a conduit le parlement bruxellois à être ce qu'il est, où la représentation est totalement déséquilibrée. Pour le PS bruxellois, c'est vital s'il veut encore représenter l'ensemble de la population de notre région. Il faut cesser de tergiverser sur la laïcité, sur l'extension du halal, sur le voile, sur les horaires distincts dans les piscines. De petits reculs, en petites lâchetés, c'est notre civilisation qu'on trahit ! Le résultat, nous venons tous de le voir en Belgique, en France, en Allemagne. Je le crie aux responsables politiques en charge de notre avenir… écoutez ce qui monte dans la population, n'ayez plus comme seule ligne d'horizon votre réélection. L'horreur n'est pas à nos portes, elle est dans nos maisons, elle est sur nos boulevards, elle est dans nos métros, elle est dans nos aéroports… elle est dans nos églises.

Si vous ne réagissez pas, l'Histoire retiendra vos noms à côté de ceux qui ont trahi leurs devoirs essentiels ! L'infamie dans l'Histoire pour une réélection, le choix devrait être facile.
Et puis, il y a l'essentiel ! L'Avenir ! Notre avenir, celui de nos enfants. L'enseignement communal ! Tout le monde le sait, dans certains quartiers les enseignants sont confrontés à d'inextricables difficultés ayant face à eux des enfants dont les parents ne parlent pas français, qui ne regardent pas la TV en français, qui sont dans des classes surpeuplées et dont les démographes, qu'apparemment personne ne lit, nous annoncent que ce sera encore bien pire dans les années qui viennent… Est-

il faux de dire qu'aujourd'hui dans nos écoles, où il est impossible de transmettre nos valeurs... on fabrique non seulement des chômeurs, mais aussi des enfants perdus, qui pourraient se laisser tenter par les pires des solutions ! Ce n'est que grâce à l'enseignement de nos valeurs et à des formations débouchant sur de vrais emplois que des solutions pourront être dégagées à long terme. N'êtes-vous pas impressionnés par le fait que la plupart de ces terroristes entrent dans l'horreur en sortant du banditisme petit ou grand ? L'une de mes amies, directrice d'école retraitée, a l'un de ses anciens élèves dans une de nos prisons ! Toute cette problématique dépasse de loin Bruxelles, la Belgique, il n'en reste pas moins que le monde entier a compris et a écrit que Molenbeek a été le laboratoire du terrorisme européen.

Ne serait-ce pas un horizon magnifique pour le PS bruxellois et Wallon de construire avec tous les Belges, de toutes origines, un autre rêve... de prendre des mesures pour sortir de la spirale de la discrimination conduisant dans certains cas vers le terrorisme et la haine de nos valeurs ? Mener la guerre contre la terreur, ce n'est pas seulement mettre des soldats, des policiers sur nos trottoirs, mais aussi et d'abord de modifier les mécanismes électoraux pervers, de ne plus transiger sur nos valeurs, de prendre enfin sérieusement en main l'éducation des enfants de ces familles qui, c'est un fait avéré, seront à Bruxelles majoritaires dans dix ou quinze ans.

La digue a cédé à Molenbeek !

2 septembre 2020

YOUPIIIIE ! À L'ADMINISTRATION COMMUNALE DE MOLENBEEK LES JUIFS POURRONT BIENTÔT TRAVAILLER KIPPA SUR LE CRÂNE !

Rêve ou Cauchemar ?

Non, vous ne rêvez pas ! C'est au contraire un cauchemar de plus qui trouve sa source à Molenbeek. Une nouvelle digue a sauté à l'initiative du PS et du SP. Lors du dernier Conseil communal aux environs de deux heures du matin, M. Ikazban et une élue SP ont déposé une motion visant à organiser à Molenbeek une « neutralité inclusive ». Accrochez-vous, en français cela veut dire que tous les signes distinctifs d'appartenance à une religion seront autorisés. Pour parler clairement et abandonner l'hypocrisie dominante, cela signifie une chose… une seule… les femmes se réclamant de l'islam pourront travailler voilées. Car les Juifs à Kippa sur la tête, il y a longtemps qu'il n'y en a plus à Molenbeek !

Marie-Cécile Royen, journaliste au « *Vif* », a écrit à ce propos un excellent article que vous pourrez lire sur leur site.

Une digue a cédé ? Le flot suivra et inondera tout

Ce n'est pas un fait anodin. C'est la rupture avec la tradition de laïcité et de neutralité telle qu'elle est appliquée depuis toujours en Belgique.

Est-il étonnant que ce soit à Molenbeek que cela se produise? Il est vrai que la résistance d'une chaîne se mesure à la résistance de son maillon le plus faible ! Molenbeek… Molenbeek… Molenbeek l'une des rares communes belges avec… Waterloo connue dans le monde entier… faut-il rappeler pourquoi? Dans cette pépinière-là, on ne cultivait pas les hortensias, mais les Kalachnikovs et le Cemtex ! Formidable réussite de l'intégration… inclusive… comme il est maintenant politiquement correct de dire.

M. Ikazban, un citoyen modèle

• Pas anodin non plus que cette motion soit présentée par M. Ikazban, celui-là même qui injuria un journaliste d'ordure sioniste ;

• Qui se déclara proche du Hamas, organisation classée terroriste par l'ONU ;

• Qui se fit arrêter par la police de Molenbeek, dont il était l'échevin, car il protestait contre le contrôle policier d'une femme entièrement voilée, comme le prévoit le règlement communal ;

• Qui fit, un peu avant les élections, le signe de ralliement des Frères musulmans et qui posta les photos sur Facebook. Celui-là même dont l'ineffable Laurette Onkelinx déclara à la télévision qu'il s'agissait d'un, je cite «un homme bien ! »

Ah ! J'allais l'oublier, c'est ce Monsieur que le PS a choisi pour assumer la fonction de chef de groupe au parlement régional.

Qui est vraiment bourgmestre à Molenbeek ?

Il faut savoir que cette motion n'était pas prévue à l'ordre du jour. Cela signifie que Catherine Moureaux a perdu la réalité du pouvoir, en réalité détenu à Molenbeek par Ikazban et ses relais au sein du collège… c'est une évidence pour tous ceux qui connaissent bien le fonctionnement du pouvoir à Molenbeek.

Le prudent silence de la fédération

Tout cela dans l'assourdissant silence de la fédération bruxelloise du PS présidée par A. Laaouej, qui lors de son investiture avait promis un grand débat sur la laïcité. Il est vrai que ce même Laaouej qui se réclamait de la laïcité n'avait pas hésité à la veille des élections de se féliciter d'avoir pu empêcher à Bruxelles l'interdiction de l'égorgement rituel, comme c'est le cas en Flandre et en Wallonie. Ce genre de promesse n'est en réalité qu'une forme plus subtile du mensonge !

Demain quoi ? La charia !

Après cette première digue, la suivante sera l'application rampante de la Charia, comme le souhaitaient déjà certains Molenbeekois très particuliers que j'ai personnellement rencontrés il y a 20 ans... Comme je l'ai écrit, nous nous engageons à Bruxelles dans le système des Capitulations, comme il fonctionnait dans l'Empire turc, à savoir des zones où s'applique une autre loi que la loi nationale. Oui, on en est là !

Le PS en région bruxelloise est-il encore socialiste ou sera-t-il demain séparatiste ?

Voilà une intéressante perspective dans l'hypothèse d'une nouvelle négociation institutionnelle.

Cette question pose inévitablement celle de la cohérence du PS bruxellois, car la section de Bruxelles et quelques autres du sud de la région n'acceptent pas cette dérive séparatiste.

De plus, les socialistes wallons pourront-ils encore regarder ailleurs et ignorer cette orientation mortifère à Bruxelles.

Il est vrai que lorsqu'au sein de l'électorat bruxellois, l'électorat musulman pèse, selon un sondage du « Vif », 49,2 %, il y a de quoi être prudent. Une élection vaut bien un voile et la poursuite de l'horreur quotidienne de l'égorgement rituel à Bruxelles.

Le pouvoir est, pour certains, à ce prix. Quant aux grands principes... aucune importance, ce sont de vieilles lunes pour victimes toutes désignées du Coronavirus... y-a-qu'à attendre, et cela ira tout seul.

VINGT ANS DE LÂCHETÉS DE LA GAUCHE BELGE
Entre désillusion et espérance

Une Constitution au poids...démographique !

6 juillet 2014

Ihsane Haouach, Commissaire du gouvernement désignée à la demande d'écolo, conditionne dans son interview du « Soir » la Constitution à la démographie, justifiant ainsi la thèse du « Grand remplacement »...
Stupéfiant !

Une interview sans relance... On note et basta !

« *Le Soir* » de ce samedi a ouvert ses colonnes sur pas moins de deux pleines pages à Mme Ihsane Haouach, désignée à la demande d'écolo en qualité de Commissaire du gouvernement à l'Institut pour l'égalité homme/femme... un choix... très éclairant !

L'interview est agrémentée de photos en couleur. Cette jeune femme apparaît, bonnes grosses joues rouges de fille de la campagne, on l'imagine gambadant dans les champs, les bras chargés de fleur. Son sourire laisse apparaître deux rangées de dents parfaitement alignées d'un blanc de publicité pour dentifrice... plus blanc que blanc... sa mâchoire annonce toute sa force, sa puissance, sa volonté. Son visage est strictement encadré d'un voile qui le cache à nos regards, forcément lubriques, du front fermé d'un bandeau noir à la base du cou où les différents tissus sont bouclés par une épingle, permettant au seul ovale du visage de se... dévoiler ! Son sourire est rayonnant, c'est le sourire de ceux que la Vérité illumine, de ceux qui mettent leurs pas sur le chemin tracé par le Guide... inondé d'une lumière divine intérieure seule visible des initiés... un profil « parfait » pour assumer la tâche de Commissaire du gouvernement fédéral à l'Institut de l'égalité homme/femme.

De Cendrillon à Cosette et Bernadette Soubirous

Dans ses réponses, elle joue sur plusieurs registres, passant de Cendrillon ou de Cosette à Bernadette Soubirous, de la victimisation à la conquête, de la souillure du mépris, du martyr à la conquête... de l'inévitable, mais oh combien enviable chemin de croix de ceux qui détenant La Vérité sont entourés de mécréants sans foi ni loi... À l'entendre, son voile fut sa couronne d'épines, ses études à Solvay, son Golgotha où un méchant professeur, dans le rôle du soldat romain, sans doute un abominable franc-maçon juif, voulut lui faire retirer son voile... le monstre ! Pas de doute un ancien colonial !

Sa désignation est concomitante... un pur hasard... de la décision du gouvernement bruxellois de se débarrasser de cette encombrante vieille lune de laïcité à la STIB et... donc dans toutes les administrations publiques de la région, refusant d'aller en appel d'une décision judiciaire qualifiée par un constitutionnaliste de l'ULB d'acte militant. Le gouvernement bruxellois se soumettant ainsi à la volonté de ceux qui appliquent pas à pas leur agenda d'islamisation de la région bruxelloise, répondant aux vœux des pires obscurantistes, livrant des milliers de jeunes musulmanes dans les bras de ceux pour qui l'Islam reste celui de l'Hégire au 7e siècle.

Les valeurs fondatrices évoluent en fonction du poids démographique !

Dans son interview, Madame Aouache franchit un pas de plus.

Elle justifie de fait le « Grand remplacement » dont avait parlé l'écrivain d'extrême droite Renaud Camus. Étonnant rapprochement entre cette extrême droite rance, antisémite et cet islamisme à ce point triomphant qu'il se met à justifier dans les faits les pires hypothèses de ceux qui entendaient caricaturalement le dénoncer. Il est vrai que l'histoire nous a habitués à cette alliance des contraires !

Un serment pour quoi faire ?

Mme Aouache a-t-elle appris à Solvay, je suppose que non, que chaque fonctionnaire nommé doit pour exercer ses fonctions, prononcer un serment légal, signer le document matérialisant ce serment solennel ? Il vaut pour toutes les fonctions de la plus humble à la plus prestigieuse. L'ouvrier communal, la concierge d'un ministère comme l'instituteur, le juge, le secrétaire général, le ministre, tous doivent le prononcer et le signer.

Le texte de ce serment est simple et explicite. En voici le texte : « **Je jure fidélité au Roi, obéissance à la Constitution et aux lois du peuple belge.** » Quand vous êtes élus parlementaires, le serment se réduit à : « **je jure d'observer la Constitution** ».

On le voit que le constituant de 1831 a fait de la Constitution le socle essentiel, le ciment de notre vivre ensemble. La monarchie a failli disparaître parce que le roi Léopold III a eu en mai 1940 une lecture différente de cette Constitution s'opposant à celle que défendait son gouvernement. La constitution n'est donc pas un chiffon de papier qu'on adapte ou réforme facilement. Je fais en ce moment de très nombreuses recherches sur ce sujet afin de pouvoir rédiger un livre sur Paul Hymans. À chaque ligne, j'éprouve un immense respect pour les ministres catholiques francophones et flamands, qui malgré leur viscéral attachement à la monarchie, ont fait passer la Constitution avant tout, et ce dans les moments les plus dramatiques qu'a connus notre pays au cours de son existence.

Or que dit Mme Aouache dans son interview lorsque les journalistes évoquent le port de signes convictionnels en rapport avec, je cite : « … les principes fondamentaux sur lesquels l'État s'est construit »et donc la Constitution, acte fondamental par excellence.

Voici ce qu'elle répond : « *Les principes fondamentaux ne sont pas mis en danger par l'apparence, mais par la montée des réactions d'extrême droite. La discussion n'est pas : est-ce qu'on remet en cause la séparation de l'Église et de l'État ? C'est comment la décline-t-on avec un changement démographique ?* »

Comment exprimer ma stupéfaction, mon ahurissement de constater qu'aucune des trois journalistes ne réagit devant une telle affirmation. En effet, les principes fondateurs **sont** dans la Constitution, les principes fondateurs sont d'abord et avant tout la Constitution. Il n'y a cependant aucune relance comme on dit en termes journalistiques. Oups… on passe à une autre question. Pourtant c'est bien là le cœur du débat. Pour Mme Aouache et ceux qui pensent comme elle, la Constitution doit donc évoluer, la neutralité de l'État revue, en fonction de la démographie… donc du remplacement de la population par une autre ! Curieux qu'elle n'ait pas employé le terme « ethnique » plutôt que démographique, comme l'a utilisé le président du Parlement régional

M. Madrane qui voulait en septembre 2020 que l'on réalise à Bruxelles des statistiques ethniques ! Mais la démarche est évidemment la même. Après avoir entendu Mme Aouache, on comprend mieux pourquoi. Il y a donc, cette fois affirmée, la volonté d'un basculement de nos valeurs fondatrices, d'une modification de la Constitution qui a voulu la neutralité grâce à une séparation de l'église et de l'État, en faveur d'une islamisation de nos valeurs, de sa consécration juridique dans la Constitution ! La démographie a changé… traduisez : le nombre de musulmans s'est accru dans la population… On change la Constitution qui gêne l'affirmation religieuse telle que Mme Aouache l'entend. En fait, on change de valeurs, on change de civilisation ! Voilà l'objectif clairement annoncé dans la réponse de la nouvelle Commissaire du gouvernement fédéral à l'Institut de l'égalité homme/femme.

Il est clair… affirmé… affiché… annoncé. Ceux qui refusent de le voir sont ceux qui se soumettent, car ils pensent que leur élection ou leur réélection dépend de leur soumission totale à l'évolution « démographique… traduisez ethnique » de nos valeurs et de notre Constitution !

Tous des racistes, des islamophobes, des gens d'extrême droite ou un sens très particulier du débat

L'interview permet aussi à Mme Aouache de préciser que les attaques contre elle émanent de racistes, d'islamophobes… en un mot… si vous n'êtes pas d'accord pour l'adaptation de la Constitution à la démographie, simple comme bonjour, vous êtes d'extrême droite… vous êtes sorti du champ du débat démocratique… à éliminer d'urgence, raciste, xénophobe, esclavagiste, colonial, islamophobe… en un mot… un salaud. Merveilleuse façon de clore le débat. Vous vous soumettez ou vous êtes d'extrême droite et vous devenez un galeux… à piquer d'urgence et pas avec du Pfizer ou du Johnson et Johnson ! D'ailleurs dans l'interview, Madame Aouache n'hésite pas. Quand une question ne lui plaît pas, elle coupe court. Deux fois, elle répond quand on lui parle du voile comme marqueur religieux, elle réagit : « *c'est vous qui le dites !* »… Et toc… ça, c'est envoyé… ça, c'est de la confrontation d'idées, du débat de haut niveau. Oserai-je… oui, tant pis pour les âmes sensibles ? Quand Mme Aouache répond deux fois, c'est vous qui le dites, je ne peux m'empêcher de traduire : « *et je vous emmerde !* » Curieux qu'elle ne réponde pas alors même que toute son argumentation vise à défendre le voile sur base de sa très personnelle interprétation de l'islam, plus précisément des préceptes religieux tels qu'elle les conçoit.

Fille de diplomate qui a choisi la Belgique… Mais pourquoi ?

Mais qui est Mme Aouache. Non, elle ne s'est pas extirpée à la force du poignet d'un ghetto urbain comme il y en a trop à Bruxelles.

Elle est fille de diplomate. Elle explique que son père ayant fait des études s'est installé en Belgique pour lui donner l'occasion d'avoir un meilleur avenir, d'avoir une vie plus enrichissante qu'au Maroc. Curieux quand même.

L'immense majorité des Maghrébins, installés en Belgique, ont fui la misère atroce qui règne dans leur pays d'origine. Ils ont fait cet effort énorme n'ayant pas d'autres choix. On apprend donc que ce n'est pas du tout le cas du père de Mme Aouache, diplomate donc bien introduit à haut niveau dans la société marocaine.

J'éprouve donc quelques difficultés à accepter la version style « roman photo » que nous sert benoîtement Mme Aouache. Je suis étonné que les journalistes, ou d'autres services ne s'intéressent pas plus à cet aspect de son parcours qui pourrait peut-être fournir un nouvel et intéressant éclairage sur le parcours exceptionnel de Mme Aouache et de sa famille. Je suppose que son père n'est pas passé de la diplomatie marocaine à la conduite d'un bus de la STIB. De plus, elle fait d'excellentes études à Solvay, faculté qui rassemble assez peu d'enfants d'infrasalariés.

La situation à Bruxelles… ne connaît pas ! Des larmes, mais lesquelles ?

Ah ! J'oubliais sa version Cendrillon ou Cosette. Elle ose affirmer que l'on ne parle jamais de ces jeunes filles que l'on force à retirer le voile et qui « *versent une larme chaque jour parce que cela leur brise le cœur de le retirer pour aller travailler.* » Je me demande si Mme Aouache s'est déjà entretenue avec des assistantes sociales à Bruxelles, si elle sait que celles-ci doivent affronter les mariages forcés, les réparations d'hymens, le refus fait aux filles de faire certaines études, le refus de plus en plus souvent des cours de gymnastique ou de natation interdit par les pères, de sortir en ville avec des amies, les difficultés de plus en plus nombreuses dans le milieu hospitalier. J'ai, comme échevin à la fin des années 70, été confronté à l'horreur d'un père qui avait cassé les doigts de sa fille, car elle avait retiré son voile, elle était âgée de 12 ans… sans doute ne savait-elle pas que le voile se porte avec joie et fierté… volontairement… qu'il n'est jamais… oh non jamais…

imposé par le père ou les frères! Non, sur ces jeunes filles-là, Madame Aouache ne verse pas de larmes! Peut-être ne font-elles pas partie du groupe démographique auquel elle a fait si judicieusement allusion.

La course à l'électorat

Il est vrai qu'elle se déclare proche d'Écolo et ce parti est engagé avec le PS de Bruxelles dans une course à qui se soumettra le plus aux désirs moyenâgeux des obscurantistes. Ils viennent à nouveau d'enregistrer une belle victoire puisque la piscine d'Anderlecht sera réservée à certaines heures aux femmes, et le burkini y sera autorisé. Encore un Waterloo de la laïcité concocté par une commune dirigée par un bourgmestre PS !

Quant à Défi, ce parti s'est fait rouler dans la farine par ses interlocuteurs PS et Écolo. Il a perdu sa crédibilité en matière de défense des valeurs. Ses résultats électoraux sont depuis nombre d'années étales, il y a fort à parier qu'ils subiront un fameux recul, car cet échec ne s'oubliera pas. On a pu voir les difficultés qu'a dû affronter le député CDH Dallemagne vilipendé par ce qu'il reste de son parti, car il osait défendre la laïcité. Le PS bruxellois quant à lui est dirigé par le triangle Madrane, Ikazban et Laaouej.

Le vrai pouvoir est là. À Molenbeek, il apparaît que C. Moureaux ne dirige rien sans l'imprimatur de ceux qui obéissent à Ikazban, celui qui lors de la dernière campagne électorale avait fait le signe de ralliement des frères musulmans. À Molenbeek, la messe est dite depuis longtemps. Le PS a cru longtemps posséder un électorat captif… aujourd'hui, il est le captif de son électorat.

Des valeurs bien supérieures aux partis

Seul M. Bouchez, président du MR s'est ému des déclarations de Madame Aouache, il demande des explications au gouvernement fédéral auquel son parti participe. C'est aussi un membre du MR, M. Corentin de Salle, qui a demandé en réunion de l'Institut pour l'égalité homme/femme, à Mme Aouache de retirer son voile… et qui se voit taxé de racisme, d'islamophobie… et menacé d'un procès.

Eh ! bien, je l'écris sans barguigner s'il ne reste qu'eux pour défendre la laïcité à Bruxelles, je serai à leur côté. Ceux qui me connaissent bien et qui lisent ceci, savent que je l'écris la boule au ventre, car je n'ai jamais rien eu de commun avec le MR. Je ne connais M. Bouchez que via ses déclarations et je n'ai rencontré M. de Salle que lorsque je me suis rendu au Centre Jean Gol pour mes recherches sur Paul Hymans et qu'il est venu courtoisement me saluer.

J'estime que le combat pour les valeurs dépasse les petites fractures de parti. On parle ici de civilisation, plus particulièrement d'une civilisation dont l'existence même est maintenant menacée puisque l'argument démographique est mis en avant pour obtenir des changements dans nos valeurs fondatrices. Alors, à ce niveau que valent les conflits de partis.

J'ai été choqué par différentes réactions lorsque Mme N. Geerts a été engagée au MR. Que de paroles viriles, quel vocabulaire de guerre civile. Qu'ils sont nombreux les gardiens des vertus de gauche, bien calés dans un fauteuil, les pieds au chaud dans de confortables pantoufles, qui tous les soirs après la lecture de trois lignes de Marx et de deux phrases de Gramsci, juste au moment de se mettre au lit, se font la promesse solennelle de prendre… le lendemain le Palais d'Hiver ! Non !

La Résistance à l'islamisation mérite mieux que des rêves fumeux, que la nostalgie des échecs d'une gauche incapable de comprendre, de construire l'Avenir. C'est maintenant et ici, qu'il faut, sans faire dans la dentelle, sans tortiller du croupion, sans avoir la bouche en cul de poule, se regrouper, s'unir, combattre. Ce combat est d'abord celui qui doit aider des milliers de femmes et de jeunes filles musulmanes à ne pas tomber dans les bras des oppresseurs obscurantistes, c'est ensuite celui du maintien de nos valeurs fondatrices, celles des Lumières, celles du respect de l'autre dans sa globalité incluant sa foi ou son incroyance, celui aussi de la défense de l'état de droit, conquête essentielle de la démocratie, sans état de droit aucune liberté n'est possible. Un état de droit ne dépend pas d'une quelconque démographie, il dépend de valeurs, celles-là mêmes qui sont aujourd'hui en danger !

The right woman at the right place, voilà ce qu'on peut dire de cette étrange nomination, merveilleusement significative de l'état de déliquescence de la Belgique, qui ne fut jamais une Nation, mais qui fut un État... Nomination, illustration parfaite « *du ventre mou du ventre mou* » comme le « *Nouvelobs* » qualifiait la Belgique face à l'islamisation. La Belgique est le pays du surréalisme, un tableau célébrissime de Magritte s'intitule « *Ceci n'est pas une pipe* »...

Ne pourrait-on pas s'agissant de la nomination de Mme Aouache se dire « *Ceci n'est pas un Commissaire du gouvernement... belge* » ?

VINGT ANS DE LÂCHETÉS DE LA GAUCHE BELGE
Entre désillusion et espérance

3

BRUXELLES, VOUS AVEZ DIT UN GOUVERNEMENT ?

Arrogance des chiffres :
Impuissance des politiques !

5 novembre 2013

La lecture du « Soir » de ce matin est particulièrement éclairante. Pour la première fois, une série de chiffres apparaissent en plein jour. Ainsi, on apprend que 840.000 Bruxellois (la Région en compte 1.100.000) sont, je cite : « *Directement issus de l'immigration, naturalisés ou non,* »... soit 76,5 % de la population.

Depuis une bonne quinzaine d'années, je croise une série de statistiques régionales. J'étais arrivé à cette conclusion, avec, bien entendu, des chiffres, à l'époque, inférieur.

Mais bien sûr, tout le monde s'en fichait !

Il y a une dizaine d'années, François Robert, journaliste au « Soir », avait publié un grand article sur la démographie à Bruxelles dans lequel il précisait que la démographie bruxelloise était **la même que celle de la ville... d'Alger** ! Éclairant, mais, bien sûr, **aucune réaction** sur les politiques d'emplois, sur les politiques scolaires, etc.

Curieux quand même de constater qu'à la Région bruxelloise, une des choses qui fonctionne le mieux, c'est le secteur des statistiques qui, avec le service « statistiques » d'ACTIRIS, fournit d'excellents éléments. Malheureusement, ceux-ci, apparemment, ne sont jamais pris en compte car, c'est bien connu, les politiques sont contraints à l'immédiateté.

Mais il y a pire dans les pages du « Soir » d'aujourd'hui.

D'après l'article, la VUB fait périodiquement une série de statistiques sur la Région bruxelloise. Passionnant de constater la régression de la langue française, mais terrible de constater qu'en douze ans, l'usage de la langue française « **à la maison** » a diminué à Bruxelles de 21,4 % ! Ce chiffre-là est vraiment catastrophique, car il faut le reporter sur le problème gigantesque de l'Enseignement à Bruxelles.

Je ne veux pas évoquer le problème des locaux qui a, bien entendu, été totalement négligé avec, comme conséquences, qu'un certain nombre d'enfants ne peuvent être accueillis, et que d'autres le sont dans des conditions catastrophiques. Mais pesez-vous la question de savoir comment un enseignant du cycle primaire qui a, dans une classe d'un peu moins de trente enfants, vingt à vingt-cinq d'entre eux ne parlant pas le français à la maison et regardant une télévision étrangère, pourrait-il réellement transmettre un certain nombre de connaissances, je n'ose pas dire un certain nombre de « **valeurs** », car, en arrière-toile de ce panorama, n'oublions jamais que toute cette évolution s'accompagne de plus de 20 % de chômeurs (de 30 à 33 % d'entre eux de 18 à 25 ans), et de poches de chômage de plus de 40 % dans certains quartiers, les mêmes d'ailleurs où le chômage féminin des personnes issues de l'immigration dépasse, lui aussi, les 40 % !

Mais à part ça, tout va bien !!!

Dans les heures qui ont suivi les déclarations de Bart de Wever sur Bruxelles, j'ai lu, sous la plume de quelques journalistes, l'expression « *identité bruxelloise* ». Quelle superbe farce !

Si jamais, il y eut une identité bruxelloise un jour, ce qui reste à démontrer, celle-ci a disparu depuis fort longtemps. Il ne faut pas rappeler les élucubrations de Sarkozy sur « l'identité française » pour s'en convaincre. Ces statistiques démontrent que Bruxelles, et d'ailleurs l'article conclut comme cela « *est devenue une mosaïque de communautés* ». Mais une mosaïque de communautés peut-elle conduire à la prise de conscience d'une identité qui, de mon point de vue, n'existe plus ?

Ce n'est pas parce que les Bruxellois qui ont répondu à l'enquête se définissent plus comme Bruxellois que comme Belges que cela change quoi que ce soit ! La machine à gaz inventée par Moureaux et Dehaene, lorsqu'ils ont porté la Région bruxelloise sur les Fonds Baptismaux, pouvait fonctionner. **Elle le pouvait, oui, mais seulement sur base d'une loyauté régionale**.

Cela n'a pas été le cas !

Aujourd'hui, cette machine comporte une multitude de tuyaux… **mais ne fournit plus de gaz** ! C'est de cela dont il faut prendre conscience et arrêter de faire la politique de l'autruche. En 1988, j'avais négocié une partie de la constitution du Gouvernement bruxellois avec MM. Maingain et Gosuin. À l'époque, j'avais été choqué par une déclaration de M. Gosuin qui avait déclaré que le logement social fonctionnait comme, je le cite, « *une pompe à pauvres* » ! Le PS voulait mettre dans son programme, et c'était bien normal, une augmentation du nombre de logements sociaux. Aujourd'hui, je dois reconnaître que M. Gosuin avait partiellement raison. Bruxelles a aspiré toute une population qui, au point de vue de l'assiette fiscale, ne permet pas aux communes et à la Région de rencontrer l'énormité des besoins qu'elle présente. La part du P.I.B. bruxellois dans le PIB national n'a fait que diminuer depuis 1974. Aujourd'hui, nous sommes à moins de 10 % !

Comment, dans ces conditions, les communes peuvent-elles gérer quoi que ce soit ? Rudi Vervoort a mille fois raison lorsqu'il rompt une lance, voulant prendre en main l'Enseignement.

C'est la source de tout. C'est à l'école primaire qu'on fabrique, aujourd'hui, la masse des chômeurs bruxellois de demain.

On peut dire tout ce qu'on veut à propos de Bart de Wever et de ses « *projets* » pour Bruxelles, mais sachons reconnaître qu'aujourd'hui, la Ville-Région et ses communes sont proprement ingérables. Ce n'est qu'au départ de ce constat et de ces réalités, qu'on pourra construire l'avenir.

Il faut sortir, une fois pour toutes, du « *politiquement correct* », sinon, quoi qu'on fasse, quoi qu'on dise, par la force des choses (par le besoin d'argent !), ce sont les thèses de Bart de Wever qui l'emporteront.

Lettre ouverte au Président du PS et aux Membres de la Fédération bruxelloise

« Le courage de changer ce qu'il est possible de changer, la force de supporter ce qu'il est impossible de changer et surtout l'intelligence pour discerner l'un de l'autre.»

Saint François d'Assisse
.

28 novembre 2015

Je t'écris cette lettre, tu la liras peut-être si tu en as le temps.

Mince alors ! En traçant ces lignes, je me rends compte que je commence mon courrier comme débute la chanson « *Le Déserteur* » de Boris Vian. Pourtant, crois-moi, je n'ai nullement envie de déserter notre vieille maison commune, le PS, même si aujourd'hui elle m'apparaît ressembler au « *grand corps à la renverse* » dont parlait Sartre. Mais Sartre s'étant trompé sur tout, l'espoir nous est donc permis… ouf ! J'ai d'autant moins envie de fuir notre Parti que je t'adresse une série de propositions qui, je pense, pourraient peut-être nous permettre de retrouver nos racines.

Permets-moi d'insister, ce qui va suivre ne concerne que le PS bruxellois, je ne connais pas assez la situation en Wallonie pour me prononcer à son sujet. Je ne peux cependant m'empêcher d'évoquer la situation de la social-démocratie en Europe, car selon une formule classique en politique belge « tout est dans tout et inversement. »

Cher Elio, le dossier publié récemment par « *Le Vif* » provoque de nombreuses interrogations, des doutes, des remous, dessille les yeux. Pourtant, il ne fait que la synthèse de ce que j'observe depuis longtemps. Nombreux sont ceux que je rencontre qui estiment que l'article, pourtant déjà très interpellant, est bien en dessous de la réalité. Tous me disent leur malaise devant l'évolution de la fédération à la fois quant au mode de fonctionnement interne, plus particulièrement, quant à son évolution idéologique au niveau de la défense des valeurs constituant la colonne vertébrale du Parti et de façon symptomatique, la laïcité.

Ce que l'on n'a pas voulu voir !

Démographie et géographie sont des éléments évidents, déterminants, simples à observer, s'imposant de facto à tout décideur politique ou économique, pourtant nombreux sont ceux à Bruxelles qui ne prennent conscience « *des terrifiants pépins de la réalité* » qu'avec un étonnant retard. Pourtant, si une chose est bien faite en région bruxelloise, ce sont les statistiques. Certains, depuis longtemps, croisent les données fournies par Actiris, la Région, le ministère de l'Intérieur, la Santé, etc. Ce qui se produit depuis dix ans à Bruxelles est une véritable explosion démographique, laquelle se poursuit encore aujourd'hui. Les conséquences sont multiples, souvent catastrophiques, vu l'absence de perspectives et de prévisions. Or, beaucoup de ces désagréments étaient évitables. Mais force est de constater que malgré notre présence quasi permanente à la tête de la Région depuis 1988, rien n'a été entrepris, rien n'a été anticipé ! Il est inutile d'accabler les individus, mais il faut rappeler que Picqué, disposant d'un charisme exceptionnel et d'une présence au pouvoir d'une durée tout aussi exceptionnelle, n'a rigoureusement rien fait, se contentant de commander une multitude de plans aussi divers que variés… et coûteux ! Rudi Vervoort, en six mois de présence, malgré un environnement insidieusement hostile, à la tête de l'exécutif, sans tambour ni trompette a été plus efficace que Picqué en vingt ans.

Pourquoi cette non-gestion ?

Indépendamment de facteurs personnels liés à la personne du ou des ministres-présidents qui se sont succédé, se contentant de durer plutôt que de gouverner et prévoir, la vraie question est de savoir si la région de Bruxelles est institutionnellement gouvernable

L'invraisemblable usine à gaz mise au point par Dehaene et Moureaux ne pouvait fonctionner que sur base d'une loyauté régionale réciproque entre néerlandophones et francophones.

Or, les ministres flamands ont dès le début été très clairs, leur loyauté était d'abord et avant tout flamande. Certains de ces ministres ont été d'une particulière franchise en ce domaine, franchise assez rare en politique pour être soulignée. A de très nombreuses reprises, Brigitte Grouwels, ministre CVP a lourdement insisté pour souligner son lien indéfectible à la Flandre et le fait que Bruxelles n'avait qu'à se soumettre ! Que dire alors de son attitude en conseil des ministres ? D'autres, plus hypocrites, ont eu la même attitude. Comment dans ces conditions tenter la moindre gouvernance avec un exécutif composé de huit ministres, dont trois néerlandophones dont chacun peut bloquer en totalité le fonctionnement d'une tuyauterie crachoteuse. Le gouvernement est donc constamment coincé entre des exigences ou des blocages flamands et les élucubrations stupides de l'un ou l'autre ministre comme Pascal Smet n'hésitant pas à forcer la décision pour obtenir l'érection d'une piscine sur le canal, mobilisant ainsi vingt-cinq millions d'euros ! On y échappera de justesse. Une analyse fine des ordres du jour du gouvernement suffirait à démontrer la triste vacuité de son fonctionnement.

À cela s'ajoutent les aléas du mille-feuille institutionnel bruxellois. La région compte un peu plus d'un million cent cinquante mille habitants, elle se découpe en dix-neuf communes, dix-neuf CPAS, plusieurs dizaines de sociétés de logements sociaux, un parlement de quatre-vingt-neuf députés (sur l'élection desquels je reviendrai), une VGC, une COCOM, une COCOF, une multitude d'O. I. P économiques ou sociaux... et j'en oublie. La région pourrait gagner pas mal d'argent en faisant breveter son puzzle institutionnel, en le commercialisant comme ce fut le cas du Monopoly en 1930 ; certain qu'il y aurait là une niche à exploiter !

Tout observateur objectif ne peut que conclure que l'usine à gaz est bonne pour la casse, plus rien ne fonctionne correctement, tout le monde le sait, tout le monde le constate... mais nombreux sont ceux qui en vivent. L'exemple du cadre linguistique de la région est emblématique, cassé pas moins de trois fois par le Conseil d'État, il fut chaque fois représenté quasi tel quel par le gouvernement bruxellois dans la mesure où les Flamands exigent une part de 29,77 % des emplois alors que cela ne correspondait nullement aux comptages des dossiers effectués en vertu de la loi !

Comment dans ces conditions exiger le dynamisme de la fonction publique régionale ? Mais voilà, la petite classe politique bruxelloise vit... et fort bien, de ce fouillis d'institutions disparates, mais juteuses. Comment demander à cette foule d'élus de toutes sortes, communaux, sociaux, régionaux, mandataires de généreux OIP de se faire hara-kiri ? Impensable ! Mais en attendant...

La paupérisation

Il y a un étonnant parallèle à faire entre le bourgeonnement, l'incroyable foisonnement institutionnel de Bruxelles et l'évolution des revenus dans la Région. Les courbes sont parfaitement inverses, plus les institutions régionales se multiplient, se diversifient, plus la courbe des revenus des habitants de la région s'effondre ! La part bruxelloise dans le PIB national s'est effondrée. L'analyse des statistiques, quel que soit le domaine, démontre une paupérisation qui se lit à l'œil nu dans les différents quartiers de la Région. Les Bruxellois sont de plus en plus pauvres, les problèmes sociaux s'accumulent, s'aggravant année après année, se multipliant sans cesse. Depuis la fin des années septante, la classe moyenne payant l'impôt a voté avec ses pieds, quittant la région. Elle a été remplacée par une population d'infrasalariés, d'assistés sociaux à l'avenir professionnel de plus en plus problématique. On objecte toujours à cela le taux de création d'emploi, le plus élevé du pays... ce qui est exact. Mais les Bruxellois n'en bénéficient pas ! Il y a près de sept cent

VINGT ANS DE LÂCHETÉS DE LA GAUCHE BELGE

cinquante mille emplois à Bruxelles, plus de deux cent mille sont occupés par des Flamands et plus de cent cinquante mille par des Wallons. Ces navetteurs génèrent des coûts considérables pour la Région... mais payent leurs impôts dans la commune de leur domicile. Si on recourt à une analyse plus fine, il apparaît que les cadres supérieurs sont majoritairement des navetteurs. Pour nettoyer les bureaux, il reste des Bruxellois !

Les derniers chiffres du baromètre social bruxellois synthétisent parfaitement ces questions. On y découvre que près d'un tiers des Bruxellois vit sous le seuil de pauvreté, soit avec moins de 1085 euros par mois. La moyenne belge se situe entre 14 et 16 %.

Donc à Bruxelles, c'est près de trois fois plus de gens qui se trouvent sous ce seuil fatidique. Or, ces statistiques prennent en compte : les revenus, le travail, l'instruction, la santé, le logement et la participation sociale. Si le PIB à Bruxelles est de 61.899 euros pour 26 183 en Wallonie et 35.922 en Flandre, ce n'est que parce que 50 % d'emplois sont occupés par des navetteurs. Enfin, et cela n'étonnera personne, 23,50 % des Bruxellois perçoivent une allocation ou un revenu de remplacement ; ce chiffre est en progression de 1,6 % par rapport à 2013. Le pire est que cette chute vertigineuse des revenus bruxellois se poursuit sans discontinuer depuis les années septante. Jamais on n'a pu observer le moindre redressement. Une véritable descente aux enfers... mais qui n'émeut personne. Les exécutifs se succèdent, les ministres se suivent tout sourire, les programmes électoraux s'effeuillent, les promesses se multiplient... s'envolent... mais la seule courbe de croissance est celle de la misère ! Une question doit se poser, cette Région telle qu'elle est institutionnellement constituée est-elle gouvernable?

Est-elle viable ? La réponse, évidente pour tous, est clairement non !

Cette situation n'a pas seulement un impact social, elle y a aussi d'importantes conséquences urbanistiques. La région est structurée, façonnée, dessinée, et cela se comprend, pour faire face à cette arrivée journalière de ce flot de Flamands et de

Wallons ; charge considérable pour Bruxelles, sans commune mesure avec les contreparties chichement concédées à la Région par le Fédéral qui plus est, les orientent souvent sans tenir compte des intérêts bruxellois. Il n'est pas rare que des mandataires bruxellois s'entendent dire par des auteurs de projet désignés souverainement par le pouvoir fédéral : « *Il faut que vous bruxellois commenciez à vous adapter !* » Ah ! bon s'adapter, mais à quoi ! Oserai-je le penser… à une administration d'occupation !

Posons-nous la question de savoir pourquoi il n'y a pas à Bruxelles de péage comme à Londres ou à Stockholm ? Ce sont de splendides réussites. La Région de Bruxelles est le cas typique où cela devrait être appliqué ! Eh bien non! Cela déplaît. Pardi, on l'aurait juré. Ni les Flamands ni les Wallons n'en veulent !

Comment ne pas évoquer certains aménagements aberrants ?

Mais dans la mesure où le pouvoir à Bruxelles est parcellisé, il n'y a pas de dialogue, le rapport de force étant toujours défavorable aux Bruxellois.

Quand la ville de Bruxelles décide de faire un piétonnier, l'impact sur toute la région est évident… mais dans les autres communes pourtant largement influencées par cette décision, on fait autre chose, on regarde ailleurs ! Le bourgmestre de Bruxelles n'a pas de véritables interlocuteurs.

Les chiffres du chômage, même flattés, ne laissent aucun doute, non seulement sur la paupérisation, mais et c'est beaucoup plus grave, sur sa perpétuation, sa constante augmentation. Le taux de chômage est le plus élevé à Bruxelles, pour ce qui concerne le chômage des jeunes, il atteint l'effroyable record de 30 %, 40 s'il faut croire les chiffres du VOKA. Ne soyons pas dupes, les baisses dont il est question récemment sont le fruit des dernières mesures gouvernementales, sur lesquelles je n'ai pas le cœur de m'appesantir… il « saignerait ! » Je n'évoque pas le chômage des femmes dans ces mêmes quartiers, il dépasse les 45 %.

On le sait, en démocratie, il y a deux légitimités. D'abord celle des urnes, le suffrage universel. À Bruxelles, ces principes fondamentaux sont clairement violés, le nombre de voix pour élire un néerlandophone est nettement inférieur à celui nécessaire pour élire un francophone. Résultat, parmi les élus flamands, certains le sont avec quelques centaines, voire quelques dizaines de voix… et deviennent ministres alors qu'ils ne sont les élus que d'un nombre infime d'électeurs de la Région. Peut-on encore parler de légitimité ? Les élus flamands au parlement bruxellois ont moins de légitimité démocratique que le gagnant d'un concours de la télé-réalité.

Mais il est un autre critère de légitimité, celui-ci beaucoup plus subtil, c'est celui de la réussite dans l'action. Or, on l'a vu, la région est sinistrée sur le plan social, la courbe est descendante depuis les années septante, le tissu urbain se dégrade sans discontinuer, la mobilité est chaotique, l'engorgement est généralisé et fait rire l'Europe, la paupérisation galopante, l'enseignement sinistré, l'insécurité croissante, etc. De cette légitimité-là, aucun politique bruxellois ayant siégé dans l'exécutif ne peut se prévaloir. Peut-on en vouloir aux citoyens qui se désintéressent, se détournent de la vie politique, rejoignent la horde grandissante clamant le « *tous pourris, tous incapables.* »

Ne serait-ce l'étonnante médiocrité, parfois jusqu'au pathologique, des rares représentants de l'extrême droite, le triomphe serait lui assuré. Un journaliste de « Libération » a, il y a quelque temps osé faire publiquement ces constatations… quels cris, quel scandale… c'était pourtant la triste vérité.

Bien sûr, on dessine sur le sol des voiries, des pistes cyclables, les communes élaborent des plans de circulation aberrants, les bobos seront comblés, il y a les stupides journées sans voiture. L'idéal de certains n'est-il pas de faire de Bruxelles une réserve d'indiens, d'indiens pauvres, assistés socialement, ficelés électoralement, habillés de lin écru, mangeant des légumes bio, déféquant dans des toilettes sèches, se déplaçant à vélo, n'utilisant pas de GSM, végétaliens et surtout ne se reproduisant pas… on viendra les voir en car, comme les Flamands le font déjà, qui visitent avec un guide, prudence quand même, le quartier maritime de Molenbeek ou Matonge ! « *Pensez donc, beste vrienden, à une heure de Gand, à quarante-cinq minutes d'Anvers, l'exotisme, le pittoresque chaleureux, bruyant de l'Afrique à Matonge; le*

frisson de l'inquiétante Casbah à Molenbeek, l'étrangeté des femmes voilées,
les hommes barbus en djellaba… comme là-bas, dis… tout un monde.
N'oubliez pas de bien vous laver les mains en rentrant à Gand ou à
Anvers… dans ces coins de Bruxelles, on ne sait pas ce qu'on peut y
rencontrer ! Ebola, malaria, maladies tropicales, djihadistes » Ah ! Un
détail, oh ! une toute petite chose, ils vivront de quoi ces «
indiens » bruxellois…oui au fait, de quoi vivront-ils ? À moins
que les visiteurs les plus audacieux ne leur lancent, « *à ces sujets de*
zoo humain » quelques trognons de maïs… quelques chèques
repas… les voir manger pourrait être drôle non !

Et le PS !

Le malaise est perceptible partout. D'abord, il y a le
doute, peut-être le mensonge lourd, irrémissible ; chacun sait que
le leadership est assumé par quelqu'un qu'on accuse, à tort ou à
raison, de ne pas réellement habiter à Bruxelles, qui donc ne
respecterait pas un aspect essentiel de la vie politique, à savoir,
subir ce que vivent ceux qu'on est sensé représenter, défendre.
Ce doute a déjà été lourd de conséquences, il le sera encore
demain! La relation avec le citoyen en est dès l'abord viciée. Il
s'agit là d'une faute impardonnable, inconcevable. Elle n'est
possible que parce que les militants, forces d'impulsion, de
proposition, mais aussi de contrôle, n'existent plus.
Pendant des décennies, les listes électorales étaient
établies sur base de pools. C'était connu de tous, les tricheries ne
manquaient pas, les uns bourraient les urnes, les autres
modifiaient les scores.
Néanmoins, les formes étaient respectées, la démocratie
restait un objectif… parfois lointain, j'en conviens ! On ne
pouvait pas tout se permettre ! Ensuite vinrent les comités des
sages, puis s'abattit l'obscurité totale, le rideau de plomb ; une
étonnante alchimie préside maintenant à l'élaboration des listes
d'élus ; il n'est plus question de comité des sages, mais d'un
comité secret, c'est là qu'on agite le shaker d'où sortira le
breuvage qui sera servi aux électeurs.

———

Les résultats sont connus d'avance, la bouillabaisse comprenant une dose massive de Belges issus de l'immigration, logique au vu de la démographie de la population et de filles ou de fils de… ainsi naît sur les navrants décombres d'une idéologie, une nouvelle aristocratie, dont les fiefs sont constitués d'une masse d'électeurs d'origine étrangère, un cheptel sur lequel on règne sans vergogne.

Moderne féodalité… totale rupture avec une idéologie à l'allure d'astre mort! La presse avait relevé lors des dernières élections cette présence massive des fils et filles de, mais les journalistes ne les avaient pas tous repérés, certains liens de parenté étant plus discrets ou mieux dissimulés, dans certains cas le nom de la mère était connu, mais pas celui du père, de plus il fallait en outre tenir compte des compagnons, compagnes, nièces ou neveux. Qui osera encore dire qu'à Bruxelles le PS n'aime pas la famille, étonnant que la Présidente fédérale n'ait pas été invitée au dernier synode de Rome consacré à l'avenir des familles, cette parole experte a manqué ! Il faut être de bon compte, les dynasties politiques ont toujours existé, y compris au PS, il suffit d'établir les liens entre les familles Spaak et Janson. C'est par son caractère massif que le phénomène à Bruxelles est devenu remarquable et grignote le fonctionnement à long terme du parti qui, de fait, devient ce que l'on connaît bien en Afrique, une addition de clans.

Amusante, révélatrice d'ailleurs de cette importation des mœurs politiques subsahariennes. Les conséquences sont multiples, à commencer par le fait que des candidats potentiels de grande qualité, n'étant ni d'origine maghrébine, n'ayant aucun lien de parenté avec l'un ou l'autre des leaders de la fédération, estiment qu'ils n'ont pas la moindre chance d'être à une place où ils auraient une petite chance d'être élus ! Ceux-là partent, disparaissent ; ils planquent comme hauts fonctionnaires, mais ils manquent cruellement à notre action politique. Anne Sylvie Mouzon, excellente parlementaire, avait l'habitude de dire que sur l'ensemble du groupe socialiste seules quatre ou cinq individualités étaient actives ! Les autres, bof…

J'évoquais une nouvelle aristocratie, en ce sens l'interview de Catherine Moureaux dans « *Le Vif* » est emblématique tant ses réponses sont d'une stupéfiante naïveté, à les lire on éprouve un sentiment de compassion pour cette jeune femme s'exprimant avec tous les tics de langage commun à la haute bourgeoisie, nimbée de l'autorité naturelle de ceux qui parlent sans jamais être contredits, nés pour être obéis, né pour gouverner le destin de la plèbe. Pour tenter d'exister politiquement, elle feint dans l'article de croire que les cinq mille et quelques voix obtenues lors des dernières élections l'ont été grâce à son seul mérite... la pauvre, le réveil pourrait être dur ! Très dur ! Quinze jours plus tard, « Le Vif » nous apprend que le fils Uyttendael « prend le bus », il y côtoie le peuple... de l'héroïsme quoi ! Est-ce vraiment là « la gôche ! » À lire ces interviews, une profonde tristesse m'envahit tant ces deux jeunes gens m'apparaissent déjà oublieux du bonheur d'être eux-mêmes.

Autre conséquence, le nombre d'affiliés a fondu comme neige au soleil. Les chiffres sont secrets... un comble dans un parti de gauche, certains permanents retraités parlent et évoquent les vingt-cinq mille membres de 1974 et le fait qu'ils seraient moins de trois mille cinq cents en 2015. Les militants ont disparu, évaporés. Il faut dire que le fonctionnement de la fédération fut des plus curieux pendant plus d'une décennie alors que partout l'élection du Président fédéral se faisait au suffrage universel, seul à Bruxelles il était élu par le congrès où **deux sections** sur dix-neuf, Anderlecht et Molenbeek, faisaient à elles seules la majorité... dès lors que tout était simple, il suffisait de « *ménager et... nourrir* »

Picqué et l'ordre, comme à Varsovie en 1830, pouvaient régner.
Le départ des militants a conduit un grand changement dans les campagnes électorales, plus rien ne fonctionne sur base du bénévolat, tout se paye, tout se rémunère, les collages, les distributions toutes boîtes. Ce n'est pas anecdotique, mais lourdement symbolique. Logique aussi dans de telles conditions que la rupture soit consommée entre les organisations de l'action

commune, plus besoin de syndicat, de mutuelle, d'organisation de jeunesse... tout le monde suit seul son chemin !

Stratégies dynastiques et communautarisme, les deux mamelles du PS bruxellois

Les militants se sont évanouis, mais il reste l'essentiel... des électeurs. J'y reviendrai. Au niveau du parti, la structure est donc devenue la suivante : une bonne base électorale, des élus majoritairement issus de l'immigration, sans oublier la crème, cerise sur le gâteau, une dose de plus en plus importante de fils, filles, compagnons, compagnes, nièces ou neveux de...

La classe intermédiaire des militants a disparu, elle s'est volatilisée, donc plus de contrôle, plus de contestation, plus de compte à rendre. Les congrès ne sont qu'une chambre d'enregistrement, garnie de nombreux membres de cabinet à qui le choix n'est pas donné, ils ont l'ordre d'être présents ! Pas de discussion, doigt sur la couture du pantalon, sinon... Qui pourrait au PS bruxellois impulser une autre politique, remettre en cause les décisions, où est l'opposition... Sans opposition, pas de démocratie ! La preuve est faite.

Je note d'ailleurs que les instituts de sondages se trompent la plupart du temps en ce qui concerne le PS bruxellois, car ils évaluent avec difficulté le poids de l'électorat issu de l'immigration, ils ne le connaissent que très mal, n'ont aucune idée des liens sociologiques, de la fidélité de la masse de nos électeurs d'origine étrangère, d'où une sous-évaluation systématique de nos résultats. Si un jour cet électorat devait disparaître ou s'étioler, nul doute que le PS se trouverait réduit à des chiffres très semblables à ceux du CDH. D'où le malaise en matière de laïcité, l'abdication quant à certaines attitudes, ce contact nauséabond avec les mosquées, la veule soumission quant aux exigences visant les femmes, les horaires des piscines, la nourriture, etc. Mais attention, le vote socialiste n'implique pas de la part de cet électorat communautaire une adhésion ou même la simple connaissance de nos valeurs ! On a raté la transmission... tragique dans une famille. Avec stupeur, les derniers militants ont constaté qu'au PS bruxellois tout en matière de laïcité est négociable. J'y reviendrai !

Il n'y a donc plus de classe intermédiaire entre l'électorat et les élus ; les forces vives du parti, ses militants, ont disparu, reste une caste d'élus, rejetons dynastiques et la masse de ceux qu'un chercheur de la KUL d'origine maghrébine appelait récemment dans « *Le Soir* » « *le bétail à voix* » qu'il estimait sous-représenté... j'ose supposer que ce chercheur flamand ne songeait pas à Bruxelles !

La disparition des militants conduit à d'étonnantes surprises.

Ainsi voit-on surgir sur les listes électorales de parfaits inconnus, quasi absents de leur section locale, à peine affiliés, et encore pas toujours (on se souviendra du fasciste turc sur une liste communale du PS, ce cas n'était ni accidentel ni unique) totalement absents de la vie politique locale, n'ayant aucune présence sur le terrain, mais qui réussissent des scores de rêve et parfois sont élus dépassant une bonne partie des autres candidats sur la liste.

Il suffit pour s'en convaincre de reprendre les listes fédérales ou régionales du PS à Bruxelles, de regarder les scores et de mettre ceux-ci en rapport avec le militantisme dans les sections. Victor Hugo disait : « *Il y a du champignon dans l'homme politique, il pousse en une nuit.* » Cela n'a jamais été plus vrai qu'à Bruxelles.

Dans de nombreux cas, personne au sein de la section locale ne connaît ce recordman ou cette recordwoman. La raison du succès est simple, ce candidat ou cette candidate a appuyé sur un bouton, un seul... le bouton miracle, le bouton communautaire.

Pas besoin de faire beaucoup d'efforts, il suffit à l'électeur de déchiffrer le patronyme, imparable boussole électorale bruxelloise.

Dans de telles conditions doit-on encore défendre la laïcité ? Peut-on encore imaginer résister aux exigences religieuses d'un autre âge ?

L'essentiel aujourd'hui au PS, ce sont les liens de parenté et les circuits communautaires, le militantisme n'a plus sa place… quant à la réflexion, les idées ! Il n'y a plus que très peu de rapport entre les campagnes électorales faites par les candidats et les valeurs fondatrices du PS. Le tramway, ligne directe vers le mandat, implique une filiation dynastique ou un lien communautaire, sans cela pas de mandat, c'est le cul-de-sac. Les « tuyaux » d'accès au pouvoir ont changé… et comment !

À Bruxelles, les campagnes ne sont plus que communautaires, le programme ne compte que pour la presse et les adversaires, un nombre considérable de candidats s'en fichent complétement.

Alors que pendant des années tu as insisté pour que nous évitions le communautarisme, aujourd'hui, c'est la dominante principale.
Les tracts en arabe, en turc en albanais, sont légion, plus personne ne s'en offusque à la fédération bruxelloise. Les temps ont changé, les militants se sont évanouis, nos valeurs sont chaque jour écornées. L'un des élus phares de l'une des importantes communautés de la région, occupant des responsabilités politiques majeures, n'hésite plus à dire « *toutes les campagnes doivent être communautaires, Laanan et Madrane n'ont rien compris s'ils ne le font pas.* » Au-delà de la question fondamentale de la transmission et de l'adhésion à nos valeurs, se pose indéniablement la question de la sauvegarde des principes de laïcité pour lesquelles nos prédécesseurs ont lutté pendant tant d'années contre l'hégémonie religieuse. Qu'on n'oublie pas qu'il nous a fallu des dizaines et des dizaines d'années, d'âpres combats, pour laïciser notre vie publique, échapper à l'oppression cléricale.

Comment dès lors concevoir, que dans certaines écoles de la Région la totalité de la viande servie soit halal, le fournisseur répondant lors de l'appel d'offres : « *ainsi il n'y a plus de problème !* »

Comment accepter que certaines piscines communales se soient soumises (le plus souvent hypocritement) à l'établissement d'horaires séparés par sexe !

93

Comment expliquer que la Région de Bruxelles soit la seule qui n'ait pas osé bannir l'abattage rituel et laisse se poursuivre ces monstruosités ?

Comment admettre que dans une grande commune de la région, l'ouvrier communal qui sert les repas scolaires à chaque cuillerée servie, fasse suivre celle-ci de la formule en arabe : Hamidullah (grâce à Dieu) !

Comment accepter que dans nombre d'établissements scolaires il ne soit plus possible d'enseigner les principes du darwinisme, ni bien sûr d'évoquer le génocide des Juifs ! Les directions ne peuvent réagir, le pouvoir organisateur voulant surtout éviter les remous ! Il y a quinze ans, un enseignant de l'athénée royal de Laeken donnant une interview dans le « Vlan » avait évoqué son incapacité d'enseigner les notions du darwinisme à ses élèves. Cet article fit beaucoup de bruit, cet enseignant fut traité de raciste, quasi de nazi. Or, il disait vrai, de nos jours, ce genre d'incidents est courant. Mais l'omerta règne, il y a des choses dont on ne peut pas parler. Je n'évoque pas ici les étranges réactions de certains professeurs musulmans lors des assassinats de Paris au début de cette année ni le fait que le cours de religion se dispense systématiquement en arabe alors qu'il devrait l'être en français ! Ni le fait que certaines enseignantes de la religion islamique refusent de serrer la main de leurs collègues masculins, rappelant que, selon elles, la main recèle cinq zones érogènes !

Comment ainsi accepter sans réagir l'irruption du moyen-âge dans notre sphère publique! À Bruxelles, c'est tous les jours, non pas retour vers le futur, mais retour vers le passé et quel passé !

On a l'impression d'entrer dans l'avenir à reculons.

Comment admettre que les élèves musulmans manquent systématiquement les derniers cours de l'année scolaire, si les parents ont décidé de partir en vacances, je n'évoque même pas les jours de fêtes religieuses où dans certaines communes les classes sont vides, le cours étant ajourné d'autorité ! Sans réaction des autorités, bien au contraire, des consignes sont données aux enseignants de ne pas donner cours, « d'occuper » les trois ou quatre présents.

Pourquoi camoufle-t-on les incidents qui émaillent les récréations au cours desquelles des gosses sont pris à partie lorsqu'ils mangent du jambon ou ne font pas le jeûne du ramadan ?

On pourrait poursuivre cette liste indéfiniment. Le relativisme culturel, lourdement prôné, accepte aujourd'hui le voile, demain il fera accepter l'excision au nom de la même effarante régression à la fois lâche et ignoble unissant la haine des valeurs issues de 1789 et un sordide cynisme de boutiquier électoral.

On le voit, c'est dans le silence, à l'abri d'un discours intimidant que l'on serre le garrot qui cran après cran étrangle la laïcité, installe concession après concession, petit aménagement après petit aménagement, petite lâcheté après petite lâcheté… à haut rendement électoral, une société où le fait religieux envahit, pollue, domine à nouveau le domaine public.

Comment réagit le PS bruxellois ?

Aujourd'hui, il est évident qu'il est prisonnier de son électorat dont les gros bataillons – qui osera le nier ? – sont issus de l'immigration.

Tout ne fut pas négatif dans cette évolution. Il est remarquable que le PS ait su tisser des liens de confiance avec ces communautés alors que d'autres formations politiques, qui s'en mordent aujourd'hui les doigts, les méprisaient ouvertement.

Impossible dans ce contexte de ne pas évoquer Moureaux et les vingt ans pendant lesquels il a dirigé Molenbeek qu'il a transformé en laboratoire de la porosité du retour du religieux dans notre Région. Ses réactions et son évolution sont emblématiques de l'évolution, de l'attitude du PS dont il fut pendant la même période le président fédéral.

Débarquant à Molenbeek en 1982, il mène la campagne communale sur le thème du « **stop à l'immigration.** » De nombreux tracts ont été conservés, étonnantes et encombrantes archives. Il débat à la même époque sur La RTBF matinale, il y est opposé à Albert Faust, secrétaire général du SETCA de Bruxelles Halle-Vilvorde et s'oppose obstinément au vote des étrangers aux élections communales alors qu'Albert Faust lutte avec la FGTB pour l'obtenir.

La RTBF dispose toujours de la cassette, on peut la réécouter... un régal d'anachronisme, une grande leçon sur l'adaptabilité du monde politique aux dures réalités électorales.

En 1986, écrivant dans un journal communal consacré à l'enseignement, il évoque la nécessaire assimilation des citoyens d'origines étrangères. Au cours de la même période, il évoque plusieurs fois ses regrets que l'on ait reconnu l'Islam en qualité de religion subsidiée. De nos jours, même le terme « intégration » est devenu un gros mot ! Quelle adaptation !

Certains ne le prononcent que la bouche en cul de poule, se tordant les lèvres ayant hâte de se les désinfecter. N'est-on pas étonné de la timidité avec laquelle le gouvernement bruxellois envisage le parcours d'intégration qui devrait être mis en place ? On l'évoque en catimini, entre deux portes, avec la prudence que l'on met à manipuler de la dynamite. Il ne s'agit pas ici de fustiger Moureaux, sans doute a-t-il plus d'excuses que beaucoup d'autres, n'ayant jamais eu, du fait de son milieu, aucune connaissance des milieux les moins favorisés. On le sait le marxisme lui fut injecté par voie ancillaire ! Pour la première fois de son existence grâce aux émigrés, il découvrait, extatique, enfin comblé, à Molenbeek, ceux qu'ils ne connaissaient qu'au travers de ses lectures. Il allait enfin se sentir utile et renouer avec la grande tradition des ouvroirs des dames patronnesses... aider « ses » pauvres. Rendons-lui cette justice, il a considérablement rénové sa commune, lourdement investi dans l'urbanisme, mais il n'a pas investi dans les cerveaux ! On va le voir, c'est le sien qui s'est adapté, modelé... soumis. Il s'est appuyé sur les mosquées pour que celles-ci encadrent les jeunes, qu'il n'y ait surtout plus d'émeutes... pas de problème, les grands frères seront généreusement subsidiés... sans le moindre contrôle sur le terrain. Moureaux pensait du haut de ses origines sociales, de sa prestigieuse fonction académique, de ses multiples charges ministérielles et politiques que les mosquées seraient de fidèles courroies de transmission de sa volonté. Et... patatras, c'est lui qui a été roulé dans la farine par les barbus.

Il ne s'est pas rendu compte, prisonnier de son orgueil de classe qu'il devenait « *l'idiot utile* » des forces les plus obscurantistes, moyenâgeuses, de sa commune. C'est lui, le professeur émérite de Critique historique qui, au fil des ans, est devenu l'inattendu relais des revendications les plus obscurantistes. Le harki... c'était lui, amusant, non ! La politique qu'il a mise en œuvre est étonnante par son classicisme. Ce fut celle du colonialisme qui s'est appuyée sur les chefs coutumiers pour que les indigènes ne s'agitent pas. C'est une politique strictement maurassienne dans laquelle la religion est avant tout un encadrement social. Pour tout dire, c'est une politique conservatrice au sens strict du terme, curieuse pratique pour ce marxiste auto proclamé ! En Définitive son marxisme mal assimilé n'est-il pas pour paraphraser Jean Cau que « *le gant retourné du christianisme ?* » Ce n'est qu'au fil du temps et du remplacement de la population belge de souche de sa commune par des émigrés qu'il comprit le rôle électoral que cette population allait jouer à Bruxelles. Il faut lui rendre cette justice d'autant plus qu'il poussera jusqu'au bout le don de sa personne, allant même jusqu'au sacrifice suprême, moderne Abraham, puisque maintenant il « immole » sa fille Catherine, il la livre, innocente enfant, à ce peuple émigré, pauvre, fragilisé, mais exigeant un total don de soi, en ce compris le rejet des valeurs de la laïcité.

Ainsi la fédération s'est de plus en plus appuyée sur les mosquées et donc forcément sur les milieux musulmans les plus rétrogrades.

Cela explique la disparition d'un certain nombre d'élues féminines d'origine maghrébine, ces femmes, les premières élues de ce milieu, étaient toutes des femmes libérées des contraintes religieuses, ayant un langage direct, ferme à l'égard du poids du religieux. Aujourd'hui, elles sont remplacées par des élues beaucoup plus « lisses, soumises », on sait qu'elles ne causeront aucun problème avec leur communauté ou avec ceux qui s'y arrogent le rôle de représentant desdites communautés. La seule qui ait résisté c'est Fadila Laanan, précisément parce qu'elle était soutenue à un autre niveau du parti. Moureaux n'écrivait-il pas à son sujet « *cette personne n'a pas été désignée en qualité de ministre par la Fédération.* » Quelle est aujourd'hui sa relation avec la nouvelle direction fédérale ? On le sait, les sourires cachent les poignards ! Quel tort à Fadila ? Simple, elle est issue de l'immigration, c'est une femme libre, éduquée, fière de sa culture, fière de ses origines, non liée aux groupes religieux et elle défend la laïcité, et, suprême audace s'en réclame… elle fait une place aux femmes là où depuis des décennies les extrémistes islamistes les empêchaient de travailler ! Elle ne plaît pas aux barbus… ça, c'est certain !

L'enseignement

S'il est un domaine vital pour l'avenir d'une société, c'est bien l'enseignement. Or, à quoi a-t-on assisté à Bruxelles ? Ni plus ni moins à un effondrement total du niveau des écoles de l'enseignement public, il n'aura fallu qu'à peine deux décennies. L'enfer étant pavé des meilleures intentions, les pouvoirs organisateurs ont dans la plupart des cas voulu forcer la diversité. C'était nécessaire et utile. Mais cela se fit sans le moindre discernement, la moindre analyse de fond, le moindre suivi. Il était absolument nécessaire d'établir une vraie mixité, de lutter contre les discriminations, le racisme, qu'il ne s'agit pas ici de nier. Notre enseignement fut victime d'un égalitarisme forcé alors qu'il aurait été nécessaire de lire Aristote lorsqu'il soulignait « *que la véritable justice est de traiter inégalement les choses inégales.* » N'est-il pas démontré par l'histoire que forcer l'égalitarisme conduit toujours au drame ?

Le résultat est que dans différentes communes, les classes sont composées pour 80 ou 90 pour cent d'enfants issus de l'immigration.

Ceux-ci ne parlent pas français au sein du foyer familial, ils ne regardent que la TV dans leur langue maternelle. Peut-on le leur reprocher ? Significatives, les réponses données par les enfants lorsqu'on les questionne sur leur nationalité, les neuf dixièmes répondent qu'ils sont Turcs, Albanais, Marocains, Algériens, seule une infime minorité répond qu'ils sont Belges alors même que la majorité l'est ! Imagine-t-on un seul instant les difficultés qu'affrontent au jour le jour les enseignants, leur découragement, leur révolte face à un pouvoir organisateur n'ayant tenu aucun compte des affres quotidiennes de la réalité. Or, qui sont les premières victimes de cette situation ? Ce sont bien sûr les enfants issus de l'immigration. Leur progression scolaire ne peut qu'être lente, les chances d'avenir réduites. Les brillantes réussites d'enfants d'émigrés ayant accompli leur scolarité il y a quinze ou vingt ans deviendront des exceptions, car le malheur veut que leurs enfants se retrouvent dans des classes vouées à un grand retard du fait de la ghettoïsation des écoles. Réussir des études, accéder à un emploi de qualité est beaucoup plus difficile aujourd'hui qu'hier. Les statistiques publiées par « Le Soir » le démontrent sans contestation possible. Cela aussi, il est interdit de le dire, interdit même de le constater. Si par malheur vous le faites, soit on vous traite de menteur soit vous êtes voués à l'enfer de la fachosphère !

Je le répète, j'insiste sur les premières victimes de cette situation, ce sont précisément les enfants d'émigrés, même ceux de la deuxième ou troisième génération, leurs capacités d'intégration, de réussite sont largement diminuées. Est-il nécessaire d'ajouter que les émigrés et leurs enfants n'ont aucune responsabilité dans cette horrible situation, quoi de plus normal pour quelqu'un qui débarque en terre étrangère que de tenter de s'insérer dans un environnement où il retrouve ses semblables ? Il est d'ailleurs démontré que les émigrés ou Belges issus de l'émigration s'ils « réussissent » professionnellement quittent au plus vite certains quartiers ou font des mains et des pieds pour éviter que leurs enfants fréquentent certaines écoles.

Comment dès lors s'étonner des trente pour cent « officiels » du chômage des jeunes âgés de dix-huit à vingt-cinq ans ? Au mois de mai, un nombre important de mamans maghrébines de Montpellier ont manifesté pour que les établissements scolaires de leur quartier retrouvent une vraie mixité, à savoir que reviennent dans les écoles de la municipalité quelques enfants français de souche !

Curieux qu'on en ait si peu parlé à Bruxelles. Très récemment Picqué s'exprimant à la section d'Anderlecht n'hésitait pas à souligner, avec le cynisme distancié le caractérisant qui est à la fois sa marque de fabrique et lui tient lieu de colonne vertébrale idéologique, que ses enfants fréquentaient l'enseignement catholique. Il est vrai que Picqué n'a jamais été socialiste, il a appris à LE parler, voilà tout ! Certains des présents se rappelaient le reportage de RTL où l'on pouvait voir son épouse dormir sur le trottoir du collège Saint-Michel pour avoir le privilège d'y inscrire ses fils ! Comment mieux reconnaître que l'enseignement à Bruxelles est l'un de ces immenses territoires perdus de la laïcité, perdus pour la gauche ! Où est l'époque où, pour se présenter sur une liste électorale socialiste, il fallait que ses enfants fréquentent l'enseignement officiel ! Il faut oser dire que dans certaines écoles on forme… de futurs chômeurs ; les bonnes paroles, les discours lénifiants du politiquement correct n'y changeront rien. Seule une politique volontariste, immédiate, brutale, visant à largement revaloriser le statut des enseignants et à imposer, oui à imposer, une vraie mixité serait de nature à rencontrer les besoins d'avenir de notre Région ; sans oser évoquer le bonheur des enfants qui sont confiés aux établissements publics de notre Région. Les premiers bénéficiaires d'une telle réforme seraient les enfants d'émigrés. Pour les plus fortunés, pas de problème, ils iront dans « les zones protégées » de certains établissements catholiques… ils feront comme Picqué !

S'intégrer, mais à quoi ?

J'avais été impressionné, il y a bien des années d'entendre un Commissaire européen me dire que si l'Union européenne avait pu s'étendre à Bruxelles, c'était dû au fait que la Belgique n'était pas une nation, que Bruxelles n'avait pas d'identité nationale, d'où l'étonnante permissivité à l'égard de la tentaculaire Administration européenne. Une telle porosité n'eût pas été possible dans un pays sourcilleux en matière de souveraineté. Ce commissaire ignorait sans doute que Bruxelles continue à assumer le rôle qui fut le sien dans l'histoire depuis la période bourguignonne, à savoir être un centre administratif, fonction intimement liée, sinon imposée par sa situation géographique. Il en sera de même sous l'occupation espagnole, autrichienne et française. Il n'est pas inutile de rappeler que sous l'occupation allemande de 1940 à 1944, Bruxelles était le centre des forces d'occupation pour la Belgique et le nord de la France. Toujours ce même rôle de centre administratif, toujours pas d'attache nationale propre. « *La Nation belge* » fut le titre d'un journal bruxellois au XIXe siècle, ce ne fut jamais une réalité politique même si on a essayé de le faire croire ; s'il n'y a jamais eu de nation belge, il y eut encore moins d'identité bruxelloise.

N'en déplaise à certains chantres du tout nouveau Défi, il n'y a jamais eu de spécificité bruxelloise. Historiquement, c'est sans contestation possible une ville dont la population est flamande, mais l'élite du centre administratif parlait une autre langue, Français, Espagnol, Allemand. Je ne reprendrai pas ici les propos, souvent injustes et odieux de Baudelaire sur les Belges et en particulier les Bruxellois, mais il faut reconnaître que cette région fut toujours un étonnant magma réunissant des élites « d'occupation » inévitablement accompagnées de fidèles « collaborateurs » et une population parlant un sabir à base essentiellement flamande. Il ne fait aucun doute qu'avec l'installation massive des administrations de l'UE, et de tant d'autres organisations multilatérales, Bruxelles soumise au déterminisme de sa géographie, poursuit son rôle de centre administratif. Or, un émigré, ou un enfant d'émigré débarquent avec sa culture, sa langue, sa religion, ses habitudes alimentaires. Ce sont des éléments structurants dont souvent il est à juste titre fier, qu'il ne veut pas larguer comme on se sépare d'un vieux vêtement! C'est parfaitement légitime. Dans les années cinquante, un boxeur français d'origine tunisienne Halimi, poids coq, avait gagné un combat contre un pugiliste anglais. Porté en triomphe par ses soigneurs, il répondait au micro que lui tendait Loïc Van Le : « *J'ai vengé Jeanne d'Arc.* »

Voilà donc une intégration réussie, ce boxeur, qui avait noué ses racines à celles de la France, à son histoire, il la faisait sienne.

Peut-il en être de même à Bruxelles ? Impensable ! Il n'y a ni « récit ni roman national », il n'y a pas de racines historiques glorifiées, fondatrices. Quel jeune Bruxellois connaît le combat du municipaliste T'Serclaes ? Les Comtes d'Egmont et Horne n'étaient pas Bruxellois, de plus ils appartenaient d'abord et avant tout à « l'internationale » de la noblesse.

Il ne faut pas compter sur les cours d'histoire dispensés au niveau scolaire pour y suppléer, ceux-ci faisant fi des liens chronologiques, entendent faire connaître l'histoire par thèmes ; puzzle effrayant dont les élèves ne retiennent que des bribes sans continuité ; ce costume d'Arlequin décousu, impossible pour les malheureux étudiants de le recoudre, ajoutez une pédagogie générale de plus en plus obscure, caramélique… Croire après cela qu'on va leur enseigner l'histoire de ce pays, de cette Région, n'est qu'une sinistre plaisanterie ! Ce n'est pas le spectacle de la plantation du Meyboom ou le défilé de l'Ommegang qui me feront changer d'avis. À quelles nouvelles racines l'immigré peut-il nouer les siennes ? De fait à Bruxelles, elles sont inexistantes. Sur quel nœud de l'histoire la greffe peut-elle prendre ? L'effondrement de la qualité de notre enseignement, l'absence de cohésion nationale ou même régionale, l'absence de conscience identitaire ne pouvaient que renforcer le communautarisme, l'accentuer, l'enkyster. Car, ne nous y trompons pas, l'émigré, lui nous vient avec son identité nationale forte, avec sa religion qu'il ne sépare pas de la vie publique ; sa culture comprend indissolublement liées l'identité nationale et l'identité religieuse ; au Maroc, le chef de l'État n'est-il pas aussi le commandeur des croyants ! Et l'on aurait voulu que par un coup de baguette magique cet étranger fasse siens les mœurs politiques, les us et coutumes, les civilités qu'il a fallu des siècles pour bâtir ! Il serait grotesque de lui parler d'identité bruxelloise. Impossible de lui demander de s'intégrer au vide ! Que reste-t-il alors ? Une seule chose, mais essentielle : **des Valeurs** !

Sans être une nation, sans être un état, sans identité régionale, il n'est pas exagéré de dire que ce qui structure les Bruxellois, ce sont des valeurs ; du point de vue schématique, celles-ci se réfèrent au socle des droits de l'homme et du citoyen, ce legs inestimable, admirable de la Révolution française. Ces valeurs, ce sont les éléments que l'on a en commun, ce sont les liens qui unissent les Bruxellois, les fondements permettant de gérer le présent, de préparer l'avenir tout en sachant ce qu'il a fallu de luttes pour qu'elles voient le jour et surtout combien elles sont fragiles. Ces valeurs sont constitutives du contrat qui lie le citoyen à la puissance publique, qu'elle soit régionale ou fédérale, c'est le respect de la Justice, des institutions, le respect de la loi, en un mot, de tout ce qui fait le vivre ensemble.

Or précisément, on constate depuis une quinzaine d'années le recul d'éléments essentiels de ces valeurs. « De petits aménagements » en « petites concessions », les frontières de la laïcité deviennent floues ; ce qui était parfaitement clair il y a quinze ans devient sujet à discussions. Des valeurs, comme l'égalité homme/ femme, qui nous semblaient acquises pour l'éternité, vacillent, sont discutées. Attention, si vous vous montrez rigide, implacable dans la défense de ces valeurs, vous serez traité de laïcard, un terme utilisé par le président fédéral bruxellois lui-même pour fustiger ceux qui mettaient en cause le voile, les horaires de piscine séparés ou l'invasion du halal. Intéressant de savoir que ce terme a été inventé par l'extrême droite française entre les deux guerres pour attaquer la gauche du Front populaire.

Se faire traiter de laïcard est un moindre mal, car on bascule vite sur des éléments de langages plus brutaux comme fascistes, racistes, etc. Mise en œuvre de la vieille technique stalinienne qui veut que si « tu n'es pas à 100 % d'accord avec moi, tu sois à 100 % contre moi. » Venant de marxistes en peau de lapin… c'est du plus haut comique. Curieux zigzag de l'histoire ! En 2004, lors de l'élaboration du programme électoral de la fédération, tous les amendements visant à mettre en évidence l'égalité homme/ femme ont été repoussés violemment par le président fédéral lui-même. Fulminant, éructant, hurlant, on ne pouvait pas en parler : « *Cela risquait de heurter la population la plus fragilisée de Bruxelles !* » Ah ! Bon… donc un élément aussi fondamental que l'égalité absolue homme/ femme devait être tu ! Pour des raisons électorales…

Voilà, le piège se refermait, nous socialistes devenions prisonniers de notre électorat, précisément parce que nous n'avions pas été capables de transmettre nos valeurs. Nous cessions d'être une force de propositions, de progrès, nous nous soumettions à la sensibilité d'un électorat qui aurait dû épouser la nôtre, pour parler clair qui aurait dû accepter nos **valeurs**… et les défendre. Parce que dans la structure du parti, on avait accepté qu'il n'y ait plus de militants, que l'électorat suffisait pour autant que soient élus ceux choisis par les « Dieux, » en un mot que les plans de carrière de certains soient assurés, on baissait pavillon sur ce qui faisait notre âme ! Notre slogan occulte devenait : « *Des valeurs non ! Des électeurs oui !* ». D'aucuns rétorquent que cette thèse est fausse, nos valeurs seraient largement partagées par nos électeurs, car les élus d'origine étrangère ont toujours, sans la moindre difficulté, voté les textes portant sur des avancées en matière d'éthique telle l'euthanasie. Parfaitement exact ! Mais raisonnement simpliste, qui se refuse, comme souvent à gauche, à voir la réalité. Sur ce genre de questions, les élus d'origine maghrébine ou turque s'en fichent totalement, cela ne les concerne pas ; sur ces questions essentielles, ils vivent dans leur culture, ils respectent leurs valeurs et n'adhèrent aucunement aux nôtres, tout simplement cela ne les concerne pas ! C'est bon pour l'autre monde, celui où l'on tente de perpétuer ce que furent les valeurs humanistes de progrès.

Peut-on leur en faire grief ? Certes, non, c'est nous, en particulier le puissant PS, qui avons été incapables de transmettre les nôtres ; le PS s'est « soumis », ou s'est cru habile et… on s'est dépouillé de ce qui faisait notre essence. Peut-être aurait-il fallu se souvenir que la ruse ultime du diable est de faire croire qu'il n'existe pas !

Pensant tirer profit d'un corps électoral qu'on estimait fruste, naïf, innocent, on lui concède nos valeurs… cela relève de la comédie de boulevard et non de la politique.

Dans les journaux de la fin du XIXe siècle, il y avait un jeu dénommé « *Chercher le Kroumir* », les Kroumirs étant une tribu tunisienne accusée par les Français de faire des incursions en Algérie, prétexte colonial typique pour imposer un protectorat sur ce pays. Dans un dessin de paysage, on devait deviner la silhouette dissimulée du « méchant » Kroumir. Je pense qu'on devrait relancer ce jeu à Bruxelles dont le thème serait « cherchez le cocu » le pauvre cornard étant celui qui soutient un parti socialiste qui a jeté par-dessus bord son histoire, ses valeurs et tout le reste ! Voilà ce que ressentent aujourd'hui de nombreux affiliés de longue date du PS. Pour ceux-là, le vote socialiste sera difficile, comme les sondages les uns après les autres le démontrent, le transfert se fait vers le PTB… et Défi.

Je fus stupéfait de lire au tout début de l'année dans « Libération » que Houellebecq répondant à une interview, précisait qu'il avait eu l'idée de son dernier livre « *Soumission* » on en connaît le thème, c'est l'élection en qualité de président de la République française d'un musulman modéré… en se baladant dans les rues de Bruxelles. Amusant aussi d'entendre Amin Maalouf le talentueux écrivain libanais raconter sur France Inter qu'il y avait beaucoup moins d'intégristes au Maroc qu'au sein de l'immigration européenne ; ainsi il évoquait que, se trouvant sur une plage du Maghreb, il y observait une famille de musulmans de stricte obédience, femmes entièrement voilées sur la plage, se rapprochant, il constata que c'étaient des Belges… cela le faisait beaucoup rire.

Il est de bon ton dans les instances dirigeantes du PS bruxellois d'estimer que toutes les cultures se valent, que ce serait faire preuve de racisme que de réagir à certaines pratiques. Ainsi la présidente fédérale monte-t-elle tout de suite aux barricades criant haut et fort qu'elle n'a jamais condamné les pratiques barbares liées à la nourriture halal, la presse ayant osé émettre quelques doutes. Elle est nettement moins réactive quand un élu refuse de reconnaître le génocide arménien, à peine audible, d'une voix fluette, entre deux portes, pour une fois le sourire tarifé en berne, elle précise que l'intéressé devra se présenter devant une commission. Elio, tu sais mieux que moi la façon dont tu as dû t'investir dans cette crise symptomatique. Elle ne fut dénouée que grâce à toi, beaucoup le savent.

Un élu de Molenbeek traite un journaliste « *d'ordure sioniste* » ou ce même élu affirme qu'il se sent proche du Hamas (organisation classée dans la liste des groupes terroristes par l'ONU), elle déclare dans le même souffle à la télévision que cet élu est « **un homme bien** ! » Il est vrai qu'à Molenbeek des consignes verbales étaient données aux policiers non musulmans de ne pas manger devant leurs collègues appartenant à ce culte pendant le ramadan afin d'éviter tout incident. Je ne doute pas que ce soit aussi le cas ailleurs, mais peut-être y est-on encore plus discret ? On pourrait multiplier à l'infini les exemples de recul portant sur des valeurs qui furent toujours les nôtres et pour lesquelles, je le répète, nos prédécesseurs se sont battus pendant des dizaines et des dizaines d'années.

Demain les valeurs de la gauche

Cela fait déjà pas mal de temps que l'encéphalogramme de la gauche et de la social-démocratie est plat. Le vide idéologique est abyssal. Tout souffle a disparu. Il règne dans le mouvement socialiste comme une odeur de décomposition, fût-elle institutionnelle, elle agresse nos narines. Mais a-t-on encore besoin d'idéologie ? Pathétique de constater que Moureaux n'hésite pas à se raccrocher au philosophe français Badiou, dernier maoïste n'hésitant pas à envisager un monde sans démocratie! Cela en dit long sur une certaine dérive idéologique ou le rouge se mâtine de brun! Pourtant Badiou n'est pas barbu !

Peut-être un jour, si l'ex-bourgmestre de Molenbeek n'a plus d'espoir dynastique, criera-t-il lui aussi avec Aragon « *feu sur les ours savants de la social-démocratie.* » Tout est possible avec les vieilles gloires sorties des rails. Je ne sais s'il faut pleurer ou rire.

L'éclatement de la gauche, son évaporation dans l'Europe pose un problème général, une dimension

nouvelle, car cette gauche, si malmenée, reste malgré tous ses défauts, le seul, l'ultime rempart contre le capitalisme fou, contre la financiarisation de la société, contre l'asservissement total des peuples au culte de Mammon.

J'en reviens à Bruxelles, au pitoyable PS bruxellois. Faut-il croire qu'il est devenu cette chose boiteuse, sans lyrisme, sans espoir, mélange de bureaucratie, de sordide népotisme, de clientélisme, de médiocrités arrivées ? Non, je ne peux le croire. Pourtant, je renifle sous les flonflons des rhétoriques de circonstances comme une odeur de cadavre, de fin d'un système, fragrances des lâches abandons… Quelque chose disparaît sous nos yeux ! Il est vrai que le PS ne fait plus rêver, tu te rappelles Elio de ce slogan : « changer la vie ! » Bon sang, que c'est loin. Mais le pire serait la trahison de nos **Valeurs**, l'abandon progressif, hypocrite de ce qui fut notre apport essentiel à notre culture, à notre mode de vie. Je ne vois que des avantages à la présence dans notre région de cultures multiples, c'est une richesse indéniable, mais je ne vois que des dangers si l'une de ces cultures veut imposer ses normes, revenir sur nos acquis sociétaux ou politiques, imposer ses normes alimentaires, revenir sur l'absolue égalité homme/ femme, revenir sur l'impact du religieux dans la sphère politique, etc. En d'autres termes, pourquoi pas le remplacement d'une part de notre population ! Substitution de nos droits, de nos valeurs non ! Jamais ! À Bruxelles, c'est ce qui est en train de se jouer. C'est cela l'enjeu essentiel.

Allons-nous abdiquer ou allons-nous être capables de nous libérer du poids d'un électorat qui n'a pas (encore) assimilé nos valeurs et qui ne comprend pas que certaines des siennes sont incompatibles avec ce qui fait notre civilisation ?

Y a-t-il un avenir ?

Il ne fait pas de doute qu'au niveau institutionnel de la Région telle qu'elle est limitée n'a aucun avenir. Elle ne deviendra jamais une Singapour européenne, elle est vouée à la paupérisation et à la ghettoïsation. Tous le savent, tous l'admettent… en privé, y compris celui qui fut si longtemps ministre-président et qui n'a jamais caché lors de contacts personnels qu'il ne croyait nullement dans la pérennité de cet espace étriqué, pauvre. Notre sort sera scellé ailleurs lors du grand pow-wow politique exigé par nos voisins du Nord !

Personne d'ailleurs ne demandera l'avis de la population.

Pourtant, il existe des habitants dans notre Région. Pour les évoquer, il me paraît essentiel de d'abord rendre hommage aux émigrés. Ceux qui les vouent aux gémonies feraient bien de se demander ce que serait leur attitude dans un pays étranger dont ils savent qu'ils n'y sont pas les bienvenus, dont ils ne connaissent pas la langue, dont les mœurs administratives sont aux antipodes de ce qu'ils ont connu, dont l'accès à l'emploi est complexe et de plus en plus aléatoire. Et malgré tous ces obstacles, malgré les discriminations, le racisme, certaines réussites sont splendides, exemplaires. Réussites qui ne sont pas suffisamment mises en évidence. **Quand Lévi-Strauss évoque l'universalité des hommes et leurs différences, c'est d'abord l'universalité qui m'importe** ! C'est cela qu'il faut avoir à l'esprit quand on évoque la problématique liée aux émigrés ou leurs descendants.

Cependant, s'il m'apparaît qu'affirmer que globalement l'intégration est un échec, c'est totalement faux, il n'en est pas moins vrai que celle-ci sera plus difficile que précédemment. L'effondrement de la qualité de l'enseignement, les classes ghettoïsées ne favorisent plus ces succès. On assiste à un nivellement par le bas tout à fait évident dans certaines communes, ou dans certains quartiers ; la lutte pour intégrer des écoles qualifiées de meilleures le démontre de façon claire.

Que reste-t-il donc à ce peuple d'émigrés ? Que reste-t-il à cette masse de jeunes sous-qualifiés n'ayant que peu de chance d'intégrer le monde du travail ? Ils sont Belges et subissent la violence des discriminations à l'emploi, au faciès, le racisme ordinaire, encore accru par la crainte justifiée du terrorisme; au Maroc, en Algérie ou ailleurs, ils ne sont plus acceptés comme des autochtones ! Ils sont donc dépourvus d'identité dans une région qui n'en a pas… il leur reste donc pour seul élément structurant… la religion, celle-ci n'est pas seulement un rapport à la transcendance, mais aussi un cadre global de vie d'une des grandes civilisations mondiales. Comment s'étonner des dérives que l'on observe aujourd'hui, impensables, il y a encore une quinzaine d'années? La gauche a cru que le fait religieux, sa coloration du politique, appartenait définitivement au passé. L'époque où le curé en chaire les jours d'élections expliquait à ses ouailles comment et pour qui voter appartenait au folklore électoral ». Tout le monde sait à Bruxelles que les imams eux perpétuent cette « sainte tradition ». Pire, ce sont des élus PS qui supplient ou flattent les responsables des mosquées pour obtenir les mots d'ordre que nous avons reprochés aux curés pendant plus d'un siècle !

Le monde des émigrés et les Belges musulmans nous démontrent qu'ignorer, comme la gauche a tenté de le faire, le facteur religieux fut une lourde faute… le retour vers le passé nous saute à la gorge… avec notre complicité électoralement intéressée.

Tous les démographes le prévoient, Bruxelles sera majoritairement musulmane d'ici une quinzaine d'années. Les facteurs géographiques, la contention insensée de Bruxelles dans des limites économiques et sociales invivables, la démographie dans la population immigrée, imposeraient des décisions majeures, rapides.

Je n'ai aucun doute que le gouvernement régional sera incapable de les prendre ! D'ailleurs, la question se pose de savoir si dans le contexte institutionnel actuel, il y a encore quelque chose à espérer. Une autre politique est-elle possible ? Plus modestement, une politique est-elle possible ? Ou bien faut-il se contenter de poursuivre la politique brillamment menée par Picqué, la morbide politique du chien crevé au fil de l'eau ?

Dans ce cas, toutes choses restantes égales l'avenir du PS bruxellois sera assuré par le « couple » Catherine Moureaux et Uyttendael, ils régneront sur un magma d'électeurs d'origine étrangère, dirigeront la fédération avec pour slogan le Bisounours du « Vivre ensemble » et inviteront les derniers affiliés à venir se ressourcer dans un salon de dégustation halal bio, nirvana absolu du politiquement correct ! Quant aux valeurs du PS !

Quelles **Valeurs** ? Qui parle encore de valeurs ? Elles ont été remplacées comme notre électorat.

Les conséquences étaient prévisibles. Il y a une vingtaine d'années, une institution bruxelloise lors d'une inauguration avait prévu des distributions de crème glacée gratuite pour les enfants du quartier.

L'assaut fut vite incontrôlable. Certains policiers voulaient chasser les enfants, ceux-ci se mirent à hurler « *Vive Bajrami, il va venir nous aider, c'est notre héros !* » Bajrami était un gangster célèbre à l'époque. Aujourd'hui, seuls quelques ilotes osent nier que Bin Ladden est considéré comme un héros dans une certaine fraction de notre population. Est-il nécessaire de rappeler les connexions à Molenbeek de l'assassin du musée juif ? N'est-ce pas à Molenbeek que le terroriste du Thalys aurait obtenu ses armes ? Les contacts entre les terroristes et cette commune sont aujourd'hui une évidence mondiale.

Mohammed Mehra, après avoir tué trois militaires français, assassina des enfants juifs parce que Juifs ; il était né en France, avait suivi les cours d'une école publique pendant plus de dix ans. Les terroristes de Londres étaient anglais, nés et scolarisés en Angleterre. Une accumulation de tels faits mériterait la plus grande attention. Pour ne pas évoquer l'antisémitisme d'importation répandu dans toute la population d'origine émigrée qui s'apprend avec le naturel de la langue maternelle avec j'ose l'écrire pour certains un silence complice, une compréhension ignoble, car s'il y avait à Bruxelles quatre cent mille Juifs et vingt-cinq mille Maghrébins, ceux qui se taisent et acceptent… les mêmes, se transformeraient en thuriféraires de l'État d'Israël jusque dans ses pires actes. Je conserve la photo d'un élu socialiste flamand qui, participant à une manifestation à Anvers, hurlait, éructant, le visage tordu de haine, les lèvres ourlées de bave blanche « *les Juifs dans le gaz !* » Cet élu assume aujourd'hui au nom de son parti d'importantes responsabilités au parlement régional… Sans conteste une intégration réussie ! Un partage de nos valeurs ! Ah ! mais attention, nos valeurs ont peut-être changé ? L'antisémitisme en fait-il partie ? Personne n'ayant pas cru bon de nous en avertir.

La gauche refuse de voir le réel, c'est une constante, s'il ne cadre pas avec ses fantasmes, prisonnière d'un humanisme généreux, mais impuissant, isolant le réel de l'imaginaire, elle croit éviter les drames en ignorant les faits... l'insécurité n'existait pas, seuls les petits vieux éprouvaient « un sentiment d'insécurité »... tout autre chose n'est-ce pas ? En ignorant les faits, elle sera considérée comme complice des faillites de l'autorité publique. On le lui reprochera avec raison pendant longtemps.

En termes de respect de nos valeurs, de défense de la laïcité, à Bruxelles c'est Munich tous les jours !

Ceux qui aujourd'hui gouvernent la fédération auraient avantage à visionner une vidéo d'un congrès du parti Baas au Caire au début des années soixante. On y voit Nasser raconter qu'il a rencontré un Imam, celui-ci lui avait demandé que les femmes se voilent, Nasser, rigolant, lui avait répondu, qu'il n'avait que se voiler lui-même, toute la salle explosait de rire en applaudissant. À la même époque, sur les plages d'Égypte, on pouvait voir des femmes en bikini !

Quel recul ! Nasser était-il un « bon » musulman ? Combien de jeunes filles ou de femmes traversant certains quartiers se font-elles insulter, car elles n'arborent pas les vêtements qui agréent certains musulmans ? Un film en a fait la terrible démonstration, ce qui n'a pas empêché les bonnes âmes du politiquement correct de nier ces faits pourtant vérifiables chaque jour dans notre ville.

Existe-t-il des solutions ?

J'ose à peine esquisser quelques pistes, conscient que les gardiens du temple, chiens de garde de la ligne du parti, ou ce qu'ils qualifient de tel, hurleront... mais bon, pourquoi te cacher que je m'en fiche royalement.

Au point de vue de la technique électorale, si on veut un équilibre entre les diverses composantes de la population bruxelloise, il est indispensable de limiter **les votes de préférence à 3.** Simple à réaliser… seulement un peu de courage !

Au point de vue des valeurs, pourquoi ne pas imaginer **une charte que signerait chaque candidat s'engageant à respecter les valeurs universelles des Droits de l'Homme et du Citoyen, en particulier l'égalité absolue homme/femme** ? Est-ce si compliqué ?

Au point de vue de la fédération bruxelloise, une charte devrait également être signée par les adhérents reprenant **l'ensemble des Valeurs** sur lesquelles le PS a été fondé.

Au point de vue de l'enseignement, dans la lutte contre les ghettos scolaires, il est nécessaire de faire sauter les critères géographiques et mettre en **place les mécanismes d'une vraie mixité** dans toutes les écoles libres et publiques.

Au point de vue de l'apprentissage des éléments essentiels de notre culture et du respect de la culture des émigrés, **organiser des cours relatifs à la culture des enfants émigrés, mettre en place des cours sur l'histoire des religions, sur ce qu'est la laïcité, des cours de citoyenneté** qui ne se contenteront pas d'apprendre aux enfants le fonctionnement des feux de circulation ou la propreté bucco-dentaire. Des cours de citoyenneté et de langues devraient être organisés à l'intention des parents.

Au point de vue des repas scolaires, il n'y a aucune justification à fournir des repas conformes aux prescrits religieux, en revanche les enfants doivent **avoir le choix de menu de substitution(végétariens) ou autres.**

Au point de vue des cours de natation et de gymnastique (niveau du primaire), ceux-ci **doivent rester mixtes.**

Au point de vue **du logement, mettre fin aux règles absurdes qui conduisent aux ghettos**, là aussi doit être imposée une mixité ethnique, sociale et économique

Au point de vue de l'octroi **de la nationalité, celle-ci devrait s'accompagner d'une véritable adhésion à nos valeurs essentielles, sous forme d'un engagement formel et motivé.** Il doit en aller de même pour l'octroi du statut de réfugié. Pourquoi ne pas oser une large réflexion sur les effets et conséquences de la double nationalité !

Symptomatique d'entendre récemment un député bruxellois d'origine maghrébine se plaindre des effets de la double nationalité qui d'après lui faisait de ceux qui en bénéficiaient des citoyens de « seconde zone. » Ben voyons! De quoi s'agissait-il ?

Un Belgo-Marocain ayant été arrêté au Maroc, ce député et quelques autres exigeaient que la Belgique en tant qu'État fasse pression pour le tirer de ce mauvais pas. Le gouvernement répondit que l'intéressé étant Marocain, il lui était impossible de réagir.

C'est ce refus d'intervenir qui faisait dire à ce député que les bénéficiaires de la double nationalité étaient des citoyens de « seconde catégorie » ! Curieuse réaction en miroir ! Cela implique qu'on soit Belge quand cela présente un intérêt quelconque et qu'on est Marocain à d'autres moments. On ne pouvait mieux démontrer les ambiguïtés de la double nationalité. Attention, attention vade retro satanas, mettre en évidence de tels raisonnements qui vous classe immédiatement dans le camp des pires racistes.

Avenir et progrès, racines de nos valeurs

J'ai déjà évoqué le trouble profond de la social-démocratie dans le monde, les élections qui se succèdent confirment l'effroyable ressac de notre représentation, quasi-disparition du Pasok en Grèce, Hongrie, effondrement et division en Grande-Bretagne, phénomène identique en Pologne… dans l'attente de l'inévitable drame qui se profile en France. Lisant l'historienne française Mona Ozouf, je suis impressionné quand elle constate que si la gauche recule partout c'est notamment parce qu'elle a abandonné deux de ses piliers essentiels, les concepts **d'Avenir et de Progrès**.

Ces notions sont les socles ontologiques sur lesquels se sont construits les idéaux socialistes. Il est donc permis à Régis

Debray, tout en se revendiquant de gauche, d'écrire que pour la première fois, il n'y a plus d'après ni au ciel ni sur la terre.

Incroyablement actuelle la définition du progrès par Michelet « *Le progrès n'est pas du tout une ligne droite et suivie, c'est une ligne en spirale qui a des courbes, des retours énormes sur elle-même, des interruptions si fortes qu'il ne recommence qu'avec peine et lentement.* »

On croirait qu'il parle de ce que l'on connaît en ce moment !

Aujourd'hui, les annonceurs de catastrophes tiennent le haut du pavé, dominent l'aire médiatique, c'est clairement la profession qui fait florès. Nous sommes dominés par une eschatologie mortifère. C'est d'ailleurs philosophiquement passionnant, car l'espérance en terme chrétien est donc remplacée par l'annonce d'un enfer climatique dont nous serions responsables. Le messianisme marxiste faisant croire aux lendemains qui chantent est battu sur toute la ligne. Après avoir espéré dans l'avenir... c'est l'enfer qu'on nous décrit. Pour le Progrès, c'est pareil, alors qu'il a servi de main courante à toute la philosophie socialiste, le voici avalé, englouti dans un pessimisme général, une méfiance à l'égard de la science. Qu'il suffise de songer aux efforts qu'il faut déployer pour soutenir les campagnes de vaccination. À ce triste panorama s'ajoute la disparition du croque-mitaine communiste, lui aussi a sombré étouffé par sa bureaucratie, sa médiocrité et ses mensonges. Or, les États communistes étaient essentiels à la social-démocratie, avec leur disparition, le « *bâton derrière la porte* » a été brisé. Le communisme ne fait plus peur, que dire alors de son avatar socialiste. Il n'est plus possible de soutenir qu'il faut nous céder « un peu », car si ce n'est pas nous... « ce seront les communistes ! » La chute d'une autre « Goldman Sachs » effraye beaucoup plus ! Ce changement de perspective a tout bouleversé, ce n'était pas la fin de l'histoire comme voulait le faire croire Fukuyama, c'était le début d'une autre histoire, mais nous socialistes n'avons rien vu, nous contentant de porter les oripeaux d'un monde disparu. Dans cette histoire-là, d'aucuns voudraient que nous n'ayons plus notre place. Nous croyions entrer dans l'Union européenne et nous devenions des personnages d'un sinistre « *Socialist park !* »

On pourrait croire que ces dernières considérations m'éloignent de la problématique bruxelloise, il n'en est rien ! Car, s'il se joue sur les grandes scènes de l'histoire l'acte tant redouté d'un énorme basculement dans les gouffres de la droite, à Bruxelles, minuscule laboratoire de l'affaissement de nos valeurs, se déroule un vaudeville mal ficelé où le PS bruxellois n'est plus que la caricature de ce qu'il fût. Impossible d'éviter à Bruxelles que le comique supplante le tragique ! L'esprit dynastique, clanique et communautaire ayant pris la place des principes qui nous ont construits, ce n'est pas « *M. Smith va au Sénat* », mais la fille de la famille Beulemans qui devient députée régionale, normal, son papa était ministre. Seule question, celle-là toute personnelle, étant de savoir, si cela vaut encore la peine de s'indigner, de contester, de se battre. Faut-il pour se justifier citer Hugo, tiens un type qui croyait dur comme fer dans l'avenir et le progrès, « *ceux qui vivent sont ceux qui luttent.*» Le grenier de ma mémoire est trop encombré des glorieux souvenirs des combats de la gauche pour que soit jugulé mon inépuisable réservoir de ressentiments. Je ne veux pas être l'un de ces nombreux déçus qui pourraient chanter « *j'avais rêvé un autre rêve.* » La gauche ne fait plus rêver... tu le sais Elio quand on ne rêve plus... On meurt !

Non ! Notre devoir est de surmonter les renonciations du désenchantement mortel, d'être capables de construire un autre rêve inscrivant les hommes dans un monde plus juste, plus humain dont les valeurs de la gauche resteront le socle ! La gauche, je n'ose pas parler de la gauche bruxelloise, ferait bien de méditer ce qu'écrit le philosophe Michael Foessel quand il suggère que « *le fait de ne pas être réconcilié avec son passé constitue peut-être le seul moyen d'avoir un avenir.* »

Voilà, Cher Elio, Ite Missa est ! Impossible que tu lises un jour cette pauvre lettre, trop longue, beaucoup trop longue, maladroite, sur les pitoyables successions dynastiques et communautaires à Bruxelles, finalement dérisoires ; tu régleras les comptes lors de la prochaine négociation communautaire et basta ! Roulez jeunesse…

Mais que m'arrive-t-il ? Écrivant ces dernières lignes, la tête me tourne tant l'oxygène que je respire maintenant est vif, la grille de lecture imposée aux socialistes bruxellois s'est brisée, les miasmes méphitiques de la pensée unique évaporés, disparus, je vais pouvoir être moi-même. Personne ne me dictera plus ce que je dois dire ou penser ! Soulagé… un mot s'inscrit sur mes lèvres, précieux, irremplaçable, essentiel, vital… LIBRE… enfin !

La Preuve par les tunnels

21 mars 2016

« Le Suffrage universel, c'est la lumière en plein jour.
En lui toute force est obligée de s'exprimer,
toute conscience de se livrer. »
Jean Jaurès.

Un étonnant succès

Il y a quelques mois j'avais envoyé une lettre ouverte à Elio Di Rupo portant sur la dramatique paupérisation sociale, économique et politique de la région bruxelloise. Cette lettre dont la presse flamande a abondamment parlé a été un véritable phénomène, elle a été visionnée par plus de 16 000 personnes en une semaine! Jamais, le blog que je tiens épisodiquement depuis 2009 n'avait connu un tel succès. On peut donc supposer que ce que j'exposais devait répondre à une certaine attente. J'en reviens aux échos dans la presse, du côté francophone, seuls la « *DH* » et « *Le Vif l'express* » en ont fait état…

Il m'est revenu que certains, en haut lieu, estimaient qu'il valait mieux ne pas évoquer cette analyse sans concession du chaos bruxellois.

Or, c'est bien de cela qu'il s'agit. Je démontrais que rien ne pouvait fonctionner à Bruxelles et que le mille-feuille institutionnel s'ajoutant à l'invraisemblable machine à gaz politique ne pouvait conduire qu'au désastre. Nous en avons maintenant une singulière démonstration.

Aujourd'hui, la preuve est faite… la preuve par les tunnels.

D'abord un peu de (mauvaise) cuisine électorale

Comme je l'avais souligné à Bruxelles, les principes du suffrage universel sont violés. En effet, le collège électoral où

117

sont cantonnés les candidats flamands répond à des normes différentes de celles imposées aux Bruxellois francophones, une logique imparable dans la mesure où 14 sièges sont automatiquement réservés à un corps électoral considérablement réduit par rapport à celui des 75 sièges francophones.

De qui M. Smet, ministre de la Mobilité, est-il l'élu ? De qui est-il le ministre ?

J'évoque sa situation dans la mesure où il a en charge la mobilité, mais comme on le verra son cas ne diffère pas des autres néerlandophones élus à Bruxelles. Il m'a donc paru intéressant de reprendre certains chiffres de la dernière élection régionale, constatons d'abord que le collège électoral flamand correspond à 9,1 % de celui des francophones. Dans ce groupe nl, Mr Smet réalise 5,05 % des voix. Ce qui n'est déjà pas exceptionnel sur 53.379 électeurs. Mais il y a mieux… Une fois nommé ministre, il devient l'élu de tous les Bruxellois, quel que soit le collège électoral auquel il appartient, or, le nombre d'électeurs total était en 2014 de 637.689, donc M. Smet est ministre de la Mobilité à Bruxelles en représentant 0,42 % des voix ! En effet, par un tour de passe-passe institutionnel, les élus du collège flamand devenant ministres le sont, non pas pour les matières limitées à leur communauté, mais pour tout Bruxelles ! Pour ne pas faire de jaloux, je note que la charmante Mme Grouwels ne représente que 0,34 % des voix et l'étonnant Mr De Lille 0,32 %.

Tous deux furent, avec de tels scores, ministres bruxellois.

Je n'évoque pas les résultats des 14 élus flamands dont certains sont députés avec quelques centaines, voire quelques dizaines de voix ! Pour être simple, il suffit de dire que ces gens nous gouvernent, mais nous ne les avons pas élus ! Des révolutions ont eu lieu pour moins que cela !

Y a-t-il un autre état démocratique où un tel mécanisme si insolemment injuste pourrait exister ?

Comment dans ces conditions accorder la moindre légitimité à de tels élus, à de tels ministres ? Nous sommes en pleine dérision.

Or, sans légitimité, pas de démocratie. Il est aussi permis de se poser des questions sur les rapports que de tels « ministres » entretiennent avec leurs compétences, quelle vision ont-ils d'une population dont ils ne sont les élus qu'à raison de 0,42 % ! Ont-ils de quelconques devoirs envers un électorat qui ne les a pas élus ?

Ont-ils des devoirs envers cette population à laquelle ils sont électoralement étrangers ?

On n'ose imaginer une situation semblable en Flandre ou en Wallonie. Jamais cela n'aurait été accepté. Si cela ne soulève aucune objection à Bruxelles, c'est que nous ne sommes pas une Région, nous ne disposons d'aucune identité. La classe politique bruxelloise ne réagit pas, car elle vit, fort bien, de cette situation, pourquoi en changer... Jusqu'au moment où les faits viennent, selon l'expression consacrée, leur mordre la nuque! Avec les tunnels, nous touchons la preuve de l'incapacité de ce mille-feuille, non seulement de répondre aux besoins de la population, mais bien plus essentiellement d'assurer sa sécurité... et cette chose toute simple la liberté de circuler !

Les tunnels ou la piscine ? En somme, nager ou circuler à Bruxelles !

Comment s'étonner dans de telles conditions que Mr Smet trouvât judicieux de consacrer 27 millions d'euros pour l'érection d'une piscine sur le canal ? **Pas d'argent pour l'entretien des tunnels, mais une somme énorme pour un « caprice » de bobo en mal d'originalité ou nostalgique de la piscine De Ligny qui, installée à Paris sur la Seine, fut un haut lieu de la drague.** Contrairement à ce que j'ai lu ici ou là, ce ne fut pas un projet en l'air comme il y en a tant !

Non ! Après un moment d'ahurissement, un accord était obtenu, je puis assurer que même Moureaux s'était rallié à ce projet qu'il estimait « *sympathique pour sa population qui l'été pourrait ainsi nager en plein air.* » Je suppose sur base d'horaires séparés pour les hommes et les femmes ! Attention, ne pas déplaire aux si sympathiques barbus ! Il me l'a dit personnellement. J'en suis resté comme deux ronds de flan ! Nous n'avons évité cette scandaleuse bêtise que parce que Mr Smet a été remplacé par Mr De Lille qui avait d'autres priorités… cyclistes celles-là.

Mais ce qu'il faut retenir, c'est que le gouvernement bruxellois, par le blocage dont est susceptible chacun de ses 8 membres, est soumis à toutes les élucubrations… De toute façon, ce sont toujours les contribuables qui payent. Pourquoi se gêner ? Ainsi au cours de la même législature où M. Smet songeait à sa piscine,

Mme Huytebroeck faisait installer dans les parcs bruxellois des WC finlandais coûtant plus de 16000 euros pièce… oui, oui vous avez bien lu, 16000 euros pièce ! Après leur installation, il a fallu les démonter et les réinstaller, car ils polluaient la nappe phréatique supérieure… étonnant non !

Mais comment refuser à l'Écolo Huytebroeck son petit caprice ministériel, car elle aussi, si on n'acceptait pas de lui céder, pouvait bloquer l'exécutif bruxellois pendant des semaines ou des mois, alors qu'un moment de honte étant vite passé, elle a eu ses coûteux jouets ? Les promeneurs bruxellois qui usent des précieux édicules en connaissent-ils le prix ? Ils ne devraient s'y soulager qu'avec le profond respect que l'on montre à ces cathédrales de la stupidité !

Pourquoi les tunnels n'ont-ils pas été entretenus ?

Non ! Il ne s'agit pas du manque de moyens budgétaires… Il y a une raison fort simple, simpliste, mais que curieusement personne ne mentionne… Réparer les tunnels NE RAPPORTE AUCUNE VOIX ! IMPACT ÉLECTORAL ZÉRO ! Voilà la raison, la vraie, l'unique, la seule. Une piscine sur le canal, oui, ça, c'est original, porteuse, la presse va en parler, des pistes cyclables ou des garages pour vélos, super très bien, c'est tendance, des WC finlandais, magnifiques, exotiques... manque que les palmiers... mais les tunnels franchement qui en parlera ? Quelle visibilité médiatique, quel impact électoral... invendable politiquement, alors... on a attendu des jours meilleurs ! Jusqu'à ce que les plaques de béton en aient marre et décident de se faire la malle.

D'inquiétants tunnels

Les hasards de la vie m'avaient conduit à rencontrer le DG des travaux publics qui fut chargé de construire certains d'entre eux. Il ne m'avait pas caché ses inquiétudes en cas d'incidents majeurs. Jusqu'ici, les blocs de béton, qui se sont détachés n'ont blessé personne, mais comme chacun le sait... le pire n'est jamais certain, mais n'est jamais décevant !

À l'époque où elle était gouverneur de Bruxelles, Mme Paulus de Châtelet avait à de nombreuses reprises attiré l'attention de Picqué sur certains dangers liés aux tunnels, non seulement, elle n'avait pas été écoutée, mais en outre, elle était considérée comme une empêcheuse de danser en rond, alors qu'elle ne faisait que son métier avec sérieux et compétence. Mais cela ne rentrait pas dans les schémas directeurs de la gestion de Picqué ! Curieux d'ailleurs que ces notes n'aient pas fait surface et que personne jusqu'ici ne les ait mentionnées... peut-être qu'elles aussi ont été mangées par les providentielles souris papivores !

Le festival de cynisme, d'irresponsabilité, de mensonges

Lorsque l'état des tunnels ne pouvait plus être dissimulé, qu'il n'était plus possible de se cacher derrière son petit doigt, les Bruxellois ont pu assister à un invraisemblable spectacle. C'était à qui ferait preuve du plus de cynisme, d'une effarante irresponsabilité.

À tout seigneur, tout honneur, d'abord Picqué, le roi du macadam, l'expert, le champion incontesté toutes catégories, docteur honoris causa de toutes les universités en matière de cynisme. Sa première réaction fut : « *C'est la faute de l'administration qui ne nous a pas informés.* » Il ne faut pas avoir lu Somerhausen ou Cambier pour savoir que l'administration est une force de proposition et d'exécution, la décision appartient aux politiques et à eux seuls, se défausser sur l'administration, c'est de la lâcheté, d'autant plus qu'on découvrira au fur et à mesure que des notes existaient, nonobstant celles du Gouverneur... que Picqué connaissait fort bien.

Il a dirigé la région pendant plus de 15 ans, mais il n'est responsable de rien... À ce niveau, l'hypocrisie est une forme de franchise.

En ce sens, Picqué est d'ailleurs un personnage fascinant qui mériterait une thèse de doctorat. Son cynisme distancié, rigolard, est une forme de grand art. En effet, en privé, pendant ces 15 ans où il présidait l'exécutif bruxellois, il ne se cachait nullement pour dire qu'il ne croyait pas en cette Région, qu'il était impossible que cela fonctionne, allant si loin dans son mépris qu'il mettait souvent très mal à l'aise ses interlocuteurs, comme le ministre Cerexhe qui supportait très mal d'entendre Picqué soutenir que c'était au collège Saint-Michel qu'on lui avait appris cette étonnante distance à prendre avec la vérité.

Je l'imagine, Charles Picqué recevant son énorme chèque de fin de fonction lorsqu'il quittera le plantureux fromage de la présidence du parlement bruxellois, je le vois se retournant vers nous, les « *socialistes grabataires, ultimes et incertains rameaux d'une espèce bientôt disparue* », abandonnant pour une fois son effroyable cynisme distancié, revenu de tout, ricanant de grossièretés, rigolard, avec un large clin d'œil, il nous lancera : « je vous ai bien eus... Jamais je n'ai été des vôtres ! ». Enfin, à l'ultime instant, les poches bien garnies, il dira La Vérité. Merci pour tout Charles !

Et pourtant, j'éprouve pour cet homme une forme de tendresse triste, tant est perceptible chez lui l'inguérissable blessure de l'enfance, l'irrépressible, le frénétique besoin d'être aimé caractérisant les gens angoissés par le peu d'estime qu'ils ont d'eux-mêmes, honteux d'avoir triché pendant toute une vie.

On ne collectionne pas innocemment les châteaux forts en carton-pâte ! Les gens sans illusion sur la nature humaine, y compris sur eux, ont tant besoin d'être protégés… !

Quant à Moureaux, les tunnels furent un électrochoc, subitement il perdit la mémoire. Alors que rien ne se faisait à Bruxelles sans son souverain et vociférant arbitrage, il lançait un tweet laissant entendre qu'il n'y était pour rien ! Trou de mémoire brutal, le noir absolu, non! Jamais il n'avait supervisé la répartition des fonds de Beliris, non jamais, il n'avait exigé que tout passe par Molenbeek, du moindre centime aux millions européens les plus juteux ! Effrayant ! Alors que Picqué et Onkelinckx n'étaient au mieux que de maugréant, mais soumis factotum, ne pouvant lever le petit doigt sans que Moureaux se demandât si ce doigt n'était pas un poing tendu vers Molenbeek. Si Picqué, c'est le cynisme, Moureaux c'est la lâcheté. En fait, Philippe Moureaux c'est le type qui voit le monde depuis un wagon de première classe, mais une première classe qu'il aurait refusé de prendre pour faire un bras d'honneur à son milieu, et ainsi, croit-il, mieux le trahir, sans se rendre compte que son cerveau ne conçoit le monde qu'avec les lunettes que sa caste lui a mises sur le nez, ne se rendant jamais compte de la différence entre ses fantasmes égalitaires et les « *effroyables pépins du réel.* »
Pour lui, le monde est une construction au départ des stéréotypes construits par un bourgeois qui a découvert le marxisme grâce aux leçons de l'un de ses domestiques portugais. Si la réalité ne correspond pas, il suffit de changer de réalité ! Avoir été collectionneur de cactus est plus explicite qu'un long discours sur les ressorts profonds d'une telle personnalité !

Je n'évoque pas ici les réactions de M. Smet, de Mme Grouwels tant celles-ci me semblent en dessous de tout, c'est le niveau zéro… et encore en été, car en hiver, c'est en dessous de zéro !

La commission de la honte ou comment démontrer aux électeurs qu'on s'en fiche totalement d'eux !

Énorme, stupéfiant, c'est Picqué qui préside la commission parlementaire chargée de faire la lumière sur le dossier des tunnels.

C'est comme si l'on avait chargé Grouchy de présider la commission chargée de déterminer les causes de la défaite de Waterloo.

C'est comme si l'on avait chargé Gamelin, chef d'état-major général français, de présider la commission sur les causes de la défaite de la France en juin 40. C'est comme si l'on avait demandé à l'ingénieur chargé de la sécurité de la centrale de Tchernobyl de présider la commission sur les causes de l'explosion de la centrale.

C'est comme si l'on avait demandé à l'ingénieur japonais qui avait conçu le mur de protection de la centrale de Fukushima de présider la commission chargée de déterminer les causes de la catastrophe…

Il y a des moments où le rire s'efface. Et pourtant non ! Au parlement bruxellois, ils ont osé. Picqué s'est imposé, la majorité a laissé faire. Gigantesque plaisanterie, dérision totale de la démocratie et du simple bon sens. De quoi enlever sa dernière illusion à l'homme sans illusion !

Une fin de régime ?

Dans ce bourbier, l'actuel Ministre-Président, Rudi Vervoort essaye avec une efficacité, une humilité et une obstination, tranchant avec les pratiques verbeuses de son prédécesseur, de sauver ce qui peut l'être. La question est de savoir jusqu'à quand cela pourra tenir. En tout état de cause, plus très longtemps… jusqu'au prochain accident grave causé par les négligences ministérielles ? Il faut avoir entendu l'effarement des autorités judiciaires et policières françaises découvrant récemment l'existence de nos six zones de polices pour comprendre le décalage qu'il peut y avoir au niveau du fonctionnement normal des institutions et la situation à Bruxelles et pourquoi ne pas le dire en Belgique ! Car qui peut douter que la situation bruxelloise soit emblématique de la situation belge ? Une Justice dans un état lamentable où un magistrat met publiquement en cause, à juste titre, les projets d'un ministre de la Justice, où les fonctionnaires de justice sont écrasés par le nombre de dossiers, où la justice est considérée comme une loterie, où les délais de fixation rendent la notion même de Justice plus qu'aléatoire ! Un pays où l'on doit interrompre une exposition, car il pleut sur des toiles du XVIIe siècle, un pays où les salles des musées sont constellées de seaux pour récolter l'eau de pluie... etc. La Belgique, de toute son histoire, n'a jamais été une nation, aujourd'hui elle n'est plus un État !

Ce long, ce très lent divorce des Belges conduit à une grangénisation de toutes les institutions. Le courage serait de tirer un trait définitif et de remettre une bonne fois pour toutes la problématique institutionnelle à plat... mais le mot « courage » est, semble-t-il, inconnu dans le vocabulaire... politique. En attendant, à Bruxelles, l'enseignement produit chaque année de futurs chômeurs... et les tunnels s'écroulent... la mobilité n'est qu'un énorme infarctus automobile... mais Picqué préside la commission sur les tunnels... tout va bien... de la même façon que le type qui tombe du vingtième étage se dit, arrivé à la hauteur du troisième étage, que tout va toujours bien... jusqu'au terrible choc final !

Allez encore un petit effort et on y est !

VINGT ANS DE LÂCHETÉS DE LA GAUCHE BELGE
Entre désillusion et espérance

L'aveu de Pascal Smet

21 avril 2018

PASCAL SMET AVOUE CE MATIN !

Nous sommes nombreux à avoir cru que l'adage d'Audiard s'appliquait parfaitement à ce personnage ridicule et burlesque… vous savez le type qui voulait construire pour 25 millions d'euros une piscine ouverte sur le canal à Molenbeek, **« Les cons, ça ose tout et c'est même à cela qu'on les reconnaît »**.

Eh bien, on se trompait, dans « Le Soir » de ce matin, avec la sérénité du type qui peut tout se permettre, il explique benoîtement que 50 % des utilisateurs du tunnel Léopold II sont des habitants du nord-ouest de Bruxelles et il souligne, ceux-là devront prendre le vélo ou les transports en commun ! Autrement dit, laisser la place aux navetteurs venus des Flandres. Les habitants de Bruxelles, ces galeux, ces « prostitués » pour reprendre le délicat qualificatif du ministricule. (Contraction de ministre et ridicule) n'auront qu'à se démerder et mettre en application le célèbre article 22 « chacun se démerde comme il peut ! »

L'aveu de ce personnage cataclysmique, élu avec 0,46 % des voix émises à Bruxelles, éclaire toute sa politique, mélange de « boboïsme » stupide et de réalisation des intérêts flamands et ce au détriment des Bruxellois… dont il se fout royalement. Quel invraisemblable mépris ! Je note d'ailleurs que le journaliste, sans doute abasourdi, n'a pas relancé et n'a pas réagi à l'énormité de l'aveu ! Ah, j'oubliais, dans les derniers sondages électoraux sur le plan communal, le SP auquel appartient Smet obtient 0 intention de vote… c'est-à-dire que les réponses positives sont à ce point réduites qu'elles ne peuvent plus être comptabilisées.

La seule vraie question est de savoir QUAND METTRA-TON FIN À UN SYSTÈME INSTITUTIONNEL, À CET INCROYABLE MILLE FEUILLES DE COMMUNES, DE CPAS, DE PSEUDO-PARLEMENTS, ÉPOUVANTABLE MACHINE A GAZ QUI DÉTRUIT BRUXELLES ET RUINE LES BRUXELLOIS ?

Le désespoir d'un Ministre-Président bruxellois

31 janvier 2021

Région bruxelloise, PS bruxellois, derniers jours… inventaire avant liquidation !

Un événement capital… passé inaperçu, normal !

Il s'est produit, il y a quelques semaines, un événement exceptionnel, capital, qui, comme tous les grands moments de vérité, est passé inaperçu ! En prendre conscience eût été à ce point dangereux qu'il valut mieux passer, aussi vite que possible, à autre chose… et Dieu sait si les temps présents sont fertiles en événements ! L'encre des journaux sèche toujours plus vite, surtout depuis qu'elle est électronique. Quant à la parole des journalistes parlés ou télévisés, elle atteint un paroxysme de l'éphémère, disparaissant à la vitesse de la lumière… à tel point qu'il est parfois tentant de douter de son existence… Tiens, mais qu'est-ce qu'il a dit au journal ? Ah ! c'est déjà passé, je ne m'en étais pas aperçu… insoutenable légèreté des mots dénués d'explications, dénués de sens où seule l'émotion sourd, puis disparaît pour laisser la place à d'autres larmes, qui elles aussi sécheront vite.

Il est vrai que quand l'émotion domine l'explication, rien ne reste qu'un vague sentiment de malaise, comme un léger trouble des sentiments… et hop, du fond d'un canapé fatigué, on passe à autre chose. L'émotion ne se comprend pas, ne s'explique pas, elle se vit, alors quoi de plus normal !

Rudi Vervoort, Ministre-Président de l'exécutif de la région bruxelloise a osé affirmer que « *le système ne fonctionnait plus* ».

Mazette ! Voilà qui n'est pas une mince affaire. C'est la première fois que j'entends un ministre en exercice oser proclamer que le système belge de concertation ne répondait plus, que le mécanisme n'était pas seulement grippé, qu'il était brisé. Pourtant, c'est bel et bien ce qu'a fait, il y a quelques semaines, Rudi Vervoort dans une interview au « *Soir* ».

On a souvent lu ou entendu des politiques le proclamer, quand ils étaient dans l'opposition, de même des ministres sortants… ou plutôt sortis… n'hésitaient jamais à dire que les institutions étaient obsolètes… que rien ne fonctionnait… jusqu'au moment où ils remontaient en selle, et oubliaient leurs mâles objurgations. Mais, jamais jusqu'ici, un ministre aux manettes n'avait eu cet inattendu accent de sincérité, teinté sans doute d'une très grande lassitude… la sincérité en politique étant fort rare, on ne s'y attend jamais, d'où le choc pour qui sait lire !

Le bosseur et le bateleur

Je connais Rudi Vervoort depuis un grand nombre d'années, c'est un travailleur, bossant sur ses dossiers, peu enclin à médiatiser son action, privilégiant le concret plutôt que la poudre aux yeux.

On ne pouvait imaginer un personnage plus dissemblable de son prédécesseur, Charles Picqué qui officia, pas moins de 15 ans, dans la fonction de Ministre-Président bruxellois. D'un charisme exceptionnel, nimbé d'un cynisme himalayesque, dont il faisait sa fierté, immédiatement chaleureux, genre de gars qu'on voit 5 minutes, avec qui on a illico envie de partir en vacances, mais qui aussitôt le dos tourné vous a oublié, d'une fiabilité égale à zéro…et encore en été parce qu'en hiver c'est pire ! Charles Picqué eut le règne le plus long depuis que Bruxelles est une Ville-Région… où rien ne fut réglé, mais pendant lequel il surnagea admirablement, passant de projets, en plans… de plans en projets divers et variés, prometteurs, admirables… sur papier, généreusement exposés dans la presse, dont, pour l'essentiel, la réalisation se fait toujours attendre ! Un seul exemple pendant ces 15 ans, les budgets d'entretien des tunnels furent à ce point étiques que l'on dût, il y a deux ans, en catastrophe, rénover entièrement ces voiries, bloquant les tunnels pendant des mois… et… les travaux se poursuivent encore. La Gouverneure de l'époque, Madame Paulus de Châtelet, exerçant ses fonctions avec sérieux et compétence, n'avait cependant pas manqué, à de multiples reprises, de mettre l'accent sur les divers dangers que représentaient ces ouvrages d'art. Charles Picqué répondit le plus souvent par des moqueries machistes, aujourd'hui, elles lui vaudraient peut-être des poursuites judiciaires. La rénovation du quartier de la gare du Midi mériterait, quant à elle, un ouvrage de quelques milliers de pages tant les atermoiements, les blocages furent nombreux.

Le contraste, je le répète, avec Vervoort, est énorme ! Celui-ci veut faire avancer la Région, essaye de contourner la masse des obstacles, des chicanes de toutes natures que rencontre la Ville-région. Le besogneux silencieux a remplacé le bateleur d'estrades. Mais aujourd'hui, si on en croit Rudi Vervoort lui-même, rien ne va plus.

Que dit le Ministre-Président bruxellois ?

« *La Belgique n'existe que par la concertation à tous les échelons alors, là, ça peut encore fonctionner, mais on n'y arrive presque plus.* »

Il évoque le maquis institutionnel... où l'on se perd. Chers lecteurs, contribuables dociles, disciplinés, soumis et pompés... vous imaginez cela, les ministres eux-mêmes se perdent dans le maquis institutionnel ! Qui donc maîtrise encore dans ce pays les arcanes juridiques qui corsettent jusqu'à l'étouffement les mécanismes démocratiques? Les dossiers deviennent problématiques les uns après les autres. Seules quelques officines d'avocats spécialisées y gagnent largement leur grasse pitance.

Il avoue qu'il a découvert dans la presse le projet de Maron, ministre de « son » gouvernement, d'acheter des terres agricoles ! Il rappelle le nœud gordien du survol de Bruxelles où rien n'est réglé malgré une kyrielle de décisions judiciaires. Il regrette que le politique ne soit même pas capable de se mettre d'accord sur le vivre ensemble, que ce soient les tribunaux qui doivent trancher. Il pousse un cri de désespoir quand il dit : « *Où est passé le politique ?* ». Si lui, Ministre Président, se pose la question, que doivent faire les citoyens ? Il évoque le projet néo embourbé dans le marais judiciaire, d'où il mettra… ou pas, peut-être, des décennies à sortir, tout en constatant qu'à quelques kilomètres la Flandre met déjà en branle un projet concurrent.

Il ne peut que pleurer sur l'échec du stade de football. Il relève les ambiguïtés des politiques de mobilité, évoque l'absolue nécessité de mettre en place un nouveau modèle de concertation. Il n'hésite pas à pointer les distances que prend le PS wallon avec Bruxelles. En fin d'interview, Vervoort met en garde, évoque la roulette russe, soit on parvient à faire fonctionner les rouages institutionnels soit on attend que se forge un accord NVA – Belang donnant une majorité aux séparatistes… et ce sera la fin ! Il ne précise pas la fin de quoi ! En un mot comme en cent Vervoort nous dit que rien ne va plus !

Il y a quelques jours, il récidive toujours dans « *Le Soir* » en mettant l'accent sur la déloyauté du partenaire écolo, pointant les déclarations de la ministre Khattabi, qui disposant au fédéral d'un portefeuille de compétences squelettiques permettant à certains de la qualifier de Miss météo du gouvernement, mais lui laissant tout le loisir de critiquer la façon dont le gouvernement régional a négocié les compensations financières de la Covid-19, alors même que les ministres écolos bruxellois n'ont pas réagi.

Non seulement, il parle de déloyauté, mais utilise des mots très crus quand il déclare, comparant son attitude à celle d'écolo.

« *C'est couillon d'être loyal ? Non !* » Chez lui, pas de cynisme, mais des constatations d'une clarté aveuglante. Chacun aura compris que Rudi Vervoort est devenu le croupier de son gouvernement.

Il est au moment fatidique où celui-ci dit aux joueurs : « *Rien ne va plus !* » Non, rien ne va plus, assurément !

Pourquoi ? Loyauté ou déloyauté !

Il n'est pas inutile de rappeler que la machine à gaz institutionnelle mise en place en 1988 lors de l'accord Dehaene – Moureaux, pour fonctionner, devait pouvoir compter sur la loyauté régionale.

Or, celle-ci ne fut jamais au rendez-vous. Dès le début, il y eut des grumeaux dans le potage. Les partis flamands, selon un excellent observateur du monde politique du nord du pays, n'envoient dans le gouvernement régional que de troisièmes ou quatrièmes couteaux dont le rôle n'est pas de s'impliquer dans les solutions à mettre en œuvre pour Bruxelles, mais bien d'y être les représentants exclusifs et sourcilleux des intérêts de la Flandre.

À une exception près cependant, Guy Vanhengel, authentique Bruxellois flamand, sincèrement attaché aux intérêts de sa Ville-Région. Jusqu'ici, il fut le seul de son espèce.

On n'y fait que rarement allusion, mais un système fédéral quel qu'il soit ne peut fonctionner que si cette loyauté se manifeste à tous les niveaux de pouvoir. On oublie que le fédéralisme est d'abord un mariage d'intérêts communs. Or, en Belgique, le fédéralisme est vécu comme un long, inlassable, coûteux, épuisant, médiocre divorce, animé d'arrière-pensées nauséabondes… qui aura l'argenterie, les bibelots, qui aura la garde du chien ? En Belgique, le ridicule ne tue pas, il suffit de se rappeler la grotesque division de la bibliothèque multi centenaire de l'université de Louvain.

La Suisse dispose d'un régime fédéral encore plus morcelé que le nôtre, en ce compris une extraordinaire démultiplication des emplois administratifs et des charges politiques, mais ce système fonctionne, car la loyauté fédérale en est le précieux ciment.

Chez nous, le poison de la discorde a toujours porté son ombre mortifère sur le fonctionnement de la région bruxelloise. Je ne peux m'empêcher de songer au fait que notre constitution ressemble étrangement à la constitution libanaise où l'on a tenté de faire vivre ensemble une multitude de communautés... on voit ce qu'il en est advenu !

À Bruxelles, dans le secteur public, nous n'avons rien à envier au Liban. Les Bruxellois, s'ils ne sont pas fonctionnaires, ignorent ce que signifie, dans un cadre administratif, l'exigence de la croix de Saint-André. Celle-ci prévoit que si le n° un d'une administration est flamand, le n° deux doit être francophone, il en va de même pour les adjoints. Ajoutez à cela les équilibres politiques, vous aurez une idée du casse-tête que représente la gestion administrative de cette Région... gestion, faut-il le préciser, où dans ces conditions, les compétences réelles ont peu ou pas du tout de poids. C'est encore pire dans les administrations communales où la parité est exigée dès le grade de chef de division... d'où des carrières « éclair » de personnages placardisés, car, mis à part leur appartenance linguistique et/ou politique, on ne peut les employer nulle part. J'ai été témoin de l'envolée de quelques prestigieuses carrières de gens ne travaillant pratiquement jamais.

Discutant, il y a un an, avec un très important responsable politique, municipaliste de grande expérience, celui-ci évoquant la compétence des fonctionnaires municipaux, mit son pouce vers le bas, signifiant ainsi l'effondrement de la qualité de celle-ci.

Quant à l'attribution des mandats, système qu'on vantait, assurant qu'il mettrait fin à la politisation, la réalité apparaît tout autre, la politisation est devenue plus hypocrite, voilà tout !

Ainsi une importante fonction de direction d'un organisme public bruxellois vient de se libérer, chacun sait que rien ne sert de postuler, cet emploi étant d'ores et déjà réservé au chef de cabinet d'un ministre. Gageons que celui-ci trouvera les arguments nécessaires pour convaincre la commission de sélection.

Un échec créerait un problème politique majeur au sein de la coalition. Il y aurait beaucoup à dire en cette matière. L'omerta règne... pour le moment, cela ne durera pas !

Autour de la table du Conseil des ministres bruxellois

Faites un petit effort d'imagination, figurez-vous un instant devoir présider ce gouvernement bruxellois où siège Pascal Smet, élu par 0, 7 % des voix sur base du viol du principe sacré du suffrage universel « un homme, une voix », personnage fantasque, zozo patenté qui a déclaré publiquement que Bruxelles qu'il est censé gérer... un bien grand mot le concernant... est une prostituée !

Il n'y a pas un gouvernement au monde où il serait resté en place.

Ce même Smet, songeant sans doute aux joies diverses et variées de l'ancienne piscine Deligny sur la Seine à Paris, voulait dépenser 25 millions d'euros pour construire une piscine sur le canal. Je n'évoque pas ici ses élucubrations en matière de mobilité, j'y reviendrai. Toujours autour de la table, Alain Maron, le ministre qui en mars 2020 estimait qu'il fallait stopper les dépistages de la Covid-19, car cela polluait, celui dont la grande idée était d'acheter des terres agricoles en Brabant, Wallon et Flamand pour nourrir les Bruxellois. Curieux projet sans doute inspiré du grand bond en avant de Mao Tsé Toung... qui conduisit à une épouvantable famine !

Alain Maron, prouvant par là qu'il ne connaissait rien au monde agricole... mais qu'il était animé d'une vision parfaitement totalitaire de la société. Toujours autour de la table, sa collègue Madame Barbara Trachte, assurant la tutelle sur Citydev, ex-SDRB, une institution que je connais bien, dont les objectifs visent l'expansion économique et le logement moyen. La secrétaire d'État Trachte vient de faire approuver par cet Organisme public un nouveau contrat de gestion. On peut y lire, page 16... accrochez-vous, c'est croquignolet : « *apporter un focus spécifique à l'agriculture urbaine au travers, entre autres, de la mise à disposition de foncier et/ou de solutions alternatives (toitures, etc.) et développement de projets pilotes.* » Donc, si on décode bien cet indigeste sabir, Citydev devrait acheter des terrains à Bruxelles pour y faire de l'agriculture... ou alors labourer sur les toits, vous apprécierez immédiatement la qualité de la weltanschauung de Mme Trachte.

L'intérêt majeur de Bruxelles passe après la doxa écolo. Maron, Trachte, deux laboureurs, tout juste sortis du sillon, perdus dans un gouvernement bruxellois. C'est l'humoriste Alphonse Allais qui a écrit qu'il fallait construire les villes à la campagne. Sans doute ne s'est-on pas aperçu qu'il y avait aussi des humoristes dans le gouvernement bruxellois !

Smet, Trachte, Maron, Elke Van den Brandt… et d'autres, Vervoort doivent se les farcir tous les jours… et nous, Bruxellois avec lui !

En route pour la réserve d'Indiens !

J'ai souvent écrit, que le projet totalitaire d'écolo pour Bruxelles, était de transformer cette malheureuse Ville-Région en réserve d'Indiens… mais d'Indiens pauvres… les pauvres sont toujours plus malléables en termes électoraux… qui se vêtiront de lin écru cultivé sur les toits de Bruxelles, rouillé dans les eaux cristallines du canal, coloris types des personnages de la « *Petite Maison dans la prairie* »… Ah j'oubliais… ces Indiens bruxellois chevaucheront non pas des Appaloosas, mais des bicyclettes ! Ceux qui se déplaceront à pied, seront généreusement dotés de sabots subventionnés, creusés dans le bois mort, biodiversité oblige, récolté dans la forêt de Soigne, ils mangeront du Pemmican bio, les meilleurs seront végans, utiliseront soit des toilettes sèches soit les WC finlandais, ils feront partie de la nouvelle élite bruxelloise, cocheront toutes les cases… de bons citoyens, vraiment.

En attendant, 50.000 Bruxellois sont inscrits en attente d'un logement social, certains depuis des décennies ! Lors d'un précédent gouvernement siégeait à cette table, Mme Évelyne Huytebroek.

Celle-ci… un doux caprice… fit installer dans les parcs bruxellois des WC finlandais, coûtant une somme astronomique dépassant largement les 17.000 euros pièce. À Bruxelles, c'est bien connu, on ne sait pas faire des WC à destination des parcs et jardins publics. Problème, on s'aperçut que les WC finlandais polluaient la nappe phréatique supérieure, il fallut les démonter et les remonter... d'où des coûts supplémentaires. Je pourrais continuer ad nauseam cette lamentable litanie.

Régis Debray dans son dernier ouvrage « *D'un siècle l'autre* » a parfaitement défini l'eschatologie écolo quand il écrit : « *Mais si, avant, on pensait l'homme sans la nature, ma crainte est qu'on en arrive à penser la nature sans l'homme.* » Bien dit mon pote... tu as tout compris, voilà le monde qu'on nous prépare, et à Bruxelles pour une fois on est à l'avant-garde. Et Debray ajoute : « *La sacralisation de la nature pourrait s'accompagner d'une dévaluation des cultures.* » Culture sur les toits, s'il faut en croire la secrétaire d'État Barbara Trachte.

Chacun peut tout bloquer

Il ne sert pas à grand-chose de critiquer les hommes ou les femmes au pouvoir, la vraie question est de savoir pourquoi ce gouvernement doit ainsi céder aux lubies imbéciles de ces ministricules. C'est l'une des nombreuses tares du système.

Un ministre ou un secrétaire d'État peut bloquer tout le gouvernement.

Ainsi lorsque Smet a voulu sa piscine, tout le monde a d'abord dit non... quelques semaines plus tard, tout le monde a dit... oui, car l'exécutif était bloqué. On a échappé à la piscine sur le canal uniquement parce que dans la législature suivante le SP, donc Smet, fut rejeté dans l'opposition. La situation s'est encore aggravée depuis qu'écolo n'est plus qu'à un siège du PS.

La réalité est simple, comme toujours en politique, c'est l'arithmétique qui prime. Un siège de différence, cela veut dire qu'Écolo peut imposer tous ses fantasmes à un exécutif dans lequel il pèse quasi aussi lourd que le PS... et pourrait s'il le veut introduire une motion constructive de méfiance et mettre sur pied un autre gouvernement dont le PS serait exclu. Donc,

– quand Vervoort constate que Maron veut acheter des terres agricoles, et qu'il l'apprend dans la presse,

– quand il lit que Mme Khattabi critique la répartition des aides régionales, répartition acceptée par les écolos du gouvernement bruxellois,

– quand il constate publiquement la déloyauté de son partenaire, il ne peut faire que deux choses, soit se borner à constater et pleurer soit conclure que l'attelage gouvernemental ne fonctionne plus ! Ce qu'il a eu le courage de faire.

Le PS l'homme malade du gouvernement

Depuis plusieurs mois, les sondages sont très défavorables au
PS. Chacun sait ce qu'il faut penser de la qualité des sondages. Cependant, ce qui compte, c'est la tendance lourde qui se dégage du chapelet de sondages qui rythment la vie politique. Le moins qu'on puisse en dire est qu'ils sont invariablement très mauvais pour le PS bruxellois, alors même qu'en Wallonie le PS semble légèrement se redresser.

PS ou le syndrome de l'animal blessé

Au sein du gouvernement, s'il faut en croire le ministre-président Vervoort, il se heurte à la déloyauté du « partenaire-adversaire écolo ». Mais à l'autre bout de la tenaille, il y a le PTB, confortablement installé dans son rôle d'opposant, dont le slogan peut être résumé par la formule : « demain, on rase gratis ». Mais qui, malgré son importante montée en puissance, se garde bien de participer à quelque niveau de pouvoir que ce soit… c'est tellement plus facile d'être dans l'opposition, de n'avoir aucune responsabilité, de rester pur, vierge de toute compromission, estimant qu'il suffit d'attendre l'inévitable chute de la honnie social-démocratie. Le PTB comme Écolo a reniflé l'odeur du sang, espère se partager les dépouilles de ce que fut le PS.

Les animaux blessés ne font jamais long feu dans la jungle politique. Écolo a déjà avalé le CDH, il est vrai qu'il s'agissait d'un plat dont la date de péremption était dépassée depuis fort longtemps, le PS ce sera plus difficile à ingurgiter… mais les perspectives sont bonnes.

Que reste-t-il du PS bruxellois ?

Je viens de relire les carnets d'Émile Vandervelde, ceux qu'il a écrits jusqu'à sa mort en décembre 1938, qui sont restés cachés jusqu'en 1966. J'y ai découvert qu'à la fin des années 30, le POB comptait 600.000 membres. En 1974, chargé de certaines recherches au cœur de la fédération, j'ai pu constater qu'il y a 47 ans, la fédération bruxelloise du PS comptait 27.000 membres en ordre de cotisations. Je ne nierai pas que certaines de ces cotisations étaient, selon une pratique encore en cours, payées directement par les sections. Ce qu'il faut ici retenir, c'est l'ordre de grandeur. Car aujourd'hui, j'affirme que la même fédération compte à peine 3.000 membres… près de 90 % des militants se sont évaporés. Une tragique dégringolade. Il faut néanmoins être de bon compte, le rapport à la politique a aussi changé, le militantisme a disparu, cette « université sur le tas » des politiques n'existe plus.

Le choix des élus se fait par un obscur comité des « sages », qui en premier lieu n'oublie pas de placer les fils et filles de… n'ayant qu'un rapport très éloigné avec la politique de terrain. Mis à part quelques rares sections qui fonctionnent normalement sur base de statuts, notamment celle de la Ville de Bruxelles, dans la plupart des autres, c'est le désert de Gobi. Les assemblées générales pourraient se tenir dans une cabine téléphonique si celles-ci existaient encore ! Mais rassurez-vous au moment des élections, poussant comme des champignons en une nuit, des candidats surgiront dont personne n'aura jamais entendu parler dans les sections… et qui seront retenus, car leur patronyme devrait rassembler sur leur nom des électeurs qui n'adhèrent en aucun cas aux valeurs fondatrices du PS, ça, c'est devenu tout à fait secondaire. Pas étonnant alors que la confection des listes électorales s'apparente à un mercato footballistique ! J'ai connu des exemples des plus comiques ! Pour ne pas évoquer le « loup gris » qui figurait sur la liste communale concoctée par Onkelinx pour les communales à Schaerbeek. Ils sont nombreux sur les listes du PS, les « loups blancs » qui trouvent subitement, attirés par le doux fumet d'un mandat rémunérateur, à la vieille des élections, le chemin de la Maison du peuple, qui, comme celle des trois petits cochons, s'effondrera au premier souffle d'une revendication communautaire.

La fédération morcelée façon puzzle

La dernière élection du président fédéral a mis en lumière cette déglingue générale. Deux groupes se sont constitués, l'un mené par A. Laaouej soutenu par Onkelinx, présidente... enfin sortante, l'autre mené par R. Madrane acoquiné avec l'ineffable C. Moureaux, parangon de toutes les outrances communautaristes, étant à la politique, ce qu'un éléphant est dans un magasin de porcelaines, incapable de la moindre nuance, péremptoire, brutale, n'hésitant pas à suspendre un enseignant en enfreignant toutes les procédures statutaires afin de flatter un électorat qu'elle suppose rétrograde. A. Laaouej l'a emporté, mais la fracture subsiste d'où le mutisme de la fédération, ses ambiguïtés sur la laïcité et une grande diversité d'autres sujets. Aucun dynamisme, aucune initiative. Rien, si ce n'est une jolie carte de vœux rouge vif généreusement envoyée aux membres ! Un parti politique sans valeurs, sans projet sociétal, sans références idéologiques, en rupture avec son passé, avec pour seul idéal... durer... n'est qu'une boutique ne servant qu'à nourrir les Thénardier qui en sont propriétaires. Or, sans programme, sans inspiration, sans vision d'un avenir commun, voilà aujourd'hui à quoi se réduit le PS bruxellois, victime agonisante de la pathologie qui a tué le PSC/CDH.

Le poison communautariste

Je suis de ceux qui ont cru que des gens comme A. Laaouej ou R. Madrane défendraient les valeurs fondatrices du PS et parmi celles-ci la laïcité, socle essentiel de la démocratie, qu'ils seraient des figures de proue du PS bruxellois, exemples parfaits de la possibilité d'une intégration respectueuse des racines de chacun.

Je me suis lourdement trompé. A. Laaouej comme R. Madrane se sont couchés illico devant les exigences des pires communautaristes tapis au cœur d'obscures mosquées. Ils sont sur la ligne de Kir, pour lequel, il me l'a dit face à face, toute la politique du PS devait se résumer au communautarisme.

A. Laaouej à la fin de la campagne électorale a diffusé un tract immonde dans lequel, il se félicitait, en écrivant : « Nous avons empêché l'interdiction à Bruxelles de l'abattage rituel. » Tout le poids de ce message est dans le « **Nous** » ! Car ce « **Nous** » n'était pas le PS bruxellois, qui jamais n'a approuvé, ni admis l'abattage rituel, qui déjà dans les années septante mena une campagne pour son interdiction, mais bien ceux qui représentent les exigences moyenâgeuses des mosquées dont il espérait, avec raison, les voix… elles ne lui ont pas manqué !

L'égorgement rituel est d'ailleurs un excellent marqueur du poids de l'islamisme à Bruxelles, puisque cette horreur est interdite en Flandre et en Wallonie !

Quant à R. Madrane, fréquentant pourtant des cercles laïques, à la rentrée de cet automne, dans une grande interview, il réclamait un recensement ethnique ! Oui, vous avez bien lu !

Ne tombez pas de l'armoire ! Vous imaginez si quelqu'un non issu de l'immigration avait osé formuler une telle demande, il aurait immédiatement été traité de nazi, d'islamophobe, de raciste. Cependant, la demande de R. Madrane, qui en a fait avaler de travers plus d'un, n'a rien de dérisoire.

En effet, R. Madrane a lu attentivement le sondage paru dans « *Le Vif* » où à la sortie des urnes, 49,4 % des électeurs du PS se déclaraient musulmans. Écolo malgré une campagne ultra communautariste se situe à un peu plus de 19 % de votes musulmans dans ce même sondage.

Faites-moi confiance, tout l'enjeu des futures élections à Bruxelles réside dans cette différence entre 49 et 19 %. Sur ce terrain-là, Écolo est bien décidé à rattraper au plus vite le PS, foi de Zoé Genot, de Barbara Trachte ou de Khattabi !

Ceux-là auront été ravis de lire le sondage paru récemment sur le nombre de Belges et d'étrangers à Bruxelles. On pouvait y lire que 37 % des Bruxellois sont des étrangers, les 63 % restants sont belges... oui, ils le sont assurément, mais comme toujours hypocritement, on ne précise pas dans le sondage combien ont acquis cette nationalité par naturalisation. Or, c'est sur ce point précis que résident les spécificités de certaines communes ou de certains quartiers de Bruxelles. Mais cela, il est interdit de le savoir ! C'est comme dans le premier procès Dreyfus, la question ne sera pas posée ! Et si vous le demandez ou l'évoquez, vous êtes un nazi, un raciste au mieux un épouvantable islamophobe. Mais attendons encore un peu, R. Madrane le demandera bientôt et obtiendra le résultat... Il pourra alors présenter la facture au PS, c'est le moment qu'il attend, et cela ne saurait tarder. Car, lui n'en doute pas, les musulmans sont majoritaires à Bruxelles.

R. Madrane a compris qu'en obtenant ce recensement ethnique, il pourrait faire la preuve qu'à Bruxelles il existe d'ores et déjà une majorité démographique musulmane ! Là était la vraie la raison de son étonnante, stupéfiante revendication.

Mais quoi qu'il en soit, en termes politiques, il ne fait de doute pour personne que sans le vote maghrébin l'électorat du PS ne serait pas plus important que celui du CDH avec comme conséquences une suite ininterrompue de veuleries, de lâchetés, d'abandons qui se veulent des signaux à ce qu'il y a de plus rétrograde dans cette population qui ne demandait qu'à évoluer positivement avec la population bruxelloise et qui... quand elle s'élève socialement quitte au plus vite les ghettos bruxellois.

La promesse d'un congrès sur la laïcité… c'est pour la semaine des quatre jeudis !

Au moment de son élection, A. Laaouej avait promis un congrès de clarification sur la laïcité on l'attend encore… et on l'attendra longtemps, car il s'agit là d'une question dont il n'est pas possible de parler au sein de la fédération. La laïcité est devenue un gros mot, nombreux sont ceux qui pensent ou soutiennent qu'il s'agit d'une « religion » opposée à l'Islam.

La ville de Bruxelles qui dispose encore d'une section fonctionnant très correctement avait tenté de rester fermement accrochée au front historique du PS, à savoir le respect de toutes les croyances dans le cadre de la laïcité. Mal, lui en a pris, elle dut avoir recours au Conseil d'État qui tout en donnant raison à la Ville, ouvrit toutes grandes les vannes au communautarisme avec comme conséquence la scandaleuse décision prise sur l'autorisation du voile dans tous les établissements d'enseignements supérieurs en fédération Wallonie Bruxelles. Une nouvelle digue a ainsi cédé ! Et elle est de taille. Cela nous renvoie à ce qu'était la Turquie avant 1920 quand Kemal Atatürk interdit le fez et le voile partout ! Pas mal comme retour vers le passé !

Terrorisme, un point c'est tout !

Lors de l'abject assassinat en France du professeur Paty, le président de la fédération PS de Bruxelles fit un communiqué dans lequel il condamnait le terrorisme, mais n'y accolait pas le mot « islamiste », le mot « terrorisme» était suivi d'un point final. Pourtant, je ne crois pas que ce malheureux professeur ait été assassiné par un terroriste irlandais ou en Corse! Non, ce fut l'acte ignoble d'un terroriste islamiste qui décapita ce serviteur de la république au nom d'une vision dévoyée de la foi musulmane! A. Laaouej n'a pas eu ce simple courage de le dire, de crainte sans doute de déplaire à certains de ses électeurs, ceux qui constituaient sans doute ce « **Nous** », les mêmes qui avaient réussi à empêcher l'interdiction de l'abattage rituel.

Le chaos est tel entre la fédération et le gouvernement que concernant le très discutable projet de taxe kilométrique adopté par tout le gouvernement bruxellois, le président A. Laaouej annonce dans la presse son opposition alors que Vervoort soutient ce projet afin d'être en position de force dans ses négociations avec la Flandre et la Wallonie. Chaos, le mot n'est pas trop fort.

Mieux encore A. Laaouej s'oppose publique à Magnette sur la régionalisation de la culture et de l'enseignement… faut-il s'étonner alors que les socialistes wallons, comme le constate Rudi Vervoort, prennent des distances à l'égard de leurs coreligionnaires bruxellois. N'y avait-il pas moyen d'évoquer ces questions en bureau du parti ou lors de concertations ?

Un aveu

Pire encore, très récemment une enseignante, Nadia Geerts, a reçu des flots de messages de haine, car elle a osé marquer sa solidarité à la suite du crime innommable de Samuel Paty, décapité pour avoir montré une caricature de Mahomet à ses élèves. La fédération bruxelloise du PS n'a pas daigné diffuser un simple communiqué de soutien à cette professeure bruxelloise.

Elle s'est fendue 48 heures après les articles de presse d'un très discret tweet de deux lignes, et de 24 mots… oui 24 mots !

Quel effort ! Quelle clarté politique ! Cette attitude parle d'elle-même, ce silence hurle et met à jour toutes les ambiguïtés du PS bruxellois. Ce silence ne constitue pas un crime, n'est pas une faute… c'est un aveu !

Donc la fédération, ou plutôt ce qui en reste, se résume en une fracture entre deux groupes communautaristes, des sections qui, sauf de rares exceptions, sont inexistantes sur le terrain, d'où une totale impuissance, des ambiguïtés en pagaille et beaucoup d'hypocrisie. Voilà à quoi est réduit un parti qui en 1952 disposait de 14 bourgmestres sur 19 !

Comment dans ces conditions s'étonner que les socialistes wallons prennent de plus en plus de distances avec le PS bruxellois ? Il est vrai, comme le constate Vervoort dans son interview, la logique fédérale induit une distanciation inévitable. Notre fédéralisme est un fédéralisme de désunion contrairement à ce qu'il aurait dû être. Mais s'ajoute à ce facteur institutionnel, une dimension politique. Les Wallons ne veulent en aucun cas tomber dans les errements communautaristes qui ont détruit le PS bruxellois.

Chez eux, les digues tiennent encore… pour combien de temps ?

Limitation ou suppression du vote multiples

Peu de nos concitoyens sont conscients de l'effet pervers qu'entraîne le vote multiple. Or, c'est grâce à ce discret mécanisme électoral que s'est installé, surtout au PS, le poids communautaire des élus. À Bruxelles au PS pour être élu, il faut soit être placé tout au début de la liste ou porter un patronyme maghrébin.

Si ce n'est pas le cas, pas la peine de vous présenter, le vote massif de tous les électeurs d'origine maghrébine se portera invariablement sur tous ceux qui portent un nom ayant les mêmes consonances que le leur. Le calcul est vite fait. Dans ces conditions, quelle que soit votre place sur la liste, la multiplication des votes de préférence permettra de « sauter » tous les candidats qui vous précèdent. Et croyez-moi, cela fait un beau paquet de cocus! Pour prendre conscience du résultat de ce mécanisme, il vous suffit de consulter les listes d'élus PS et de comparer avec la liste initiale telle qu'elle avait été présentée. Éloquent ! C'est ainsi qu'à Saint- Josse-ten-Noode, lors de la législature communale précédente, un candidat d'origine turc a été élu ne sachant ni lire ni écrire !

Son patronyme lui ayant assuré suffisamment de voix pour être élu, et son poids électoral était tel qu'il fut élu échevin. Ce n'est pas un cas isolé, loin de là !

Une petite démonstration

Cette mécanique est à ce point méconnue, sauf par ceux qui en bénéficient qu'une petite démonstration est utile.

Ainsi, si le vote des électeurs répartis entre les différentes listes est pris en compte de manière tout à fait démocratique sur le principe sacré « un homme (femme) une voix), il en va différemment pour classement des candidats sur une même liste. Avec le vote multiple illimité, en effet, un électeur peut voter pour plusieurs candidats de la même liste. Les voix ainsi obtenues par les candidats sont comptabilisées comme des voix uniques alors qu'elles devraient être comptées comme un tiers, un cinquième ou un dixième de voix en fonction du nombre de personnes pour lesquelles l'électeur a voté. Cette procédure conduit des candidats à avoir plus de voix qu'un candidat qui bénéficie seulement de voix uniques.

Exemple : un candidat A obtient 4 voix de pleines et uniques préférences de 4 électeurs différents, un autre B, obtient I voix unique d'un électeur et six voix de six autres électeurs qui ont voté pour cinq autres candidats différents en même temps, fractionnant ainsi leur vote. Le classement entre les candidats A et B s'établit, dans le système actuel, comme suit : le candidat A obtient sur la liste 4 voix, le candidat B obtient donc ainsi 7 voix sur la liste et dépasse donc le candidat A. Si la liste a un élu, ce sera donc le candidat B qui l'emporte alors qu'en fait, il a eu une seule voix pleine d'un électeur et six fois un cinquième de voix de six électeurs différents, soit au total 2 voix et un cinquième de voix, si la comptabilisation des voix tenait compte de ce fractionnement.

Ce système, qui propulse le vote au patronyme, est donc parfaitement antidémocratique, car un groupe d'électeurs définis qu'on qualifie à Bruxelles de « Stembloc » parvient à faire élire uniquement des candidats qui ont obtenu un maximum de voix fractionnées.

La limitation à trois votes de préférence ou même mieux, la suppression de ce système aux effets pervers vous permettant de voter pour autant de candidats que vous le souhaitez sur une même liste, serait l'arme fatale, qui d'un coup un seul, rééquilibrerait le poids des élus des différentes communautés cohabitant à Bruxelles.

Curieux quand même de constater que nombreux sont ceux qui exigent partout la diversité à Bruxelles... mais pas au niveau des élus du PS ! Dans ce cas, cela ne gêne personne. Là ! plus question de diversité, le jeu électoral du vote multiple joue à plein et pas question de changer ce fabuleux outil du « **Win for life** » qui fonctionne à merveille. Silence dans les rangs, c'est un sujet dont il est interdit de parler... ceux qui osent le faire sont évidemment des racistes islamophobes... of course... élémentaire mon cher Watson ! Pas question de l'ouvrir !

Le gouvernement bruxellois signe le Munich de la laïcité
Il n'interjettera pas appel

17 juin 2021

Le gouvernement bruxellois signe en direct le Munich de la laïcité – voile à la STIB

Le gouvernement bruxellois en décidant de ne pas aller en appel sur la condamnation de la STIB signe un Munich de la laïcité, il ouvre toutes grandes les vannes à l'islamisation, il rompt le pacte de neutralité, ciment jusqu'ici de notre société et en passant met une solide gifle à Paul Magnette, président du PS.

Rappel

• La STIB a été condamnée à la suite de la plainte d'une dame estimant qu'elle n'a pas été engagée dans cette institution sur base d'une discrimination religieuse liée au port du voile. L'arrêt qui a suivi a été analysé à la demande de la direction de la STIB. L'avocat chargé du dossier estime que ce jugement est à ce point étonnant qu'il suggère que différentes instances de contrôle soient saisies à son sujet. On évoque non pas un jugement, mais un acte militant.

• Le Comité de gestion de la STIB, constitué de représentants des partis de la majorité, décide de ne pas faire appel par 3 voix contre 3, la voix du président comptant double. Le Commissaire du gouvernement, comme il en a le droit, saisit le gouvernement qui doit trancher.

• Paul Magnette, président du PS, s'exprimant dans les colonnes du « Soir », lundi 7 juin, est très ambigu, tenant un discours caramélique, mélange les formules creuses de la « cancel culture» et d'une évidente absence de prise de responsabilité.

149

• Au cours de cette semaine, le président de Défi répète à différentes reprises que le fait de ne pas faire appel constituerait un problème grave pour le gouvernement... en clair, il menace de quitter l'exécutif s'il n'y a pas pourvoi d'appel.

Au cours de cette semaine, le co-président d'Écolo Nollet soutient que ce n'est pas Écolo qui bloque l'appel, mais le PS, en particulier le président de la fédération bruxelloise A. Laaouej. « L'Écho de la bourse » confirme que le blocage vient bien du PS et en particulier de A. Laaouej.

• Dimanche 13 juin, interviewé par la RTBF, Paul Magnette change de braquet, il est parfaitement clair, il affirme qu'il **faut** faire appel, qu'il est impensable qu'une institution ainsi condamnée ne se défende pas, il rappelle avec fermeté et clarté, l'attachement du PS au principe de la laïcité. Il nie que ce soit le PS bruxellois qui refuse d'interjeter appel.

• Au cours de la semaine qui suit, Rudi Vervoort, ministre-président, déclare que le gouvernement cherche une solution. Ce 17 juin à 14 h 20 on apprend que le gouvernement bruxellois est arrivé à un accord, **il n'y aura pas de pourvoi en appel.** Cette décision est accompagnée d'une logorrhée hypocrite, d'une multitude de promesses sur d'éventuels règlements visant le voile dans les services publics !

Ici, je retiens ma plume pour ne pas sombrer dans la grossièreté, tant la ficelle paraît grosse. Le résultat est là. Contrairement à ce qu'affirmait Paul Magnette en termes virils, il n'y aura pas d'appel ! Seul ce résultat compte.

C'est la bérézina de la laïcité à Bruxelles. La digue principale vient de céder, le séparatisme islamiste triomphera partout... toutes ses revendications seront servies, c'est la soumission totale aux exigences, aux revendications conçues dans les cénacles des mosquées. Il faut rappeler que la STIB est le plus important employeur de Bruxelles.

Au-delà du cadeau de 52 000 euros offert à la plaignante dans l'arrêt, il est évident que la soumission du gouvernement bruxellois implique que celle-ci soit automatiquement engagée.

Elle deviendra ainsi le fer de lance de l'islamisation de l'Institution.

Qui pourra lui refuser quoi que ce soit ! Qui osera s'opposer à l'une de ses exigences, dont j'en suis certain l'inventaire existe déjà. L'agenda en a été préparé de main de maître.

Je ne crois pas un seul instant au fait qu'il y aura un grand raout parlementaire sur le voile, ce sont des promesses comme celles de Laaouej qui avant son élection avait promis l'organisation au sein du PS d'un grand congrès sur la laïcité… Les convoyeurs attendent toujours… Ils attendront longtemps. A. Laaouej étant bien trop préoccupé par le vote communautaire qui pourrait filer en masse au PTB ou chez Écolo. Ce genre de promesse n'engage que ceux qui les écoutent… ceux qui les ont faites s'en fichent royalement.

Mais le pire n'est pas là ! Le pire ce sont ces milliers de jeunes filles de religion et de culture musulmanes qui seront de fait forcées de porter le voile. Si elles résistent, elles seront insultées, stigmatisées, persécutées, harcelées. On connaît une multitude d'exemples de ce type. Alors que ces jeunes filles n'ont qu'un désir, vivre comme elles le souhaitent et s'épanouir dans la société où elles étudient et espèrent travailler. Non! Elles devront porter le foulard, marqueur religieux d'appartenance à une communauté, à une religion… à une vision du monde à laquelle elles auront à se soumettre. On les livre aux pires des obscurantistes…

Le gouvernement qui devait les protéger les trahit ! J'en suis horrifié ! Et c'est à cette horreur que le PS, fondé sur l'égalité des sexes, sur la laïcité, se soumet ignoblement pour des raisons bassement électoralistes. Pire qu'une faute, ça constitue un véritable crime à l'égard de ces femmes !

N'en doutons pas, d'autres revendications vont apparaître.

On ne parle jamais de ce qui se passe dans les hôpitaux. Pourtant la pression religieuse y est énorme! L'une des doctoresses de Bordet pour laquelle j'ai la plus grande estime, femme remarquable, toute dévouée à ses patients a sur le dos une ou deux plaintes, car elle a refusé de se soumettre aux exigences d'un mari lors d'un examen qu'elle devait pratiquer sur une de ses patientes.

Des exemples comme celui-là, il y en a des centaines ! Silence… Faut pas en parler… faut conserver les voix de cette communauté qu'on laisse ainsi aux mains des pires obscurantistes.

Conclusion

Magnette n'a aucune autorité… sa virilité affichée dimanche s'est effondrée lundi… chute brutale de testostérone. La fédération bruxelloise se fiche de ce qu'il dit ! Défi s'est couché, n'a pas osé aller jusqu'au bout de ses convictions. Triste, car c'était une petite lumière dans la nuit qui nous envahit.

Le PS a affiché sa volonté de communautariser au maximum les rapports humains au sein de cette Région… non par convictions… mais pour des raisons exclusivement… ignoblement électorales.

Croyez-moi, il y aura peu de gens portant des kippas ou des croix apparentes à la STIB. Non! Coincés entre Écolo et le PTB, le PS bruxellois croit sauver sa peau en bradant ses idéaux. Résultat il sera battu, ceux auxquels il se soumet avec veulerie, feront leur « marché électoral » et iront au plus offrant… C'est déjà le cas aujourd'hui, tous les dirigeants politiques à Bruxelles le savent bien ! Et le PS ne pourra jamais offrir autant que le PTB et Écolo, car ce sont des formations sans structures internes, sans véritable volonté de responsabilités politiques globales.

Oui, c'est bien à un Munich de la laïcité auquel on assiste en direct… Le suicide de ce qui fut une grande formation politique, un parti porteur d'idéaux, de valeurs universelles…

Oui… c'est la fin… le naufrage dans l'infamie !

Le Munich du voile à Bruxelles… Comme un poisson dans le pantalon d'un noyé

22 juin 2021

Lettre ouverte à Monsieur François De Smet,
Président de Défi.

Monsieur le Président, je ne vous connais qu'au travers de vos écrits ou de vos interventions télévisées. Vous m'apparaissez un homme droit, juste et probe. Je ne perçois chez vous aucune de ces odieuses formules, ces tics propres à la langue de bois ou aux propos volontairement caraméliques, dissimulateurs des intentions réelles. En un mot, chez vous le mensonge n'est pas consubstantiel à votre parole comme c'est si souvent les cas. J'ai personnellement vécu la fin de mon trop long parcours politique entouré de gens pour qui le mensonge n'était qu'une autre vérité… en somme des précurseurs de Donald Trump. J'ai, en outre constaté chez vous, une autre dimension d'importance, vous disposez d'une formation, d'une logique, d'une capacité rationnelle à cent coudées au-dessus de celle de vos interlocuteurs politiques. Votre discours, que l'on soit d'accord ou non avec vous, est logique, au sens philosophique de ce terme, compréhensible, intelligent. Un gouffre de différence avec les gens avec lesquels vous avez été contraint de négocier, souvent réduits à n'être que de pitoyable Machiavel de village.

De sinistres duettistes

Pour faire un bref procès, je veux dire que vous vous êtes comportés comme un être civilisé, courtois, mesuré alors que face à vous se trouvait un duo, qui aurait pu dans un numéro de

153

music-hall être amusant, mais qui ici en l'occurrence a été sinistre.

D'une part Madame Rajae Marouane, tout juste sortie de la cour de récréation des petits, péremptoire comme une adolescente mal dans sa peau, pensées courtes, bêtise auto-satisfaite, farcie d'idées fixes, sans le moindre substrat intellectuel, associant la promotion du voile au combat des femmes en faveur de l'avortement, étant apparemment inconsciente de la monstruosité qu'elle proférait, de l'autre Ahmed Laaouej, un ancien contrôleur des contributions, ce qui fit de lui immédiatement le spécialiste socialiste des finances publiques, défendant dans un premier temps l'intégration des immigrés puis versant subitement dans le communautarisme lors de la dernière campagne électorale, défendant l'égorgement rituel, promettant pour être élu président de la fédération bruxelloise du PS un congrès sur la laïcité qui est à ce jour son arlésienne ; bref un couple mixte de Bouvard et Pécuchet, n'ayant pas encore découvert l'eau chaude, mais vicelards à souhait, retors, uni, soudé dans le seul objectif d'imposer le voile dans les services publics… de satisfaire au plus vite les revendications les plus obscurantistes.

Leur numéro de claquette était bien rodé, un seul objectif, ne pas aller en appel, un seul but, poursuivre l'islamisation de la région… Une seule weltanschauung… Le voile partout avant le reste, imposer une vision du monde par l'intimidation, la soumission des femmes ! Communautarisme maximum ! Pour ces duettistes-là, nulle question de Descartes, Spinoza, Hegel, Nietzsche, Kierkegaard, Schopenhauer, Heidegger… Non le voile, le voile rien que le voile… marqueur religieux et signe ostentatoire de leur poids électoral, volonté séparatiste de refus du vivre ensemble, du rejet de ce que furent nos valeurs !

Machiavel de sous-préfecture ou Topaze

Monsieur le Président, je ne veux ni vous blesser, encore moins vous insulter, comment d'ailleurs le pourrais-je, je ne représente rien… n'ai aucun poids, sinon celui de mon passé que ceux que j'ai tant aidés trouvent « encombrant ». Cependant, j'ai eu le sentiment tout au long de cette crise que vous aviez joué le rôle de Topaze dans la pièce de Pagnol. Vous en connaissez le thème.

Topaze, jeune instituteur dont l'honnêteté est aussi intransigeante que sa naïveté est himalayesque… dans le récit de Pagnol, le naïf changera, dépassera en turpitude ses maîtres les plus zélés.

Je ne vous souhaite pas ce parcours. Néanmoins, il n'y a pas de doute à mes yeux que vous avez, bien inconsciemment, joué cette partition… et que, j'en suis infiniment désolé, vous avez été roulé dans la farine.

Le dindon et le coq ou de l'importance de savoir avec qui on lutte

À l'université, j'ai suivi un cours de psychologie donné par un professeur que j'appréciais beaucoup, M. Osterrieth. Il nous expliqua que dans la nature, en général, mis à part quelques exceptions, les animaux d'une même espèce, s'ils se battent, ne se tuent jamais. Ainsi le loup, vainqueur d'un combat, urine autour du vaincu et s'en va. Le professeur Osterrieth nous raconta que dans certaines circonstances, il y a de tragiques méprises. Ainsi, si un dindon se bat contre un coq, le dindon percevant qu'il a le dessous, se couche et offre son cou à l'adversaire, convaincu que le vainqueur se retirera fier de sa victoire. L'horreur survient, car le coq enfonce impitoyablement ses ergots dans le cou de sa victime et la tue ! Erreur fatale de croire que l'adversaire vous épargnera comme c'est… en principe, la règle dans l'espèce.

Eh ! Bien, Monsieur le Président, je crois que vous avez été le dindon de ce combat et que d'entrée de jeu vos adversaires étaient décidés à vous anéantir. Ils savaient que vous aviez proféré, et j'en avais été très heureux, une sérieuse menace sur la pérennité de ce gouvernement si l'appel était refusé, mais ils avaient compris que vous n'aviez brandi qu'un pistolet à confiture !

Y a-t-il des règles dans la vie politique ?

Dans ses mémoires, Tony Blair écrit une phrase qui m'a marqué, je cite : « *En politique, il n'y a qu'une règle... c'est qu'il n'y a pas de règle.* » Vous ne le saviez pas, sans doute cette triste évidence heurtait-elle votre honnêteté, votre éthique et vos valeurs, mais pour vos interlocuteurs, l'absence de règle et de principe est la base de leur doxa, leur colonne vertébrale existentielle. Vous découvrez ainsi que la vie politique est un jeu qui peut être à la fois dérisoire, ridicule, comique et tragique... en somme du Shakespeare brut de décoffrage où on rit, on pleure, où on flatte et... On poignarde !

J'ai eu le privilège, jeune chef de cabinet, de participer au printemps 77, pour une très modeste part, à la négociation des accords d'Egmont. L'encre du document final n'était pas encore sèche que l'un des partenaires le violait déjà. Là, autour de la table, ce n'était pas des ministricules de sous-préfectures présentant tous les signes extérieurs de l'insignifiance comme ceux que vous êtes contraint de côtoyer à Bruxelles, non, c'était le sommet, l'élite du monde politique belge. Comment pouvez croire un seul instant que l'accord que vous avez accepté pour justifier le refus d'aller en appel sera respecté... vos interlocuteurs n'en ont pas la moindre intention, croyez-moi ! Quelques questions ?

Cet accord est une décision du Conseil des ministres bruxellois puisque le Commissaire du gouvernement à la STIB a renvoyé le dossier au gouvernement.

Avez-vous lu le texte complet de la décision du Conseil des ministres concrétisant l'accord que vous avez signé ?

Le procès-verbal du Conseil des ministres a-t-il été établi ?

A-t-il été approuvé par votre ministre qui y siège ?

Vous a-t-il informé du texte précis ?

Un calendrier d'exécution est-il joint ?

Ce ne sont pas là des questions anodines, elles comptent en droit, mais en politique, elles comptent pour du beurre, car jamais vos interlocuteurs ne mettront l'accord en fonction.

Permettez-moi de vous rappeler la formule que Ronald Reagan appliquait quand il discutait en Islande de la limitation des armes nucléaires avec Mikhaïl Gorbatchev, il disait chaque fois :

« *Je fais confiance, mais je vérifie chaque fois* ». Quant à Lénine, il aurait dit, « *Faire confiance, c'est bien, vérifier c'est mieux.* » Très judicieux conseils ! Car cet accord-là a bien tout d'un poisson dans le pantalon d'un noyé !

Le droit et l'accord politique... y a-t-il une hiérarchie ?

Après l'analyse sanglante qu'un avocat a faite au sujet du premier jugement, refuser de recourir aux moyens qu'offre l'état de droit est un marqueur catastrophique. Comme vous l'avez écrit à vos militants et comme l'a déclaré à la télévision le président Magnette, c'est un scandale. Qu'une institution qui est attaquée sur cette base en Justice et que cette même institution refuse, pour des raisons d'affirmations religieuses, de se défendre est purement et simplement effarant ! Privilégier un accord politique qui n'est qu'un chiffon de papier aux garanties du droit, aux procédures définies par la loi, est significatif de la déliquescence de la démocratie qui se voit ainsi supplantée de facto par le fait religieux !

Ne comprenez-vous pas, M. le Président que ce qui vient de se passer est un précédent qui conduit au remplacement du Droit par la loi religieuse ? Vous pensez la chose impossible ! Eh bien au Royaume-Uni, des tribunaux avalisent déjà des décisions prises par des tribunaux religieux. Oui, on en est là ! La digue a cédé. Le plus gros employeur bruxellois sera soumis demain à toutes les pressions... le vrai pouvoir dans l'institution sera aux mains des islamistes, les exigences iront en cascades... et vous vous soumettrez.

Qui offre le plus de garanties, la Justice ou l'accord politique ?

Dans le courrier à vos membres, vous expliquez que s'il y avait eu appel, le résultat n'en était pas certain. Je suis évidemment d'accord, mais l'appel offrait aux Bruxellois toutes les garanties qu'offre un état de droit. Contrairement à ce qu'a dit l'un de vos ministres, ce n'était pas acheter un chat dans un sac, surtout après l'analyse du jugement, considéré par un juriste comme un acte militant ! Des questions :

Quelle garantie en droit vous offre l'accord que vous avez approuvé ? Je n'ai même pas lu qu'un calendrier y était joint.

Quelles sanctions sont-elles prévues au cas où l'accord n'est pas exécuté ?

Quels recours sont-ils prévus ? Bien sûr, aucun !

Vous serez devant le même cas de figure : vous soumettre comme aujourd'hui ou quitter ce médiocre, ce délétère rafiot gouvernemental.

Rien n'aura changé, mais vous aurez par naïveté accepté cet accord monstrueux, créant ainsi un précédent dramatique.

Pourtant vous aviez sous les yeux le « Parcours d'intégration » qu'il a fallu quasi imposer à Bruxelles et qui n'est qu'une franche et coûteuse rigolade, car les tenants de l'islamisation d'écolo et du PS ne veulent à aucun prix de quelque intégration que ce soit. Intégration est devenu un gros mot, ces gens-là considèrent comme insultant, produit du cerveau des islamophobes, cela va de soi.

M. le Président, ce n'est pas à vous qu'il faut préciser que dans la merveilleuse formule « *La terre promise* », le terme essentiel n'est pas la terre, mais la ***promesse***… et les promesses ne valent que pour ceux qui les entendent, formule archi connue… et toujours vérifiée !

La vaseline anesthésiante contre les terrifiants pépins du réel

Je n'ai donc pas de doute sur le fait que dans les prochaines semaines vous serez adoré par vos inquiétants partenaires, enrobé de vaseline anesthésiante, vous serez choyé, ils verront en vous celui qui a sauvé le gouvernement, mais à bas bruit, ils riront sous cape, soyez en certain car ce sont eux qui ont atteint leur objectif mortifère... et vous qui n'aurez que vos yeux pour pleurer. Dans ce genre de situation, il est toujours utile d'en revenir à Victor Hugo qui, dans les biens nommés vu les circonstances, « *Châtiments* » écrit :
« *Allons citoyens, c'est au fait qu'il faut croire !* » Et les faits... sont que la laïcité est vaincue, nos valeurs abaissées !

Les comparaisons sont souvent aussi idiotes que les généralisations.

Mais quand même n'êtes-vous pas impressionné par ce que furent les horriblement funestes conséquences de la politique britannique d'apaisement face à la montée des périls, et que de recul en recul ce fut l'effroyable catastrophe... et la honte d'avoir été lâche ? Dans la lettre à vos membres, vous précisez que si vous aviez quitté le gouvernement l'appel n'aurait quand même pas eu lieu. Peut-être, mais j'ai quand même un sérieux doute, car le PS et Écolo auraient dû se tourner vers le MR. Croyez-vous, comme cela a été dit, qu'une majorité eut été possible, sans vous, avec les résidus du CDH et les zozos maoïstes du PTB ! Je n'y crois pas un seul instant. Si vous aviez maintenu votre position... ils auraient cédé !

J'en suis convaincu. Leurs présidents de parti l'auraient emporté... tous deux s'étaient publiquement prononcés pour l'appel.

Les pyromanes deviendront-ils subitement des pompiers ?

Comment pouvez-vous croire que le même Comité de gestion, qui a voté pour le rejet du recours à l'appel, mettra en œuvre l'accord prévoyant une neutralité exclusive ? Soit dit en passant un comité de gestion aux ordres du gouvernement. Là, c'est de toute évidence franchement burlesque. C'est demander à ceux-là mêmes qui prônaient la neutralité inclusive de se transformer subitement par la grâce du Saint-Esprit en défenseur de la laïcité, d'imposer des règles strictes de respect de neutralité, c'est-à-dire pour être clair d'interdiction du voile. Impossible d'y croire, fût-ce un seul instant.

Au gouvernement, le ver est dans le fruit.

Vous terminez la lettre à vos membres en notant que les autres partis se déchirent. Malheureusement non ! Aussi bien au PS que chez Écolo, les partisans de l'islamisation sont totalement dominants. Vous y faites allusion, les deux présidents de ces partis avaient pris position clairement pour l'appel. Ils ont été tous les deux durement contredits, pour tout dire giflés et bafoués par leurs représentants bruxellois qui ne pouvaient à aucun prix décevoir les obscurantistes auxquels ils sont soumis, car ils savent, et là est la clé, que leur réélection en dépend.

Une digue a cédé… La femme, voilà l'adversaire !

Le pire est que cette vanne qui s'ouvre grande devant les revendications religieuses jette dans les bras des islamistes des milliers de jeunes femmes de culture et de religion musulmanes qui se soumettront pour échapper au harcèlement, aux pressions, aux injures. Ayant été le créateur et le gestionnaire des trois centres d'entreprises de Molenbeek, et y ayant travaillé pendant quatorze ans, j'ai vu de mes yeux comment fonctionnait l'islamisation.

J'ai vu qu'il était interdit de monter dans le véhicule d'une des employées non voilée et divorcée, j'ai vu qu'un barbu demandait que deux des employées qui marchaient se donnant le bras étaient priées de ne pas se toucher. J'ai vu la fille d'une collaboratrice obligée de se voiler à l'école, car elle ne supportait plus les remarques de ses condisciples.

Madame Djemila Benhabib chargée de mission au CAL l'exprime parfaitement quand elle dit : « *Dès que vous ouvrez l'espace à une femme voilée, elle va faire pression sur les autres, c'est l'expression de la force.* » On ne pouvait être plus claire ! Cet accord ouvre ainsi pour nombre de jeunes femmes un univers gris de soumission à la couleur du voile.

Les obscurantistes veulent à tout prix soumettre les femmes, car ils savent que celles-ci incarnent les forces de Vie, de l'avenir du monde comme le dit Aragon, il ajoute qu'elles en sont la couleur.

Donc il faut les soumettre à la pulsion de mort qui les guide, les fonde, les anime. Les femmes sont pour eux le plus grand danger, la force vitale qui peut les vaincre. Ils ne sont pas conscients que pas une seule civilisation ne s'est construite sur la pulsion de mort, toutes les tentatives ont échoué. Cette pulsion de mort n'est pas l'Islam qui est une grande civilisation dont l'apport à l'humanité a été immense, elle en est sa maladie !

Un rendez-vous avec l'Histoire, elle ne sonne jamais pour s'annoncer

Quant à vos électeurs, il est à craindre que ceux qui d'ici là n'auront pas voté avec leurs pieds choisissent l'exil électoral. C'est d'autant plus désolant qu'en définitive, votre formation politique est la seule à Bruxelles, qui sur les questions de laïcité tient un langage clair sans ambiguïté ni faux semblants.

M. le Président, vous aviez un rendez-vous avec l'Histoire… l'ennui avec ce genre de rencontres est qu'elles ne s'annoncent pas ! Pas de tambours ni de trompettes pour vous avertir ! Ce n'est qu'avec le recul, dans l'épaisseur du temps qu'on s'aperçoit de l'enjeu caché dans les plis de l'histoire… que l'on n'a pas su discerner. Vous étiez dans cette négociation non seulement le représentant de votre parti, mais aussi celui de la liberté et des Lumières… ce n'était pas une mince affaire, mais une énorme responsabilité.

Un avenir, le vôtre, le nôtre

Vous avez raté ce rendez-vous, je ne vous en fais pas grief, car vous avez été victime de votre honnêteté corollaire de votre naïveté, de votre inexpérience. C'est cependant une énorme défaite politique, mais plus dommageable encore une défaite, peut-être irréparable pour la laïcité et pire encore pour nos valeurs.

Je vous souhaite d'autres rencontres comme celle-là, où instruit par les événements vous ne vous en laisserez plus compter par vos sinistres et médiocres interlocuteurs.

Quant aux Bruxellois que nous sommes, que nous reste-t-il à faire ? Beaucoup sont partis, laissant croître sans eux la ghettoïsation de leur ville… pour les autres, ceux qui osent encore habiter cette ville, sachez-le, il reste comme le hurla à la face du stalinisme Ossip Mandelstam « L'espoir contre tout espoir ».

Ils sont conscients que ce doit être maintenant, le temps est venu de l'**Union pour la Résistance** face à cette volonté mortifère de nous imposer un retour vers le passé, de nous replonger dans un enfer clérical dont nous venions à peine de sortir. Nous ne pourrons le subir… et nous ne l'accepterons jamais.

Malraux écrivit « *La liberté n'a pas toujours les mains propres, mais il faut toujours choisir la liberté.* » Ce sera à jamais notre choix !

La Cour des comptes refuse d'émettre un avis sur la région de Bruxelles !

17 novembre 2021

La Région bruxelloise est-elle une république bananière ?

La Cour des comptes ne l'écrit pas, mais elle le pense si fort, que tous ceux qui lisent le dernier Cahier de cette haute instance de contrôle l'ont compris !

Stupéfaction !

Lorsque j'ai pris connaissance de l'annonce par BX1 de la réaction de la Cour des comptes qui dans son 26e Cahier examine le budget et les comptes de la Région bruxelloise, j'ai été stupéfait comme jamais je crois ne l'avoir été en cette matière. Mon âge implique que je suive les mouvements et les soubresauts politiques depuis maintenant 52 ans, soit dans les couloirs du pouvoir ou simplement en tentant de m'informer. Mon ahurissement provient du fait que jamais, je n'avais lu que la Cour des comptes refusait de donner un avis sur les comptes et les budgets que lui présentait un gouvernement ! À mes yeux, c'est une bombe atomique administrative qui explose au beau milieu de cet aréopage de ministricules supposés diriger la Région de Bruxelles-Capitale.

Y a-t-il des précédents, je serais heureux de les connaître ?

Lisant ce rapport, une image m'est venue à l'esprit, l'une de ces pensées iconoclastes, un peu gênantes, dont on se demande pourquoi elles affleurent, alors qu'on aurait préféré qu'elles restent bien tapies entre les neurones et les synapses d'un cerveau déjà très encombré. Donc, j'ai songé à un énorme quartier de bœuf des abattoirs, qui après le contrôle vétérinaire reçoit un coup de tampon garantissant la qualité de la viande.

Mais dans le cas de la Région bruxelloise, carcasse douteuse, le coup de tampon de la Cour des comptes se lit : « République bananière ». J'ai essayé de comprendre pourquoi une image aussi décalée me venait à l'esprit. M'est alors revenue en tête une conversation passionnante avec l'adjointe d'un Receveur communal qui me parlant de la commune où elle officiait, synthétisa d'une formule « *cette commune est une république bananière !* » Il faut croire que l'image m'impressionna... et se confirma.

Mais j'y pense, la formule « république bananière » m'est peut-être venue simplement à l'esprit parce qu'au moment même où la Cour des comptes assassine la gestion de son gouvernement, Rudi Vervoort s'est rendu à Cuba pour visiter ou évaluer, ce n'est pas très clair, le succès de la « Semana Belga »... on le voit... une importance capitale s'il en est ! Il est vrai qu'à Cuba... le contrôle sur l'exécutif est réglé... Il n'y a pas de Cour des comptes pour casser les pieds de qui que ce soit. Peut-être reviendra-t-il bardé d'excellents conseils. De toute évidence, il en a plus que besoin.

Vervoort Cuba si... Bruxelles ?

Il y a aujourd'hui un mystère Vervoort. Qu'est devenu celui qui tentait avec acharnement de faire tourner cette fantasmagorique machine à gaz qu'est la Région bruxelloise ? Ceux qui le rencontrent le décrivent de plus en plus éthéré, encombré par ses bras qu'il croise de plus en plus souvent, les psychanalystes vous diront ce que ce geste signifie, son regard est la plupart du temps vide, tourné en dedans. Mais qu'y voit-il ? Quel désespoir semble l'avoir envahi ? A-t-il réellement baissé les bras comme me le disait récemment un chef de groupe de la majorité ? Est-il déjà ailleurs ? Cuba était-il une fuite pour ne pas avoir à commenter l'effrayant rapport de la Cour des comptes ? S'il est ailleurs, comme beaucoup l'affirment ? Où est-il ?

Un peu d'histoire

À ce niveau, un point d'histoire est nécessaire. La toute jeune Belgique se dote en 1831 d'une constitution, l'une des plus libérales de l'époque. Elle servira d'exemple à la Grèce, mais aussi aux nombreux pays d'Amérique latine qui après 1830 acquièrent leur indépendance. C'est une vraie démocratie, il est vrai censitaire, 46 000 électeurs aux premières élections. Mais les mécanismes politiques sont issus des Lumières et ancrent les structures démocratiques dans notre pays. Dès 1836, trois lois fondamentales sont votées, la première règle, le fonctionnement des communes, prévoyant une tutelle légale, mais accordant une très large autonomie, la seconde fait de même pour les provinces et la troisième institue la Cour des comptes, institution de contrôle des actions de l'exécutif, dépendante uniquement du pouvoir législatif. C'est donc un outil essentiel aux mains des députés et des sénateurs afin qu'ils puissent, en connaissance de cause, contrôler en profondeur l'action du gouvernement.

On comprend donc que quand cet organe estime ne pas devoir donner d'avis sur le gouvernement bruxellois, la situation ainsi créée est d'une extrême gravité. Le problème est de savoir qui aujourd'hui, au niveau des parlementaires, a conscience de cette gravité.

J'ai été pendant vingt ans échevin des finances, j'ai été chef de cabinet du ministre fédéral du Budget ; j'ai donc eu tout le loisir de constater que dès qu'il s'agit de chiffres et de pourcentage le nombre de lecteurs fond comme neige au soleil. J'affirme que dans un Conseil communal, il n'y a pas cinq élus qui sont capables de lire, de comprendre, d'argumenter à propos d'un budget.

Il en est de même au parlement. Chacun veille à son pré carré… pour le reste, on s'enfiche ! J'ai même connu un Chef de cabinet du ministre-président de la Région qui était incapable de lire et donc de comprendre un budget. Grave, très grave.

Se pose donc immédiatement le problème de la qualité du personnel politique.

Je suppose que chaque Bruxellois, qui suit un peu le parcours tortueux des exécutifs bruxellois, s'est fait une juste idée. S'agissant des ministres néerlandophones, très récemment un journaliste flamand de grand talent et de très grande expérience, m'expliquait que la Région bruxelloise était une sorte de rebut, le fond du fond du panier, un dépotoir. Il est vrai que lisant les réponses de M. Gatz, ministre du Budget, on ne peut qu'être atterré par ses réactions. Dans n'importe quel pays du monde, il aurait dû démissionner. Il est vrai que l'ineffable hurluberlu Smet, ayant traité Bruxelles de prostituée, est toujours ministre... à se demander s'il en est le proxénète. Mais seuls des esprits chagrins oseraient faire une telle déduction, ce n'est certes pas mon cas.

Que constate la Cour des comptes ?

– Elle n'a reçu les documents que le 29 octobre en fin de journée, alors que la discussion parlementaire débute le 15 novembre... une rigolade quand on sait le temps que prend l'analyse de tous ces chiffres.

– Elle remarque que pas moins de 9 arrêtés nécessaires à la bonne exécution du budget et des comptes, qui auraient dû être pris depuis des années, ne l'ont toujours pas été. Curieux qu'il s'agisse d'une remarque dont personne ne fasse état alors qu'elle est essentielle. Il est vrai que nous vivons dans une Région où pendant 15 ans, il n'y a pas d'entretien des tunnels... il est vrai que voilà bien une dépense qui n'engendre pas d'électeurs. Ce n'est pas « sexy » l'entretien des tunnels comme un ministre m'a répondu alors que je m'en inquiétais.

– Elle constate qu'une série de documents qui devaient être fournis ne le sont toujours pas, et ce en nombre de plus en plus importants. Autrement dit, la Cour des comptes ne peut effectuer son travail faute d'informations. Elle évoque les imprécisions habituelles, les zones de flou, les erreurs...

– Elle pointe que la dette a augmenté de 73,2 % en deux ans, et de 90 % en quatre ans, qu'en 2022, elle atteindra 8,6 milliards, pour un budget estimé à 6,6 milliards... pas une entreprise privée ne supporterait cette charge sans être immédiatement déclarée en faillite. Mais en l'occurrence, pas de problème, les impôts augmenteront...

– Elle ne s'en laisse pas « compter » et observe que le gouvernement bruxellois exfiltre, sans accord des autorités européennes, quelques centaines de millions (500) d'euros au titre d'investissements hors périmètre budgétaire... un truc donc, parfaitement bidon. Une vieille ficelle qui ne trompe évidemment aucun fonctionnaire de la Cour des comptes. Il en utilise encore d'autres, sous-évaluation systématique, report des dépenses pour diminuer son Déficit de 570 millions, tout en sachant fort bien que cela ne sera pas possible... soit une tromperie évidente.

– Cerise sur le gâteau, elle observe qu'une dépense de 777 millions est inscrite pour 777.000 euros. En soi, c'est une faute dérisoire qui tient à l'écriture du budget. Mais c'est une faute énorme dans la mesure où elle met en évidence que personne ne relit les textes ou, comme on le disait quand j'étais fonctionnaire, ne les collationne, c'est-à-dire les relit à deux voix. Un fonctionnaire lit le texte et une ou un autre suit ligne après ligne, mot après mot, chiffre après chiffre. De toute évidence, personne n'a pris la peine de le faire... il est vrai que ce n'est « que » le budget et le compte de la Région !

Ah ! Mais que répond le ministre en charge du Budget, le dénommé Sven Gatz ?

Je l'ai connu, car il siégeait en qualité de Conseiller communal, élu de Jette, alors que j'y étais échevin. J'observais qu'il avait sans doute... le talent des muets ou des monosyllabiques dont on croit que les silences sont de la profondeur alors qu'ils ne sont que le vide sidéral de la pensée. Je songeais souvent, le regardant en face de moi à son banc, à la formule que Churchill avait eue à l'égard de son successeur Clement Atlee : « Une voiture vide s'arrête, Atlee en descend». La formule s'adaptait parfaitement à Sven Gatz. Ce qui ne l'empêcha pas d'être député élu, grâce au quota de sièges garantis aux Flamands de Bruxellois, de devenir ensuite chargé de communication chez le brasseur Interbrouw, d'être après cela nommé ministre représentant les Bruxellois néerlandophones de la Région de Bruxelles-Capitale dans le gouvernement flamand, et enfin d'atterrir comme ministre du Budget dans le gouvernement bruxellois. Il succédait à Van Engel, qui malgré des circonstances très difficiles sut être un bon, et même parfois un excellent gardien du temple budgétaire.

S'agissant des Organismes d'intérêt public pris en défaut par la Cour des comptes, Gatz, dit « *ne pas aimer les sanctions et ajoute qu'il faut revoir les procédures.* »… Mais c'est bien sûr ma bonne dame ! Plus lénifiant tu meurs, d'autant plus que ce qui pose un problème à la Cour des comptes, c'est l'administration de la Région elle-même dont Gatz est le premier responsable ! Mais attention, tout va s'arranger, il prépare un plan. Mais ajoute-t-il, il a besoin de garanties, « *il faut que les chiffres qu'on lui adresse soient exacts…* » Bien sûr, cela vaut mieux. Et c'est lui qui devrait les faire établir… énorme non !

L'augmentation de la dette de 90 % en quatre ans, réponse du ministre : « *c'est inacceptable* » Ah ! bon, mais c'est lui le ministre du Budget, à l'entendre on croirait qu'il s'agit de quelqu'un d'autre.

L'erreur qui a conduit à écrire 777.000 euros au lieu de 777 millions d'euros, « *il ne comprend pas que personne n'ait remarqué cela* ».

Mais c'est **Sa** responsabilité, c'est <u>**Son**</u> domaine de compétence.

Bon prince, il daigne « *reconnaître l'intérêt du travail de la Cour des comptes* » et ajoute… accrochez-vous « *Maintenant, il y a une maturité financière de la région…* » Incroyable, la Région existe depuis 1988, lui est aux manettes du budget depuis des années, il l'était déjà dans le premier gouvernement Vervoort… mais il est maintenant à « ***maturité*** » sans doute affiné comme les fromages ou vieilli comme le bon vin… pour une situation financière publique, je n'avais jamais entendu l'argument… à retenir… car c'est une perle. Il essaie de mettre la focale sur les Organismes d'intérêt public, alors qu'il n'y en a que trois sur 23 qui sont pointés par la Cour des comptes… est-il utile de préciser que dans ces OIP siègent des Commissaires ou des représentants du gouvernement, petits ou gros fromages pour souris de moindre importance ? Quoi qu'il en soit, là c'est aussi Sa responsabilité qui est engagée.

Et enfin le pire, il ose dire que la situation n'est pas mauvaise puisque l'agence de notation financière Standar & Poor's « *a donné un bon ranking à la Région vu son budget* ». Encore une fameuse énormité puisque la Cour des comptes constate que la notation de la Région est passée de AA+ à AA − . Il devrait aussi savoir qu'à la veille, je dis bien la veille, de la faillite de la plus grosse agence immobilière des USA et celle de Lehman Brothers,les trois principales agences de notations des USA donnaient à ces sociétés les meilleures notations… il s'en suivit la crise mondiale des Subprimes. Lorsque les dirigeants de ces firmes furent contraints de s'expliquer devant la Commission d'enquête du Congrès, ils répondirent en chœur que leurs notations n'étaient « que des avis ! » Apparemment, M. Gatz ne lit rien, ne sait rien !

Démissionner, non pourquoi? Je ne suis responsable de rien

La conclusion est simple dans n'importe quel pays du monde civilisé et démocratique, M. Gatz aurait dû remettre sa démission, c'est aussi simple que cela. Mais on sait qu'en Belgique un ministre cela ne démissionne pas. Jean Gol, après le drame épouvantable du Heysel, démissionna, car le responsable de l'Intérieur, Charles Ferdinand Nothomb, refusait de la faire. Aucune honte, jamais !

Que les Bruxellois qui lisent ce texte comparent leur impôt cadastral avec celui d'amis ou de connaissances qui habitent en dehors de la Région bruxelloise, cela leur permettra de comprendre que le désastre auquel on assiste est payé… et au prix fort par les Bruxellois.

En région bruxelloise au cours de ces 20 dernières années, cet impôt a connu une croissance gigantesque... sans parler de tous les autres.

Tous toujours plus pauvres

Très récemment, l'INS STATBEL vient de diffuser des statistiques sur le revenu des Belges. Dans 6 communes bruxelloises, les revenus fiscaux sont les plus bas du pays. N'est-ce pas la preuve absolue de l'incapacité de ces exécutifs de gérer la Région et les Communes ?

Le chiffre du PIB bruxellois n'a fait que s'effondrer, un effondrement qui s'accélère par rapport aux deux autres régions. Cerise sur ce qu'il reste du gâteau, le gouvernement vient de nommer en qualité de Secrétaire général de l'administration régionale, le fonctionnaire chargé des comptes et du budget... faut croire que le gouvernement était satisfait de ses services ? On comprend d'autant plus mal les réactions de M. Gatz ! Curieux tout ça... non ! Cherchez l'erreur ?

Quel espoir ?

Il n'y a aucun espoir que la petite classe politique bruxelloise qui « vit sur la bête », prisonnière du communautarisme, ne change quoi que ce soit. Depuis l'érection de la Région, il n'y a plus de vraie tutelle légale sur les Communes, les contrôlés sont de fait aussi les contrôleurs. Comme la Région, les 19 communes sont des gouffres financiers où tout, et le pire, sont possibles. Je pourrais décrire des centaines d'exemples plus aberrants les uns que les autres. La Région bruxelloise et les Communes ont fait la démonstration de leur incapacité de répondre aux besoins des Bruxellois.

Le dernier Cahier de la Cour des comptes, exceptionnel j'insiste, en fait une démonstration effrayante. Il faut repenser, au plus vite, l'ensemble de la structure institutionnelle bruxelloise, elle assassine Bruxelles et chasse les Bruxellois qui ont encore la possibilité de voter avec leurs pieds. Il faut démolir au plus vite l'usine à gaz institutionnelle bruxelloise et repartir sur d'autres bases. Il faut enfin admettre, que telle qu'elle est, la Région bruxelloise ne fonctionne pas. Il faut enfin admettre qu'il est absurde, inefficace d'avoir sur 165 km2, 19 communes, 19 CPAS, 6 zones de polices, des intercommunales, des OIP en pagaille... il faut reprendre tout à zéro... il est -5, la Cour des comptes l'a amplement démontré.

Qui osera le dire ? Qui osera dire avec la Cour des comptes que le roi est nu... et qu'il est plus que temps d'en changer.

VINGT ANS DE LÂCHETÉS DE LA GAUCHE BELGE
Entre désillusion et espérance

Gouvernement bruxellois, la déglingue totale

4 décembre 2021

Étrange article dans « *Le Soir* » de ce matin ! Page 12 sous la plume de Mme Lamquin et une photo de Rudi Vervoort, on découvre le bilan calamiteux d'un exécutif qui n'a plus aucune cohésion, dont la ligne politique à la lisibilité du parcours d'un cadavre de chien au fil de l'eau… ou celui d'une poule dont on a coupé le cou. Il y a longtemps que le capitaine a quitté la barre de ce qui ne fut jamais un paquebot de grande classe, mais qui pourtant a coulé sous le poids de ses lâchetés comme le Titanic ! La Cour des comptes qui déclare ne plus vouloir contrôler la région bruxelloise tant les manquements, le non-respect des lois et règlements en matière budgétaire sont nombreux… un Déficit qui augmentera de 179 % en quatre ans ! Du jamais vu ! Sans parler de l'absence de tutelle réelle sur les communes… autres gouffres financiers… que plus personne ne contrôle… mais que les contribuables bruxellois payent.

S'agissant de Rudi Vervoort, j'écris ceci avec une profonde tristesse, car l'homme que j'ai connu était d'une autre nature, travailleur, discret c'est vrai, mais toujours animé d'une volonté d'améliorer les choses. Le contraste avec le charismatique, mais inutile Picqué, pour qui le bavardage remplaçait l'action, était, à mes yeux, très positif. Que s'était-il passé pour que Vervoort devînt cet ectoplasme vide de tout, amorphe, ayant perdu son courage et son obstination, sa volonté de faire vivre cette machine à gaz institutionnelle ? Que d'illusions perdues – est-ce l'effet de l'âge ? Malheureusement, les faits parlent d'eux-mêmes !

Le refus d'aller en appel sur l'affaire du voile à la STIB, Munich de la laïcité à Bruxelles, le refus d'interdire l'abattage rituel, la liste des absurdités en matière de mobilité, les pures imbécillités des projets d'achat de terres agricoles pour nourrir Bruxelles, les exigences distillées visant à faire des projets agricoles sur les toits de Bruxelles… oui, oui, vous avez bien lu, cela figure en toutes lettres dans le plan de gestion de Citydev, ex-SDRB service public chargé de réaliser du logement moyen et de promouvoir l'industrie à Bruxelles… l'industrie, pas l'agriculture !

De fait, le gouvernement bruxellois est victime de la décomposition, en termes biologiques, de la fédération bruxelloise du PS.

Il faut se rappeler que Laaouej n'a été élu président qu'avec 6 voix de différence sur Madrane. Que cette présidence de Laaouej signe la prise en main de la fédération par un clan communautaire qui cette fois s'affirme, se revendique, exige et réalise sa mainmise sur Bruxelles. C'est là où l'affaire des taxis est amusante, car si une partie de « cette » fédération soutient les revendications des taxis, une autre soutient celle des gens qui travaillent pour UBER ! chacune « son» public ! Les nominations qu'imposent Laaouej dans les différents services publics dénotent combien la fédération bruxelloise du PS, n'a plus aucun rapport avec le parti politique qu'elle a été, seule une pratique étroitement communautariste et clanique fonctionne. Les qualités professionnelles, la compétence, l'expérience, plus rien ne compte !

Dans une telle déliquescence, il est évidemment impossible d'assurer la cohérence d'une équipe où, il n'y avait au départ, pas la moindre loyauté. Donc, les rumeurs sur le départ de Vervoort qui essayerait de faire nommer son dauphin M. Chahid à sa place sont parfaitement fondées, puisqu'en outre cela permettrait au fils de Vervoort de devenir bourgmestre d'Evere.

La ville de Bruxelles, qui veut faire appel dans l'affaire du voile à la haute école Francisco Ferrer, est dans ce climat totalement isolée. Le bourgmestre, Philippe Close subit des pressions pour l'empêcher d'exercer les pouvoirs que lui donne l'état de droit.

Mais le plus comique est de lire en bas de l'article du « *Soir* » en petites lettres une étrange formule. La voici recopiée telle qu'elle a été écrite : « *Cet article a pour source des interlocuteurs/trices clés de la scène politique bruxelloise. Toutes et tous se sont exprimés en off.* » Pas mal, non! Je n'avais jamais lu un truc pareil.

Ah ! J'oubliais… en pages 14 et 15 du même journal, deux pages entières consacrées à la croissance du PTB.

Chers lecteurs, pensez-vous qu'il y ait un lien ?

VINGT ANS DE LÂCHETÉS DE LA GAUCHE BELGE
Entre désillusion et espérance

Voir un homme tomber…
Interview de
Rudi Vervoort par Pascal Vrebos

13 décembre 2021

CE DIMANCHE MIDI, RUDI VERVOORT
CHEZ PASCAL VREBOS SUR RTL

Question sur la poursuite à Bruxelles de l'égorgement rituel. Rudi Vervoort répond en évoquant l'emploi aux abattoirs d'Anderlecht.

Petite question : Combien y a-t-il d'égorgeurs rituels en activité à Anderlecht ? Toutes les réponses sont du même tonneau… vide !

Un internaute me fait judicieusement remarquer que dans la même interview Rudi Vervoort déclare : « *l'énergie nucléaire est d'un autre temps* » et quelques instants avant il avait soutenu l'égorgement rituel. De quel temps est l'égorgement rituel ? S'est-il posé la question ? A-t-il mesuré la monstruosité de son propos, son caractère incongru ? Quelle effrayante comparaison ! Entendre dans une même interview ces deux affirmations donne envie de hurler !

Bêtise à front de taureau, subtilité électorale, inconscience, volonté de plaire à certains, grand écart entre les fantasmes écolos et les exigences les plus obscurantistes… mais où est-il lui qui profère de telle horreur ? Que pense-t-il réellement ? On reste sans voix.

Demain, pas une voix pour ceux, Écolo, PS, PTB, qui soutiennent et acceptent cette horreur journalière, ce massacre moyenâgeux.

Pour le reste, cette interview, comme toujours parfaitement menée, fut en tout point pathétique. Qu'est-il donc arrivé à cet homme probe et libre pour qu'il devienne à ce point transparent… il me fait songer à ces êtres dont quelqu'un d'autre à pris le contrôle, Golem, Zombie, de qui est-il devenu la créature ?

… Chacun choisira.

Est-ce A. Laaouej qui parle quand Rudi Vervoort répond ?

N'est-il plus que la poupée du ventriloque, la bouche s'agite, mais c'est le marionnettiste qui s'exprime, est-il devenu le perroquet d'un maître aussi ondoyant que fourbe, qui ne songe qu'à étouffer au plus vite son volatil jugé trop encombrant ?

Curieuse sensation de voir se transformer un être de chair et de sang en ectoplasme énonçant des « vérités » qui ne sont pas les siennes… Et dont il sait l'inanité. Pas confortable ça !

Pour ceux qui le connaissent bien… son regard, sa gestuelle disent autre chose que les mots qu'ils prononcent. Profonde tristesse face à ce naufrage public.

Il est dur de voir un homme sombrer. C'est avec une profonde, une sincère tristesse, un immense regret que j'écris ces lignes. Je m'interroge depuis des mois pour tenter de comprendre où est la faille par où s'est introduite la créature qui a phagocyté, transformé Rudi Vervoort. Qu'est-ce qui a à ce point noyé son entendement.

Ah ! Et le PS bruxellois dans tout cela… Le PS bruxellois… mais de quoi parle-t-on ? Ça n'existe plus ! Remisé aux vieilles lunes, enterrées avec les Valeurs qui ont conduit à construire notre société de libertés. Qu'on n'en parle plus !

Les libertés… voyons, vous embêtez les égorgeurs dont il faut sauvegarder l'emploi ! Voilà le nouvel horizon indépassable du socialisme bruxellois – l'axe central d'un futur programme ! Tout est dit ! RIP.

Le voile à la STIB… La gifle au gouvernement bruxellois !

Publié le 21 février 2023

LE PERSONNEL DE LA STIB INFLIGE UNE ÉNORME GIFLE AU GOUVERNEMENT BRUXELLOIS.

On se rappellera que le gouvernement bruxellois n'avait pas cru devoir faire appel de la décision visant le port du voile à la STIB.

Cette décision, dont la motivation suintait les remugles de la basse cuisine électorale, était contraire aux intérêts de l'institution et s'opposait à la proposition du Commissaire du gouvernement.

En outre, comment comprendre qu'une institution publique ne se défend pas alors même que son fonctionnement, ses valeurs mêmes, sont mises en question.

Or, « Le Soir » de ce matin publie les résultats d'une enquête interne à la STIB et… surprise 62,6 % des personnels **ne souhaitent pas** que des signes religieux apparaissent sur le lieu de travail… Pas mal, non ! Le personnel de la STIB… en passant, le plus gros employeur de la région… va ainsi à l'encontre des politiques bruxellois qui, en refusant d'aller en appel, comme de braves petits toutous apeurés, couraient pour lécher la main des supposés électeurs maghrébins !

Cette étude révèle un élément encore beaucoup plus grave.

Le personnel de la STIB veut être protégé du prosélytisme qu'ils sont contraints de subir. « **22 % déclarent que des collègues se sont montrés insistants, à leur égard, pour les faire adhérer à certaines de leurs pratiques… 76,5 % demandent à être protégés contre l'influence de leurs collègues… »**

Voilà qui est emblématique et énorme. Je pose la question : combien demandent à être protégés de la lâcheté des politiques bruxellois qui n'osent pas bouger un cil de crainte de perdre les voix obscurantistes qu'ils vont mendier dans les mosquées !

Cette étude confirme en tout point ce que je soutiens depuis des années, à savoir que l'immense majorité de la population issue de l'immigration maghrébine est prisonnière de l'idée... stupide et fausse... que s'en font les politiques bruxellois.

Ainsi, au lieu de lutter pour leur intégration harmonieuse au sein de la population belge, la lâcheté de certains politiques, motivée par l'électoralisme, les conduit à remettre cette population aux mains des pires obscurantistes. Sans comprendre que pour ceux-là aucune concession ne sera jamais suffisante, que les petits accommodements font les grandes lâchetés, qu'il faudra toujours un interdit de plus ! Que le but à peine voilé... c'est le cas de le dire... est un changement global de mode de vie... en un mot de civilisation ! La présence d'un sapin de Noël ou d'une crèche seront une offense inouïe à leur foi, mais le voile dans le service public, les heures de piscine séparées, la viande halal dans toutes les cantines scolaires, l'horreur de l'égorgement rituel, les exigences les plus folles dans les hôpitaux... doivent, cela va de soi, nous apparaître comme normales. **Ces obscurantistes sont une infime minorité**, mais c'est à eux que tous les jours un peu plus à Bruxelles, on cède une parcelle de pouvoir... Dans la crainte de voir cet électorat basculer ailleurs... le PTB n'est qu'à quelques pour cent du PS... alors !

Aujourd'hui, cette étude affirme à suffisance la maturité politique, au sens le plus noble de ce terme, des employés de la STIB...mais aussi... les sordides motivations électoralistes de certains politiques qui ne voient dans ces électeurs-là qu'un « bétail à voix [2]» qu'il convient de maintenir dans un ghetto

---

[2] Expression utilisée par un chercheur de la KUL

religieux… dont les employés de la STIB viennent de démontrer qu'ils en souffrent et qu'ils veulent en sortir au plus vite !

L'encéphalogramme plat
de DÉFI

Publié le 9 avril 2023

**M. De Smet, président de Défi, croit à la responsabilité collective et met en cause une génération !
À Bruxelles, les Munich de la laïcité se succèdent**

J'ai déjà, à différentes reprises, réagi à ce qui fut un Munich de la laïcité à Bruxelles. À savoir l'absence de recours en appel dans l'affaire du voile à la STIB, le vote sur l'invraisemblable maintien à Bruxelles de l'égorgement rituel, alors qu'en Flandre et en Wallonie cette pratique barbare est définitivement proscrite, et enfin le lâche abandon en rase campagne des enseignants de la haute école Francisco Ferrer, qui n'en pouvant plus des pressions islamistes ont été contraints d'engager seuls les suites du combat judiciaire, la Ville de Bruxelles, pouvoir organisateur, étant incapable de trouver une majorité politique pour, là aussi, aller en appel. À noter que Défi y est représenté par un glorieux fils de…

Dans différents articles, j'avais mis en évidence le recul de Défi, qui avait jusque-là, tenté de porter les valeurs de la laïcité. Son président, M. De Smet m'avait semblé avoir été roulé dans la farine, lâché par son prédécesseur, ignoré par ceux qui à toute force voulaient rester à bord du médiocre rafiot gouvernemental bruxellois. M. De Smet s'était offusqué, m'avait répondu, rien que de plus normal.

Un paysage politique où la laïcité a disparu

J'avoue que lorsque je constate sur Facebook des publicités électorales vantant la solidité de Défi, je fais toujours part de mes interrogations et de mon effarement quant à la faiblesse de ce parti et de son président. Soyons de bon compte, je ne le fais, que parce que cette formation politique avait marqué

183

sa volonté de défendre la laïcité, réduite à une peau de chagrin dans notre région et totalement abandonnée par le PS et par le parti écolo. Pour ceux-là, les jeux sont faits, seul compte le score électoral et si pour cela il fallait se mettre un os dans le nez, pas de problème, ce sera fait et vite ! Je crois nécessaire d'apporter cette précision pour mettre en évidence le fait, que ce qui me préoccupe au plus haut point, ce ne soit pas la réussite de tel ou tel parti, y compris celui auquel j'appartiens, mais bien la défense des Valeurs essentielles qui ont structuré notre société... et ce sont celles-là qui aujourd'hui sont foulées au pied pour de bases raisons électorales.

Où M. De Smet croit à la responsabilité collective et... il ignore l'histoire de son parti

Il y a quelques semaines, le président de Défi a cru devoir intervenir sur les réseaux sociaux, citant à différentes reprises mes articles. Il répondait à l'un de ses adhérents J-M. V. qui partageait mon effarement face à la reddition en rase campagne de Défi et de son président.

J'ai été, c'est le moins que je puisse en dire, étonné des arguments avancés par M. De Smet que l'on dit philosophe de son état. D'abord, il défend, quoi de plus normal l'attitude de Défi, bien que le chapeau qu'il a dû avaler doit peser fort lourd sur son estomac très délicat, peu habitué à la tambouille politique.

Mais ce qui est choquant, c'est qu'il écrive : « *La génération de M. Hermanus s'est couchée dans tous les dossiers : écoles, administrations fédérales, Actiris.* »

Voilà qui est curieux, *ma génération*... J'avoue que je n'avais pas conscience d'appartenir à une génération. Ce ne fut que pendant la Covid, entendant un jeune et sémillant épidémiologiste expliquer à l'écran de ma télévision, que tout bien compté, si des gens de ma génération mouraient de la Covid, finalement ce ne serait que normal et que de toute façon , *cette génération*... la mienne donc, n'avait pas connu la guerre, avait profité des trente glorieuses, n'avait donc pas à se plaindre... et que ce n'était pas pour protéger ces nantis, ces gâtés de la vie, qu'il fallait confiner toute la population. J'avoue que ce n'est qu'à cet instant inouï que j'ai découvert que j'appartenais à une **génération**... que j'étais... différent, que mon existence, ma survie n'avait pas le même poids que celle de mes contemporains plus jeunes... je n'y avais jamais songé... Merde alors, nous étions... des autres... un peu comme des aliens qui avaient squatté l'humanité, qui maintenant pouvaient débarrasser le plancher. Le philosophe Comte-Sponville soutint, de façon plus emberlificotée la même thèse, il avait beaucoup de mérite, puisque lui, à peu de chose près, appartenait à ce troupeau d'encombrants aînés. Je dirais à toutes ces bonnes âmes d'être rassurées... comme l'avait dit de Gaulle lors d'une conférence de presse, nous finirons bien tous par mourir.

S'agissant de M. De Smet, président de Défi, il y a plus grave. Mettre ainsi en cause une génération, c'est ne pas connaître l'histoire et pis encore le droit. Fâcheux pour un président de parti !

Il devrait savoir que depuis le tribunal de Nuremberg, le principe de la responsabilité collective a été rejeté, seuls sont responsables des individus et non un peuple... ou une génération. Nuremberg n'a pas jugé le peuple allemand, mais des Allemands coupables de crimes contre l'Humanité, de crimes d'agressions, etc. Rompant de la sorte avec l'église catholique qui, jusqu'à Jean-Paul II, tenait tous les Juifs, pour responsables en tant que peuple de la mort du Christ... l'histoire nous enseigne en lettres de sang les conséquences de cette responsabilité collective.

Pas plus que le droit, M. De Smet ne connaît l'histoire de son parti. En effet, il devrait se rappeler, qu'il a participé au pouvoir, au niveau fédéral et au niveau régional. J'ai bien connu Messieurs Defosset, Outers, Persoons en qualité de ministres à la fin des années septante, j'ai collaboré pendant de nombreuses années avec M. Lagasse pour qui j'ai le plus grand respect, admiratif des efforts qu'il fit pour faire fonctionner la Communauté française.

J'ai personnellement négocié avec Messieurs Maingain et Gosuin la formation du premier gouvernement bruxellois en 1988…

Mme Spaak approuvant dans les coulisses chacun des gestes de son jeune protégé !

Et c'est encore moi qui, alors que la débâcle du FDF était totale, ai négocié avec Léon Defosset et Serge Moureaux, leur passage dans les rangs du PS. Écrivant ces lignes, j'ai, sous les yeux, les deux pages de cahier d'écolier où les conditions de leur changement de parti se trouvent détaillées. Donc, tenter de faire croire que le FDF, soit seul, soit intégré au MR, n'aurait aucune responsabilité dans ce qu'est devenu Bruxelles serait risible, si la réalité n'était aussi triste.

Il me paraît donc pitoyable de recourir à de tels arguments pour couvrir l'abandon de la laïcité dans le seul but de rester dans un gouvernement bruxellois qui l'a balancé par la fenêtre depuis longtemps.

La permission de qui ?

M. De Smet, poursuit sa diatribe et écrit : « ***Au moment où on nous critique, et où M. Hermanus se permet de grandes lettres ouvertes…*** » Quelle étonnante formulation… ça se permet ! Ah ! bon ! Aurais-je commis un crime de lèse-majesté ? Une autorisation était-elle indispensable ? La formulation qu'utilise le président de Défi résonne du ton professoral de celui qui est trop habitué à parler sans être contredit… et qui déduit du silence de ses auditeurs une approbation… terrible, mais très commune erreur.

Les faits sont plus forts qu'un lord-maire, disait le barbu.

Le plus triste pour M. De Smet est qu'il n'a pas convaincu la personne à laquelle il s'adressait en priorité. Celle-ci terminant l'échange en remerciant le président d'avoir pris la peine de lui répondre, mais soulignant qu'il reste sur ses positions.

À savoir que Défi, peut dire tout et son contraire, mais que la triste réalité est que :

• Le gouvernement bruxellois n'a pas été en appel dans l'affaire du voile à la STIB

• Que les enseignants de la haute école Francisco Ferrer restent seuls dans leur combat judiciaire contre l'intolérable pression islamiste

• Que l'égorgement rituel continue à se pratiquer à Bruxelles.

Sur ces trois dossiers Défi pouvait marquer <u>SA</u> différence, à l'inverse du PS et d'écolo, ce parti pouvait faire prévaloir nos Valeurs fondamentales. Non, il a choisi la piquette électorale, l'a bue et la boira jusqu'à la lie ! C'est cette trahison qui aujourd'hui donne à ce parti sa coloration… et plus rien d'autre.

Examinant le dernier sondage paru ces derniers jours, j'observai un phénomène curieux, tous les partis qu'ils fussent Flamands, Wallons ou Bruxellois progressaient ou s'effondraient au fil des sondages, un seul restait sur une ligne droite, étale depuis des mois, coincée à 10 %… J'ai compris l'encéphalogramme de Défi est plat !

Les Bruxellois votent avec leurs pieds

Publié le 25 mai 2023

« *Le Soir* » annonce ce matin que jamais autant de Bruxellois n'avaient quitté la région !

La raison en est simple, jamais Bruxelles n'a été aussi épouvantable, impossibilité de se déplacer normalement, taxe foncière explosive, prohibitive, chômage qui reste à deux chiffres, gestion régionale et communale aberrante, promotion du maraîchage urbain, volonté d'achat de terres agricoles, mais aucun effort en faveur des commerçants qui essayent de survivre, transformation de cette ville en réserve d'Indiens se déplaçant obligatoirement en vélo ou en trottinette, infra salariés ou chômeurs, des comptes que la Cour des comptes refuse de vérifier, un Déficit qui augmente de 180 % en trois ans, le chaos dans les gestions communales, le plan de mobilité ubuesque que seuls ceux qui se déplacent en vélo approuvent... mais si vous devez travailler dans cette ville, c'est l'horreur ! les décideurs s'en fichent ! Une fiscalité, qui écrase la classe moyenne, le chaos des travaux de la gare du midi où plus personne ne sait que faire... l'arrêt du projet de métro Nord... mais un projet de piscine sur le canal ! Le ramassage des déchets « organisé » de façon apocalyptique...

Je n'en ajoute pas... la coupe est pleine.

Cette Ville-Région n'est plus gérée, les communes sont devenues des Ovnis institutionnels où règnent d'impuissants roitelets croyant gérer encore alors qu'ils ne sont que les nettoyeurs, grassement payés, de façades de villages Potemkine que sont devenus leurs communes.

Pourquoi s'étonner que les Bruxellois qui en ont les moyens votent avec leurs pieds et quittent en masse ce qui est devenu une république bananière, cette ville transformée en enfer urbain ?

Mais, cerise sur le brouet servant de gâteau... le nombre de Bruxellois augmente du fait de l'arrivée d'extra nationaux... Elle n'est pas belle la vie !

Des décisions suicidaires ?

Publié le 25 septembre 2023

CHERCHEZ L'ERREUR ! BRUXELLES OCTOBRE 2023

— Augmentation d'au minimum 10 % de l'impôt cadastral ;

— Augmentation de 7,5 de la rémunération des bourgmestres et échevins ;

— Nouveau refus de la Cour des comptes de contrôler les comptes de la région de Bruxelles tant ils sont illisibles, incompréhensibles. Certains hauts fonctionnaires, chuchotant, évoque une république bananière.

Seul élément tangible, une augmentation du Déficit de 180 % en trois ans ! Et aussi, cerise sur le gâteau, Sven Gatz, l'homme qui cherche ses mains quand il doit applaudir, se trompe d'un ou deux zéros dans le compte… Zéro est son blason le caractérisant parfaitement. Il est vrai que passer de spécialiste des bières belges à responsable du budget, il y a de la marge… On ingurgite la bière tout autrement que les chiffres… et à Bruxelles, ils sont durs à avaler… Pour le cochon payeur que sont les contribuables.

— Question : Pourquoi le gouvernement à un an des élections, ose-t-il prendre de telles mesures ?

— Réponse : C'est simple, nos « élites bien nourries » ont compris qu'il n'y a plus à Bruxelles d'opinion publique. Le citoyen s'est évaporé, soit comme beaucoup de jeunes contribuables, il a voté avec ses pieds et a quitté l'enfer fiscal bruxellois, soit il a fondu dans la sphère communautaire, planète où seuls comptent le progrès des exigences communautaristes.

Consultez les chiffres du nombre de contribuables dans notre région, ils fondent plus vite que les glaciers sous l'effet du réchauffement climatique. Bruxelles est devenue une pompe à infrasalariés et un refouloir à contribuables. Situation inextricable s'il en est !

– Question : Vous êtes-vous déjà posé la question de savoir à quel niveau de responsabilité il faut être dans le privé pour atteindre le niveau de rémunération de la petite classe politique ?

– Réponse : La petite classe politique s'en fiche, elle a sauté le pas lors de la législature 2000 – 2006, revalorisant de façon substantielle les rémunérations politiques. Donc pourquoi se gêner ? On continue à se nourrir sur la bête, elle ne proteste pas…

Elle a même avalé le plan de circulation… Alors ! Elle gobera tout !

– Pour ceux qui en ont l'occasion, je leur suggère de lire cette œuvre extraordinaire « *La Chute de l'Empire romain* » de Gibbon.

Il s'y trouve de très révélatrices similitudes avec Bruxelles, qui sans jamais avoir été un empire… s'écroule néanmoins chaque jour un peu plus… en attendant que la NVA et le Vlaamse belang y mettent de l'ordre… « leur ordre » !

Région bruxelloise ou République bananière ?

Publié le 31 octobre 2023

POUR LA SECONDE FOIS, LA COUR DES COMPTES REFUSE D'EXAMINER LES COMPTES DE LA RÉGION BRUXELLOISE !

Je rappelle que la Cour des comptes créée en 1836 est un organe institutionnel dépendant du pouvoir législatif. Ce rappel permet de mesurer le délitement de nos instituions, en effet, comment est-il possible que le pouvoir législatif, à savoir le parlement bruxellois ne mette pas en demeure le gouvernement de revoir ses budgets et ses comptes de façon qu'ils soient conformes à la loi ! Nous sommes là confrontés à une forfaiture récurrente.

C'est aussi simple que cela !

Mais non! Les parlementaires s'en fichent, connaissent-ils le rôle et les pouvoirs de la Cour des comptes ? J'en doute pour une grande majorité d'entre eux. M. Madrane, Président du parlement bruxellois, devrait exiger cette mise en conformité avec la loi ! Mais non! Silence, l'année dernière, quelques articles de presse et puis basta… On passe à autre chose. Or, les comptes sont l'essentiel du contrôle démocratique, l'ignorer, c'est basculer dans un autre système, celui des républiques bananières.

Ce qui se passe à la région bruxelloise et dans la plupart des communes donne pleinement raison à Bart De Wever. Les communes ne survivent que grâce à l'argent emprunté par la région… 180 % d'augmentation en 3 ans ! Une population écrasée de taxes.

10 % d'augmentation linéaire de l'impôt cadastral auxquels s'ajoutent les centimes additionnels phénoménaux des communes.

Dans le même temps, les élus s'augmentent généreusement alors que leurs indemnités ont été très très large- ment augmentées lors de la législature 2000 – 2006 ! Des communes augmentent le coût des parkings de 75 %… Oui, vous avez bien lu… 75 %! Cette même Région, au mépris de tous ceux qui vivent et travaillent à Bruxelles, impose un plan de mobilité aberrant. La région bruxelloise est une sorte de gruyère, composée de trous de travaux divers et variés qui sans doute faute de moyen n'avancent pas. Ou, comme à la gare du Midi, sont l'objet d'erreurs majeures lors de la conception.

Croyez-vous que ce soit par hasard qu'un peu moins de cinquante mille jeunes couples payant l'impôt quittent Bruxelles et y sont remplacés soit par des infrasalariés soit par des assistés sociaux ?

Tous les contrats de quartier sont gelés, soit 18 millions et des licenciements s'en suivront. Bruxelles est un enfer pour les Bruxellois, là est la triste réalité vécue chaque jour !
Je pourrais poursuivre sans fin, mais à quoi bon ?

Il ne fait pas de doute que la Région et les communes ne pourront subsister à l'avenir de la même façon qu'aujourd'hui, une réforme institutionnelle s'impose d'urgence, impliquant une simplification, une rationalisation et surtout la suppression de pléthore de fonctions et mandats « politiques » dont la seule rationalité est de nourrir ceux qui les exercent.

À Bruxelles, pas la peine d'aller voter !
Tout est décidé !

Publié le 4 février 2024

« Il faut voir ce que l'on voit et plus difficile, dire ce que l'on voit »
Charles Péguy

Il y a une dizaine de jours, un article d'Adrien de Marneffe dans *« La Libre Belgique »* avait attiré mon attention. Le journaliste établissait la démonstration que du fait du refus du PS et d'écolo de gouverner avec le MR, il était très probable que tout resterait en l'état, que se reconstituerait peu ou prou l'actuelle et mortifère coalition, celle qui pas à pas, jour après jour, détruit cette Ville-Région, celle qui a ignominieusement profité du confinement de la Covid pour mettre en place un plan de circulation aberrant, celle qui a conduit la région à la faillite, dont la Cour des comptes a, par deux fois, refusé de contrôler les comptes.

L'exécution du budget bruxellois étant de ce fait inscrite dans la zone d'ombre comme la face cachée de la lune. C'est préférable, car une augmentation du déficit de 180 % en trois ans… Seule une république bananière peut faire mieux… et encore ce n'est pas certain… Le Venezuela peut-être ?

Alors bon, PS et écolo n'envisagent pas de gouverner avec le MR, car ils craignent les intrusions de G.L. Bouchez, son interventionnisme, ses sautes d'humeur, son verbe cru !
Il est vrai qu'ils sont liés par un crime, l'assassinat de Bruxelles.
Ils ont tout fait, tout admis, tout avalé, jusqu'à la lie, sans honte, totalement déconnectés d'une ville, d'une région, volontairement appauvrie qu'en réalité, ils ne connaissent pas ! Qu'ils n'aiment pas, puisque l'ineffable ministricule Smet a jugé que Bruxelles était une prostituée !

Les méfaits sont multiples, impossible de les noter tous… Tous des récidivistes ! L'essentiel donc !

– À commencer par le plan de circulation, il est aujourd'hui impossible de circuler dans Bruxelles.

– L'abandon en rase campagne de la laïcité, le Munich des décisions sur le voile à la STIB, le lâchage des enseignants de la haute école Francisco Ferrer, l'ignominie de l'égorgement rituel...

Que voilà de splendides faits d'armes, voilà le liant de cette coalition. Mais le béton en est le communautarisme triomphant partout. Aujourd'hui, les chiffres sont publics, longtemps ils furent cachés, honteuse découverte de ceux qui osaient en parler, immédiatement voués aux gémonies, traités de racistes, d'islamophobes...

Magnifique trouvaille sémantique de nature à faire taire tous ceux qui n'entendent pas abandonner les valeurs de leur civilisation. Eh! aujourd'hui, tout le monde le dit, même « Le Soir », 80 % des Bruxellois, belges ou non, ne sont pas nés en Belgique. Ah ! Oui, mais pourquoi pas ? On adore ça à la RTBF qui fait de la publicité avec une femme voilée, sous-entendant que le voile ne doit pas être un facteur d'exclusion de l'emploi à Bruxelles !

Ces 80 % enfin révélées disent tout de la réalité politique bruxelloise.

Voilà pourquoi Écolo, le PS et le PTB se veulent plus communautaristes, plus séparatistes que les Imams de Molenbeek.

Les statistiques de STABEL sont claires et officielles : À Bruxelles, 25 % de la population est Belge d'origine belge, 40 % sont Belges d'origine étrangère et 35 % est non belge. J'ai repris les appellations de STABEL. Les Belgo-Belges étant devenus des sortes d'encombrants chrétiens des catacombes. Comment dans ces conditions échapper au communautarisme, au séparatisme à Bruxelles ?

Ces chiffres expliquent les Munich de la laïcité, orchestrés par le PS et écolo, couleuvres avalées par Défi pour rester à bord de ce radeau de la Méduse, avec en prime l'égorgement rituel où Défi a été d'une ambiguïté toute philosophique, son ex-président expliquant qu'il fallait céder, inversant la position de l'actuel dirigeant de cette formation, qui jusque-là apparaissait comme la seule encore fiable au point de vue de la défense des valeurs de la laïcité.

Que dire encore, faut-il évoquer

– Le maraîchage urbain imposé par l'évanescente Mme Trachte

– La volonté d'abandonner la vaccination, « *car elle provoque des déchets* » par M. Maron le comique de service

– Le même qui sans en parler en Conseil des ministres voulait acheter des terres agricoles en Brabant wallon et flamand

– Les facéties de Smet, qui traite Bruxelles de prostituée, qui procède à une curieuse négociation avec le patron d'Uber, qui avait au cours de deux législatures totalement négligé l'entretien des tunnels, celui qui a imposé un plan de circulation mortel, celui qui a exigé des visas pour des tortionnaires iraniens, celui qui voulait une piscine sur le Canal, celui qui comme plusieurs ministricules bruxellois n'est élu que par un % dérisoire de voix… Il est ce qu'Audiard aurait appelé « Une synthèse ! »

– Sven Gatz, responsable de budget, qui ne compte pas les zéros, qui laisse filer le déficit plus vite qu'un pet sur une toile cirée, qui est, en matière budgétaire, à son excellent prédécesseur Vanhengel, ce qu'un « apéricube » est à une roue de Gruyère !

– Etc. La liste est infinie. Eh ! J'oubliais, ils ont augmenté la rémunération des élus et en même temps augmenté de 10 % l'impôt cadastral… Vivre sur la bête, voilà le programme, le seul programme de ce gouvernement! Y a-t-il preuve plus évidente ?

Ajoutons à ce tableau le désastre de la présidence socialiste de ce gouvernement qui a conduit Vervoort, les bras toujours croisés sur la poitrine comme un élève puni, a déclaré au « *Soir* » que *« plus rien ne fonctionnait ! »* Le Bruxellois que je suis est content de la savoir.

Et puis, il y a l'effondrement du PS, il ne veut pas aller au pouvoir avec le MR, mais non seulement il a abandonné toutes ses valeurs fondatrices, mais il recourt maintenant à d'étonnantes manœuvres pour désigner ses têtes de liste ! Ainsi, A. Laaouej s'est auto-proclamé tête de liste, deux jours avant le congrès ! pas mal, une sorte de prouesse.

On a appris que ce furent 6 personnes réunies dans une salle de restaurant qui ont concocté les listes.

Je les imagine dans un lieu sombre, aujourd'hui on ne peut plus dire enfumé, A. Laaouej préside, rondouillard Capo di tutti Capi, où d'obscurs fantômes de la démocratie assassinée dansent autour des six complices penchés sur les canevas leur assurant le plus brillant avenir, raturant ici, gommant un nom là, en écrivant un autre, se disputant sur le futur d'un fils, d'une fille, arguant de la fidélité d'un autre ou des incertitudes sur la discipline d'un troisième, mais quoi qu'il en soit... eux et leurs enfants d'abord... règle d'or à ne jamais oublier ! Je me pose la question, à l'issue de ce colloque secret, ont-ils reçu les uns une sourate du Coran, les autres une image pieuse, enfin l'un ou l'autre un as de pique, se sont-ils entaillés le pouce droit, ont-ils recueilli une goutte de leur Précieux Sang sur la carte ou la sourate, puis ont-ils observé, regards en dessous lourds de crainte, de méfiance, oreilles basses, sourcils levés, des poignards dans les sourires contraints, brûler dans un commun brasier leur pacte ainsi scellé par le sang ? Étonnante Cosa Nostra politique... On ne pouvait mieux dire « Cosa Nostra... Notre cause ! » Mais c'est bien sûr, la leur... pas celle des quelques affiliés qui restent, ceux qui ne font pas partie du pacte du sang !

Ceux qui participèrent à ce conclave feraient bien, lorsqu'ils passent devant un miroir, de lui demander de réfléchir avant de leur renvoyer leur pâle faciès de conspirateur.

Ajoutez à cet épouvantable tableau digne de Gérôme Bosch, l'apparition du doux visage de Thierry Bodson, patron de la FGTB qui promeut un gouvernement fédéral ou Wallon, je ne sais pas trop, qui réunirait PTB, PS et écolo. Lisant cette effarante proposition, il m'est venu à l'esprit cette belle formule de Simon Leys ; « *Les idiots produisent des idioties comme les pommiers produisent des pommes.* »

Socialiste... Vous avez dit socialiste... Vous vous trompez, mon cher cousin... On est passé à autre chose, plus facile, plus efficace... Oui, je pense bien qu'on en est là, puisque non seulement, il s'agissait d'attribuer les places, mais aussi les prébendes, la plus juteuse étant la présidence du parlement, mais aussi... faut pas oublier... le sort des enfants pour qui ils convenaient de débarrasser le terrain de pauvres imbéciles qui croyaient encore que la démocratie existait au sein du PS.

Mais attention, ceux qui pratiquent cet étrange rite n'entendent pas gouverner avec le MR, car ils craignent le tempérament de

Bouchez... On croit rêver, mais c'est un cauchemar... Un trop long cauchemar, dont il faut sortir !

Il n'y a qu'une seule vraie question : comment s'en débarrasser ?

4

ANTISÉMITISME AU PS

Le PS de la Région de Bruxelles est-il devenu le Parti de Dieudonné ?
(Caricature antisémite annonçant une conférence du PS de Molenbeek sur le Sionisme)

7 mars 2013

Dans le pire de mes cauchemars, je n'aurais pas cru une telle chose possible !

La presse diffuse une caricature censée illustrer un débat organisé par le PS de Molenbeek sur le sionisme. Ce dessin est l'exact décalque de ceux qui paraissaient dans la presse d'avant-guerre et surtout de ceux diffusés par les nazis pendant le conflit mondial, dont bien entendu, selon Hitler, les Juifs étaient responsables !

C'est le Juif, tel que les antisémites le voyaient, c'est le Juif du film de Veit Harlan « *le Juif Süss* », film de propagande financé par Goebbels, ministre de la propagande d'Hitler, c'est le Juif de l'exposition de 1942 à Paris et à Bruxelles où il s'agissait de reconnaître « le Juif », c'est le Juif de cet autre film financé par Goebbels où les Juifs sont comparés à **des rats qui détruisent et envahissent tout** !

Face à une telle dérive, à une telle horreur, il faut prendre du recul et tenter de comprendre pourquoi une telle chose a été possible au sein du PS bruxellois. Moureaux à Molenbeek, mais aussi dans toute la région, a montré aux populations issues de l'immigration que le PS était leur défenseur naturel, qu'elles prenaient tout naturellement la place du prolétariat, des classes les plus fragilisées, les plus demanderesses socialement. Ce message est magnifiquement passé, c'est une réussite exceptionnelle, malheureusement doublée d'un terrible échec.

Nous avons été incapables de transmettre nos Valeurs. Celles-ci sont restées étrangères à une grande partie des populations émigrées. Or, est-il honteux d'affirmer que le socle des Valeurs qui structurent ces communautés n'est pas le même que celles qui ont structuré pendant des décennies et des décennies « le peuple de gauche » bruxellois ? La religion y tient un rôle essentiel, le culturel et le religieux y sont intimement liés d'où une distance de plus en plus grande avec le socle des Valeurs socialistes. Non !

Le socialisme bruxellois n'est pas le Baasisme de Nasser, de Sadam Hussein ou de Bachar el Assad, trois régimes qui se réclamaient du « socialisme ».

Nos Valeurs sont celles du siècle des Lumières, de liberté, d'égalité et de fraternité **et... de l'antiracisme**. Il est vrai qu'en mars 2004, défendant ces valeurs au sein du PS, je me suis fait traiter de « laïcard » ! Déjà ! Ce défaut de la transmission de nos Valeurs est un terrible handicap, cette caricature montre **que l'on va le payer cash**.

À cela s'ajoute le phénomène généralisé, commun à différents partis, de la disparition des militants. En 1971, notre fédération comptait près de 27.000 membres en ordre de cotisation, **aujourd'hui y en a-t-il encore 3.000** ?

À Schaerbeek, l'une des communes les plus peuplées de la région, il y a, en tout et pour tout, 79 membres en ordre de cotisation.

Mais s'il n'y a plus de militants, il y a des électeurs dont la grande majorité est issue du monde immigré. Énorme satisfaction pour le PS, mais là où le bât blesse, c'est que les indispensables relais, les porteurs de Valeurs, les formateurs de cadres, les éclaireurs de conscience, qu'étaient les militants ont disparu. Les petits soldats ont disparu, ne restent que les aspirants maréchaux !

Au PS de Bruxelles, on est soit électeurs soit élus ! C'est tout ! Il existe une superstructure qui dirige, régente, gouverne, mais **où sont passés les militants** ?

S'il est vrai, que c'est aussi le cas dans d'autres formations, c'est plus grave au PS qui a toujours été un parti de militants.

Une symbolique est celle des femmes d'origine immigrée. Depuis longtemps, j'observe qu'il n'est pas bon, au PS de Bruxelles, d'être d'origine maghrébine et femme. De remarquables parlementaires ont été évincées, d'autres ont dû se battre de façon acharnée, car on ne voulait pas d'elles sur les listes, trop libres, trop indépendantes.

Pourquoi ? Simplement parce que cela ne plaisait pas à la composante la plus réactionnaire de la communauté, malheureusement celle sur laquelle le PS s'est appuyé. L'une de ces femmes a osé, il y a quelques années dans « Le Soir » donner une interview où elle expliquait son combat pour « sa » liberté, ses choix. Elle s'est fait agonir d'injures de toutes sortes, tout le monde lui est tombé dessus. Ces femmes parfaitement intégrées, libres, détachées de tout obscurantisme, gênaient dans le paysage, heurtaient les relais communautaires les plus rétrogrades.

Conséquence, ce PS sans militants, mais blindé en électeurs, est aujourd'hui prisonnier de ceux-ci !

Toutes les généralisations sont absurdes et, souvent, porteuses de non-sens. Il est heureux que les communautés immigrées aient aussi été la source d'où certaines personnalités de très grande qualité ont pu émerger et tiennent leur place parmi nous. Mais j'observe que, là aussi, ceux qui, issus de l'immigration et qui se réclament de la laïcité, ou qui revendiquent la séparation de la religion et de la politique, sont systématiquement minorisés, comme si, d'une certaine façon, on avait honte d'eux.

Arrêtons de nous mentir, sans eux, le PS bruxellois n'existe plus électoralement. Et donc la question qui est posée, c'est fondamental, est de **savoir quelles Valeurs nous allons porter demain.**

Cette réalité nous explose au visage quand on découvre cette immonde caricature qui était censée illustrer la conférence de Moureaux et de Goldstein. Avec un immense regret, il faut bien constater que ce n'est qu'un élément parmi d'autres. Est-il exact qu'un parlementaire PS a récemment insulté un journaliste de « crapule sioniste ? » Est-il exact, comme « Le Soir » le révélait que des élèves de rhétorique de Schaerbeek considéraient qu'Hitler avait bien agi en assassinant des millions de juifs ? Dans un tel contexte, les pires, pour exporter en Belgique le conflit israélo-palestinien, font flèche de tout bois. Savent-ils ceux-là, que 6 millions d'hommes, de femmes et d'enfants ont été assassinés, leur seul crime : être Juif. Non! Ils n'étaient pas des « crapules sionistes. »

Peuvent-ils imaginer ce que fut ce sommet de l'horreur de mères juives, nues, serrant dans leurs bras leurs enfants dans l'hébétude d'une chambre à gaz où, poussés les uns contre les autres, ne sachant que trop bien ce qui arrivait, luttaient face à une mort trop longue à venir, dans les cris, les odeurs de vomi et d'excréments.

C'est cette fin-là qui a été imposée à des millions de gens, car ils étaient Juifs ! **Au-delà des mots, c'est de cette atroce réalité-là qu'il faut se souvenir.**

Savent-ils, ceux-là, que c'est en utilisant les mêmes, oui, exactement les mêmes caricatures que les régimes fascistes durant la guerre ont tenté de répandre l'antisémitisme au sein de la population des pays occupés ? Ils n'y ont pas réussi ! C'est un immense honneur pour notre pays que d'avoir pu trouver en son sein des milliers de familles, surtout d'ailleurs catholiques, pour sauver des familles et des enfants juifs. **C'est un immense honneur que ce soit dans notre pays, et seulement dans notre pays, qu'un convoi vers Auschwitz ait été attaqué par la résistance !**

Mais je ne doute pas que pour l'auteur de cet immonde dessin, ce proche de Dieudonné, et pour ceux qui ont songé à utiliser cette horreur, tout cela n'était « *qu'un détail de l'histoire* » comme l'a si aimablement affirmé Jean-Marie Le Pen. Mesure-t-on bien au sein des instances dirigeantes du PS bruxellois l'immense écart qui s'installe entre nos Valeurs fondatrices, le discours et la pratique de certains ?

Est-il vrai que le conflit israélo-palestinien permet à d'aucuns de ressortir du placard où leur père les avait prudemment remisés en 1944, les oripeaux de l'antisémitisme ? Oui ! **Le député Destexhe** a parfaitement raison « **toutes les limites ont été dépassées.** »

Est-ce être une « *ordure sioniste* » que de condamner la politique scandaleuse du gouvernement israélien ?

Est-ce être une « *ordure sioniste* » que de dénoncer l'occupation des territoires de Cisjordanie, la colonisation ? Mais faut-il pour autant stigmatiser « *le Juif* » ? Je dirai mieux, le supposé « Juif » tel que l'antisémite le voit ou veut le montrer. Il faut être particulièrement inculte pour encore oser, en 2013, caricaturer le « Juif » comme on le faisait pendant la guerre.

D'où tient-on qu'être juif c'est appartenir à une race ? Savent-ils ces ignares qu'il y a eu des juifs chinois ? Quelle chance qu'il n'y en ait plus ! Qu'aurait-on dit ? N'ont-ils donc pas appris qu'être juif, c'est d'abord une culture, pour certains une religion, des valeurs, et surtout une histoire, une immense, une douloureuse et terrible histoire.

De plus, en revenir aux pires pratiques des plus sombres heures de l'humanité ne résoudra en rien le problème palestinien.

Me vient une question, une simple question à ceux, stupides ou ignobles, qui ont voulu utiliser cette caricature : **acceptez-vous l'existence de l'État d'Israël, je parle de l'État d'Israël dans ses frontières de 1948** ? Ou bien vous alignez-vous sur les propos du « sympathique » dirigeant iranien qui envisage froidement la destruction de ce pays ? Qu'il serait éclairant d'entendre les réponses de certains à cette simple question !

Récemment, lors d'une manifestation à Anvers, le slogan était « **Les juifs dans le gaz.** » En tête de cette manifestation, un parlementaire bruxellois, socialiste… **flamand…** Ouf ! Quant au PS bruxellois, s'il ne prend pas clairement position, sans langue de bois, sans la moindre nuance pour contrer une fois pour toutes ce genre de dérive raciste, il deviendra impossible d'en être membre, il deviendra pour ceux qui, comme moi, encore nombreux, restent attachés aux Valeurs de la gauche, infréquentable.

Oui ! Il y a des électeurs indésirables ! Oui ! L'électoralisme doit s'effacer quand l'essentiel est en danger ! S'il ne le fait pas, le PS gagnera certes encore de nombreuses élections, mais **il aura perdu son âme** !

VINGT ANS DE LÂCHETÉS DE LA GAUCHE BELGE
Entre désillusion et espérance

Moureaux et les juifs, comparaison scandaleuse !

19 février 2016

Dans son interview du « *Soir* » de ce matin, Moureaux invite les lecteurs à transposer dans certains textes la dénomination «Arabe» et de la remplacer par le mot « Juif ». Chacun aura compris qu'il fait référence au génocide dont furent victimes les Juifs au cours de la 2e guerre mondiale. Cette comparaison est odieuse autant qu'ignoble, car enfin, la destruction des Juifs était programmée de longue date, elle fut l'objet d'une véritable industrialisation du meurtre de masse.

On l'a compris, le but de cette scandaleuse comparaison est de faire glisser en douceur la victimisation du côté des meurtriers.

Non ! Braves gens, les victimes ce n'étaient pas les honteux dessinateurs de « *Charlie Hebdo* » ! Non, les victimes n'étaient pas les mécréants qui buvaient un verre aux terrasses de Paris, non, ce n'étaient pas les 130 morts et les 265 blessés écoutant de la musique impie au « Bataclan » non ! Non! Non ! Les victimes se sont les malheureux enfants perdus d'une population fragilisée, stigmatisée, discriminée que Moureaux, pourtant professeur émérite de Critique historique, on croit rêver ! compare aux Juifs persécutés, assassinés par les nazis et leurs collaborateurs !

Mais peut-on savoir, peut-on demander à Monsieur le Ministre où sont les camps d'extermination où serait « enfournée » cette population, où sont les Chelmno, les Treblinka, les Sobibor, les Belzec, les Auschwitz où seraient assassinés les musulmans? Où peut-on voir les trains de la mort conduisant les victimes vers les abattoirs humains qu'étaient ces enfers? Pas de doute, cette comparaison, très électoralement opportune, est proprement ignoble et devrait entraîner son auteur à rendre des comptes tant elle est profondément heurtante, choquante! Mais au fait, est-il exact que le même bourgmestre, ministre d'État, professeur émérite qui quelques jours après le massacre à « *Charlie Hebdo* » aurait tweeté ceci « *l'État d'Israël instille la haine des arabes en Europe ?* » Ce tweet a été reproduit dans la presse, sans réaction du ministre d'État Moureaux! Énorme non !

Est-il vrai qu'une nuit de mars 2004, ayant traité ceux qui essayaient de mettre l'égalité homme/femme dans le programme électoral du PS de Bruxelles, se firent traiter de laïcards et qu'ensuite Moureaux aurait ajouté à l'intention de l'un d'eux : « *Oui ! Tu t'attaques à cette population fragilisée alors que tes amis Juifs peuvent tout se permettre !* » ? Est-il vrai que le lendemain de cette réunion, un membre du PS, depuis plus de quarante ans, renvoyait sa carte du PS à Moureaux en précisant qu'il ne réintégrerait le PS que quand Moureaux ne le dirigerait plus? Ce Juif, laïc, militant de toujours ne pouvant accepter ce genre de déclaration aux relents nauséabonds... mais peut-être avait-il mal interprété la pensée de l'omniscient Président de la Fédération?

Le ministre d'État, ex-Bourgmestre, professeur émérite, Moureaux n'a rien compris, il a été roulé dans la farine par les Imans qu'il croyait dominer et cela il ne peut l'avouer... difficile d'avouer qu'on a été stupide...

Quelle naïveté ! Pitoyable ! En outre, et c'est l'essentiel, la communauté musulmane n'a aucun besoin de lui pour se défendre, il y a en son sein nombre de gens de qualité ne souffrant pas des complexes qui obscurcissent la raison du « grand homme » au rancart, ceux précisément que Moureaux a exclu de nos listes électorales !

C'est d'eux que viendront les solutions, c'est la communauté musulmane qui, j'en suis certain, montrera qu'elle ne peut en aucun cas être assimilée à des assassins décérébrés! Pas besoin d'un quelconque Moureaux pour cela !

Est-il encore possible d'être Juif et membre de certaines sections du PS dans la région de Bruxelles ?

18 avril 2016

« Il faut savoir nager en eau trouble, mais ni point pêcher ».
Montaigne.

« En politique, il n'est guère de crime que collectif. »
François Mauriac

« On ne peut pas dissocier la morale de la politique, sinon c'est la violence, la barbarie. »
Albert Camus

Quelle étrange, quelle indécente question ! Effarant qu'on puisse se la poser à notre époque alors que les horreurs indicibles provoquées par l'antisémitisme sont parfaitement connues !

Et pourtant !

D'abord une précision personnelle, pas inutile en l'occurrence. Je ne suis pas juif. Mais j'ai pu observer qu'en général ceux qui faisaient courir le bruit de mon appartenance à cette communauté ne me voulaient pas du bien. Ainsi, lors de la campagne électorale communale de 1981, un prêtre, très impliqué dans un parti politique, diffusant un journal local, fit courir le bruit que l'un de mes colistiers et moi étions des Juifs hongrois ! Ne me demandez pas pourquoi Juif hongrois, je ne l'ai jamais su ! Mais bon ! Un fantasme sans doute, ce curé n'en manquait pas, j'en ai quelques preuves, lorsque je le surpris dans le parc du château de La Hulpe en train de lutiner une conseillère communale bien-pensante, parfaite chaisière… éternelle jupe bleue, chemisier blanc, serre-tête en permanence, me voyant, elle se cacha derrière un arbre. C'était idiot, j'étais heureux de voir que ce curé avait une bonne et saine sexualité... tout pour me réjouir !

Ensuite, je veux insister sur le fait qu'il ne faut pas généraliser. Ce qui est malheureusement vrai dans certaines sections ne l'est évidemment pas dans d'autres !

Maintenant les faits

Lorsque je dirigeais les Centres d'Entreprises de Molenbeek, j'avais été impressionné par la réaction brutale de l'une de mes collaboratrices d'origine tunisienne. L'un des jeunes entrepreneurs ne pouvant plus payer son loyer, elle m'affirma, « *Cela ne m'étonne pas de ce Juif !* », je ne sais pas si ce type était juif, je n'y avais jamais pensé, mais ce qui me choqua, fut le ton employé et l'incroyable mépris quasi physique que ma collaboratrice montra à cette occasion. Elle n'était cependant pas membre du PS. Mais aujourd'hui, je fais le lien entre cet antisémitisme dans quelques quartiers de Bruxelles et le climat qui s'est installé dans certaines sections du parti... et là ça se corse !

Premier exemple

À Molenbeek, j'avais été chargé de gérer une société à vocation sociale. Différents mandataires, socialistes et autres faisaient partie du conseil d'administration. L'un d'entre eux était juif. Moi, je le savais. Mais son nom à consonance séfarade ne permettait pas à d'autres de la cibler. Je fus stupéfait de voir qu'au cours d'une des réunions, ce mandataire a caché qu'il était juif. Et que pendant toute la période où il exerça ses mandats, il fit de sorte de camoufler sa judéité ! J'en déduisis que celle-ci, connue dans la section de Molenbeek en l'occurrence, aurait pu lui causer un certain tort !

Deuxième exemple

Dans une section du nord-ouest de Bruxelles, le président élu à la tête de celle-ci fut, un mauvais jour, confronté à un curieux déballage. Un membre de la section faisant courir le bruit que la femme de cet éphémère président était Juive, et « *qu'il fallait donc se méfier de ce président* », celui-ci crut devoir publiquement, lors d'une réunion de la section, affirmer que cette référence à sa femme était faite pour lui nuire ! Il n'avait pas tort. Ah ! bon, donc d'après ce gentil membre, le fait d'avoir épousé une Juive lui porte préjudice au sein d'une section du +PS ! Curieuse réaction... qui me fait penser au classement imposé par les lois de Nuremberg de 1935 où ceux qui avaient épousé des Juifs ou des Juives étaient considérés comme des « Mischling. » En un mot comme en cent, si vous étiez marié à un Juif ou une Juive, vous n'étiez plus un citoyen comme un autre... N'est-ce pas là une atroce résurgence du plus ignoble des passés ?

Troisième exemple

Un malheureux garçon devient président d'une section du PS, celle-ci est à la dérive, les militants ont déserté en masse, il reste tout au plus une bonne vingtaine de membres. Dans cette section farcie de médiocrité et de rancœur, une élection a lieu ! Quelqu'un est élu ! Même si les votants peuvent facilement tenir dans une cabine téléphonique ! Mais il y a un hic ! Son père serait juif ! Aïe !

Aïe ! Aïe ! Surtout ne pas le dire ! Cacher, autant que possible, ce qui semble bien apparaître en certains lieux comme une humiliante tare ! Eh! Oui ! Cela se passe comme cela dans certaines sections de la fédération bruxelloise du PS. Ce parti qui depuis sa création s'est battu pour faire régner la philosophie des Lumières.

Quand les lumières risquent de faire perdre des voix... pas de problème ; on les éteint !

Quatrième exemple

Dans une importante section d'une commune tout aussi importante, un candidat s'est présenté aux élections. Lui, peu de doute, son nom le qualifie immédiatement, difficile de cacher sa filiation !

Pendant la campagne électorale, il sera obligé d'aller « s'expliquer », son origine aurait posé un problème ; pas dans la section, il figurait en excellente position sur la liste... Mais il posait manifestement de très sérieux problèmes aux électeurs potentiels de cette liste, qui d'ailleurs a perdu pour la deuxième fois les élections !

J'apprends d'ailleurs aujourd'hui, sur le site internet de la RTBF que ce même élu est amené à « s'expliquer » à nouveau à propos de certaines déclarations qu'il aurait faites à la presse étrangère, celles-ci n'étant pas copie conforme avec le politiquement correct que l'on peut attendre dans cette fédération de l'un de ses élus !

Cinquième exemple

Il y a quatre ans, la composante culturelle de la section PS de Molenbeek avait organisé une **conférence, l'annonce de celle-ci était faite par affiche. Cette affiche était l'exacte copie des caricatures nazies du Juif** ! Digne de l'exposition qui pendant la guerre a été organisée à Paris et à Bruxelles sur le thème « sachez reconnaître un Juif ». Sur l'affiche, un Juif, nez crochu, mains pourvues d'ongles démesurément longs et crochus, longue barbe, tresses traditionnelles et kippa, tenant un globe terrestre entre ses mains ignobles. Oui ! Oui ! Il a été possible de produire et de diffuser une telle affiche dans l'organe culturel du PS de Molenbeek ! Effroyable ! Mais c'est l'horrible, l'ignoble vérité ! Ne croyez-vous pas que cela explique certains des derniers événements !
Ah ! j'oubliais... pas d'amalgame !

214

Sixième exemple

Un mandataire municipal de Molenbeek et parlementaire régional, n'a-t-il pas traité un journaliste « *d'ordure sioniste* » ? Le même n'a-t-il pas affirmé qu'il se sentait proche du Hamas, dont il faut peut-être rappeler que cet organisme figure sur la liste des organisations terroristes établie par l'ONU ? Ces déclarations ne lui ont causé aucun tort ! Il a été publiquement qualifié de « *type bien* » par la présidente de notre fédération. Ce même parlementaire se fera d'ailleurs embarquer par la police, car il participait avec véhémence à une manifestation devant le commissariat de sa commune où avait été amenée une femme entièrement voilée qui avait refusé le contrôle de police ! Étonnant pour quelqu'un qui à l'époque faisait partie de la majorité communale et donc assumait l'autorité sur les forces de police ! Éclairant, non !

Septième exemple

Celui-ci se passe non pas au PS, mais au SP. L'un des mandataires de cette formation politique qui se proclame de gauche participait à Anvers il y a quelques années à une manifestation dont l'un des slogans hurlés à pleine voix était « *les juifs dans le gaz !* » Sympathique, hein ! Pas la moindre réaction des autorités politiques de sa formation politique où ce faiseur de voix, l'un des rares, dépasse grâce à une campagne électorale exclusivement communautariste, sa tête de liste ! Pas la moindre réaction au parlement bruxellois ! Tout le monde s'en fout ! C'est le triomphe de l'islamogauchisme jusqu'à ses ultimes ignominies.

Vous ne trouvez pas que cela fait beaucoup !

L'un doit «s'expliquer» pendant une campagne électorale parce qu'il est juif, il doit « s'expliquer » sur ses déclarations à la presse sur la situation à Bruxelles, alors qu'il n'a fait que décrire une terrible réalité, l'autre qui se dit proche du Hamas et traite un

215

journaliste « *d'ordure sioniste* » est qualifié par la direction du parti de « *type bien* » ! Inquiétant, non ?

Comment s'étonner de l'attitude de ceux qui n'ont pas voulu manifester dimanche aux côtés de tels personnages ? Car n'en doutons pas, ceux-ci ne manquent pas de larmes de crocodile quand il s'agit de pleurer les victimes des attentats. Le stock de larmes est plein… y en aura pour tout le monde… cela n'empêchera aucun de ces socialistes ayant troqué le rouge pour le brun d'aller demain solliciter des voix dans les mosquées où règnent l'antisémitisme et l'obscurantisme moyenâgeux le plus rétrograde.

Voyage en Israël et en Palestine

Hier, j'ai regardé le reportage sur cette très belle initiative de Simone Susskind, parlementaire PS bruxelloise, qui a amené une quarantaine de jeunes de toutes origines en Israël et en Palestine.

Je fus très impressionné par la déclaration d'une jeune étudiante.

Au sortir du mémorial de Yad Vashem, le journaliste lui demande ses impressions sur ce qu'elle a vu. Réponse de la jeune fille : « *Je suis très impressionnée, mais j'ai peur qu'en rentrant quand je vais dire ce que j'ai vu, on va me dire que j'ai été manipulée* » ! Oui ! On en est là, la pression antisémite est, à ce point, forte que la réalité sera transfigurée en manipulation.

Responsabilités

Elle est lourde notre responsabilité ! Nous n'avons pas été capables de transmettre nos Valeurs, nous avons choisi l'immédiateté des succès électoraux à un travail en profondeur. Nous n'avons pas voulu voir ce qui se profilait, nous avons été témoins muets, concourant par des réglementations fondées sur de bons sentiments, complices de la ghettoïsation de nos écoles, de nos foyers sociaux, de nos quartiers ! Voilà la réalité que d'aucuns se refusent de voir, car elle dérange leurs plans de carrière. Et ce malgré le fait que l'horreur au sens propre du terme leur éclate à la figure.

Quelle trahison avons-nous commise à l'égard de ces milliers d'immigrés qui courageusement se sont intégrés, font des carrières exceptionnelles, ont sauté tous les obstacles mis par le racisme et la discrimination... et nous leur préférons le dernier des obscurantistes pourvu qu'il rapporte des voix !

J'attends plus ! J'attends mieux de mon vieux grand parti ! Je ne perds pas courage, car je vois autour de moi, de plus en plus de membres et non des moindres, certains exerçant parfois de très importantes fonctions admettre que les terrifiants pépins du réel doivent être pris en compte.

Putain... Il respire encore !

Un petit mot... pour une chose de peu d'importance. Il y a deux mois, l'un des anciens présidents de ma section rencontrait le secrétaire fédéral de notre parti qui y tient le rôle envié de muet du sérail. Mon nom fit irruption dans la conversation. Mon ami, lui précisant que depuis octobre 2012, je n'exerçais plus aucune fonction, que je n'avais plus assisté à la moindre réunion, comme je l'avais annoncé après la réception où j'avais annoncé mon retrait de la vie politique locale ; le secrétaire fédéral eut alors cette curieuse réaction : « *Oui ! Mais il écrit encore !* » Je me permets de signaler à notre très soumis secrétaire fédéral que pour moi le temps qui passe, c'est le temps qui reste et qu'il ne se préoccupe pas trop... je finirai bien par mourir !

Dieudonné, Président... Pourquoi pas ?

Il y a déjà fort longtemps, ma section du PS a voulu me nommer « Président d'Honneur » dans nos statuts locaux. Je ne sais pas si c'est toujours le cas. J'avoue que cela m'a toujours semblé ridicule.

Mais maintenant, il me semble envisageable que Dieudonné me remplace dans cet immense honneur !

Appel solennel à Elio Di Rupo !

22 décembre 2016

Antisémitisme au PS de la Région Bruxelloise ?

Il y a quelques mois, j'ai diffusé sur mon blog un article où j'évoquais les difficultés qu'il y avait à être Juif et membre du PS de certaines sections de notre Région. Cet article a provoqué quelques émois. Plusieurs milliers de personnes l'ont lu et quelques centaines ont réagi. La « Libre Belgique» y a fait écho, en me reprochant de ne pas avoir cité les noms des personnes que mon propos illustrait. Pour moi, c'était une évidence, je n'allais pas moi-même pratiquer une stigmatisation que par ailleurs, je démontrais pour, bien sûr, la condamner. Par respect pour ce quotidien, que j'apprécie et lis depuis longtemps, j'ai téléphoné au rédacteur en chef en lui précisant que j'étais prêt à communiquer à son rédacteur le nom des personnes concernées par ce problème d'antisémitisme. Les choses en sont restées là. Hier, correspondant avec un ami sur la situation de différentes sections de l'agglomération, celui-ci écrit textuellement : « **je prends mes distances de cette section en raison du niveau d'antisémitisme qui s'y développe. De surcroît, j'en ai marre de me faire traiter de Belge de service et en sus de flamoutche.** »

N'est-ce pas effrayant ? N'est-ce pas la confirmation de ce que j'écrivais ? Si j'en crois mon interlocuteur, il est non seulement choqué par l'antisémitisme, mais également par un racisme ambiant anti-belge et anti-flamand. Incroyable que de telles attitudes puissent exister au sein d'une formation politique, le PS, dont l'ADN politique, philosophique et moral est l'antiracisme.

Après les déclarations immondes du député Ikazban à propos d'un journaliste qui serait « une ordure sioniste », sur sa proximité proclamée avec le Hamas, organisation terroriste classée comme tel par l'ONU, après la caricature antisémite

---

219

illustrant une conférence du PAC (organisme culturel du PS) à Molenbeek, après les « sinuosités » de Kir, député bourgmestre de Saint-Josse, sur le génocide arménien et les Kurdes… cela fait beaucoup. Oui ! On peut en être certain, ce ne sont donc pas là des attitudes isolées. Déjà début 2013, un président de section démissionnant de ses fonctions évoqua publiquement l'antisémitisme qui régnait dans sa section du PS.

Ne nous leurrons pas, il y a toujours eu un antisémitisme de gauche… on en trouve la preuve dans certains textes socialistes du XIXe, où les Juifs sont immanquablement des banquiers, des usuriers sans foi ni loi, saignant sans le moindre remord le peuple travailleur. Ainsi, deux de mes amis ont été pendant des années fleurir au cimetière d'Ixelles la tombe d'un communard exilé en Belgique après la semaine sanglante de mai 1871, jusqu'à ce que je leur cite les écrits antisémites du personnage. Est-il nécessaire de mentionner l'antisémitisme stalinien et le complot des blouses blanches… mais peut-on, à ce niveau, parler de « gauche » ?

L'antisémitisme auquel sont confrontées certaines sections du PS bruxellois est pour beaucoup un antisémitisme « d'importation lié au conflit israélo-palestinien, mais ce que différents militants observent, c'est une sorte d'envahissement de la logorrhée antisémite dépassant largement l'opposition à Israël. Pour tout dire, ce qu'on entend devient proprement insupportable ! Inacceptable… une raison de plus de quitter un PS bruxellois qui semble avoir réussi son grand « remplacement de population ».

Curieuse situation qui donne raison aux pires analystes fascistes.

Il est évident qu'officiellement tout cela n'existe pas ! Personne n'entend ! Personne ne voit ! Circulez, y a rien à voir ! Tout cela ce sont des bobards, des mensonges, de la bile de gens amers… qui n'en sont plus… qui osent encore écrire alors que la seule chose qu'ils devraient faire serait de plonger dans un silence… éternel ! Pourtant l'histoire est là avec son cortège d'horreurs ; les choses commencent toujours par petites touches, comme un tableau pointilliste… au départ, on ne perçoit pas l'idée d'ensemble… une touche de bleu, quelques larmes de verts, du rouge ici ou là, une nuance de jaune, quelques traits de violet… puis, après des semaines, parfois des mois de travail, l'œuvre apparaît, immense dans son atrocité… Nous en sommes là ! « L'œuvre » risque d'apparaître, abjecte, ignoble, grimaçante, renouant avec le pire de ce que l'humanité a pu produire !

Je lance un appel solennel à Elio Di Rupo, dont je ne doute pas un instant de l'attachement aux valeurs fondamentales de la philosophie des Lumières, il est urgent qu'il mette les choses au point, que les sections, toutes les sections de la fédération soient mises en garde contre cet antisémitisme qui n'est même plus rampant, mais galopant ! Pourquoi ne pas imaginer que tout membre du PS, au moment de son affiliation ou de sa désignation en vue de participer à une élection, s'engage par écrit dans un document reprenant l'ensemble des Valeurs de la gauche, en ce compris le rejet catégorique de tout racisme à commencer par l'antisémitisme. Cet engagement ensuite publié sur le site web du PS permettra à chacun de se faire une opinion.
Il faut se hâter, il est plus que temps !

Philippe Close, bourgmestre de Bruxelles, sauve l'honneur du PS

Publié le 10 novembre 2023

EXCELLENTE INTERVIEW DANS « *LE SOIR* » DE CE MATIN.

DE FAÇON CLAIRE ET PRÉCISE, IL CONDAMNE L'ANTISÉMITISME
– INTERDIT LES DRAPEAUX DU HAMAS ET DU HEZBOLLAH DANS LES MANIFESTATIONS PALESTINIENNES.
IL DÉCLARE SANS LA MOINDRE AMBIGUÏTÉ LE CARACTÈRE TERRORISTE DU HAMAS. ET SURTOUT, IL FRAPPE OÙ CELA FAIT MAL, PRÉCISANT QUE LE PS, S'IL NE CONDAMNAIT PAS FERMEMENT L'ANTISÉMITISME TRAHIRAIT SON PASSÉ ET SON AVENIR !
APRÈS LES ABJECTES DÉCLARATIONS DE FLAHAUT ET DE LABILLE, PERSONNAGES QUI DEVRAIENT ÊTRE EXCLUS DU PS SUR LE CHAMP, LES DÉCLARATIONS DISCRÈTES ET CARAMÉLIQUES DE CERTAINS, LES PHRASES ALAMBIQUÉES D'AUTRES, CETTE MISE AU
POINT EST ESSENTIELLE,
• COURAGEUSE
• ET SYMBOLIQUE…
… VENANT DE CELUI QUI EST VICE-PRÉSIDENT DU PS ET BOURGMESTRE DE NOTRE CAPITALE, QUI PLUS EST CAPITALE DE L'EUROPE.
ENFIN… IL ME SEMBLE QUE CE MATIN, JE RESPIRE MIEUX, UN HOMME A EU LE COURAGE ET À OSÉ DIRE QUE NOS VALEURS, NOTRE PASSÉ, NOTRE HISTOIRE, SONT SUPÉRIEURES A TOUT ÉLECTORALISME, À TOUT COMMUNAUTARISME.

PAR SES MOTS SIMPLES, LIMPIDES ET SINCÈRES,
PHILIPPE CLOSE A PRIS UNE STATURE D'HOMME
D'ÉTAT… RARISSIME EN BELGIQUE.
BRAVO ET MERCI !

5

LAÏCITÉ

Visages de femmes…
sans voile ni burqa

26 juin 2021

Le 31 août 2016, je publiais cet article. Aujourd'hui, après la honteuse, la lâche soumission du gouvernement bruxellois dans l'affaire de la STIB, je crois utile de remettre ce texte à la disposition des lecteurs. En effet, ce sont les femmes, les premières victimes de ce retour vers l'obscurantisme. Ce que le gouvernement bruxellois vient de faire est une insulte à la face de l'Avenir que de tout temps incarnent les femmes.

Deux visages… Deux destins !

Deux visages de femmes me hantent depuis fort longtemps, nous hantent, ne correspond pas à ma réalité, je dirais plutôt que ces visages m'accompagnent… témoignages atroces du temps vécu !

La jeune femme du Chili

Le premier… une toute jeune femme, les yeux baignés de larmes, tient dans son poing gauche le coin d'un immense drapeau chilien, ce 25 septembre 1973… quatorze jours après la mort d'Allende… quatorze jours qu'on assassine dans les rues de Santiago du Chili, quatorze jours que les villes du Chili se transforment en abattoirs, quatorze jours que les stades sont des prisons, quatorze jours que Pinochet, monstrueuse, vorace mouche assoiffée de sang humain portant lunettes solaires, a détruit la démocratie !

Comme le cri d'une démocratie qu'on massacre, l'immense poète Pablo Neruda, est mort douze jours après le coup d'État.

Protestation ultime ! Face à celui qui n'utilisait que les mots, le fasciste Pinochet n'a pas osé interdire l'enterrement de cette prodigieuse voix du peuple chilien, du peuple chilien libre !

227

La jeune femme qui serre de toutes ses forces le drapeau fait partie du cortège accompagnant le cercueil du poète. Il leur en a fallu du courage à ceux qui marchaient là ! Ils savaient que les criminels les scrutaient, n'attendaient, goguenards, ricanant, qu'un signal pour les matraquer, les torturer, les fusiller… Ceux qui défilaient là avaient tous des amis déjà arrêtés, disparus, engloutis, avalés dans la nuit, ombre noire enveloppant le Chili !

La caméra suit longuement le cortège, s'attarde sur les jeunes femmes qui soutiennent les quatre coins de l'immense drapeau du pays martyr… gros plan sur celle qui se tient à droite à l'avant de l'étendard… ses joues parcourues de larmes, elle crie… voix mécanique, monocorde « un peuple uni jamais ne sera vaincu »… ses yeux hurlent qu'elle sait qu'elle est déjà vaincue… que ce Défilé est aussi celui de sa défaite… pas de colère, pas de haine… le vide du regard de l'agneau face au couteau du boucher! Non !

Pinochet n'a pas pu interdire le cortège… mais il sait que chacun des participants est à sa merci, que leur courage est celui des désespérés, ceux pour qui la mort sera l'ultime, l'amère victoire !

Souvent, cette jeune fille apparaît à ma mémoire… Qu'est-elle devenue ? A-t-elle pu, miraculeusement survivre, échapper aux assassins qui attendaient au bord des trottoirs ? Oui ! C'est vrai, elle avait le visage des vaincus… mais de ceux qui vous crient que l'espoir ne disparaît jamais ! Que l'espoir existe « contre tout espoir. » « Qu'un peuple uni jamais ne sera vaincu ! » Que jamais personne n'étouffera la soif de liberté dans le cœur des hommes… et ce jour-là, cette toute petite jeune femme était le visage de la liberté… elle le sera à jamais !

Une femme en pantalon à Kaboul

Kaboul, fin 1988, les Russes organisent leur retrait d'Afghanistan.

Leur guerre fut un sanglant échec ! Les talibans sont aux portes de la capitale. Une équipe de journalistes a pu se faufiler dans ce malheureux pays. La télévision diffuse l'interview d'une femme d'une quarantaine d'années, elle est devant l'entrée d'un hôpital, appuyée sur le capot d'un gros camion soviétique. Elle est nue) tête, magnifiques, abondants cheveux que l'on devine noirs, elle porte un blouson militaire sur un pantalon foncé, grosses chaussures aux pieds.

Elle explique qu'elle est infirmière dans l'hôpital dont on aperçoit le couloir où entrent sans cesse des éclopés. La victoire des talibans ne fait de doute pour personne, les Soviétiques auront disparu d'ici quelques semaines ou au plus quelques mois. Le journaliste ose la question « qu'allez-vous devenir après le départ des troupes russes ? »

La jeune femme reste silencieuse un long moment, les silences à la télévision sont insupportables... faut que ça parle tout le temps, le silence c'est la rupture des conventions... inacceptables ! Le journaliste répète sa question, «qu'allez-vous devenir ? » Elle répond qu'elle n'en sait rien... Le journaliste passe à autre chose! Cherche une autre personne à interviewer... curieux rôle que celui de témoin des tragédies... qui veut nous les faire vivre en direct si possible... qui laisse derrière lui de futurs cadavres lui ayant fourni la matière d'une « excellente émission » ! Certains journalistes doivent vivre d'horribles cauchemars dans lesquels dansent les visages mutilés de la foule des victimes qu'ils ont interrogées. Cette infirmière afghane réapparaît, elle aussi, souvent dans mon esprit... moi aussi je me pose la question, qu'est-elle devenue depuis vingt-huit ans ? A-t-elle survécu au règne monstrueux des talibans, aux raids de l'aviation américaine, aux conflits des seigneurs de la guerre? A-t-elle été contrainte de se recouvrir d'une épouvantable burqa ? A-t-elle payé de sa vie sa liberté de femme? Oui! Quand j'entends évoquer l'Afghanistan, c'est d'abord à cette femme, à son abondante chevelure, admirable de lucidité, de courage, que je pense !

Pour les femmes. Après le cinéma, le bûcher

Impossible de ne pas évoquer un autre groupe de femmes. 1921 ou 1922, une enthousiaste équipe de cinéastes soviétiques se rue sur l'une des contrées les plus reculées de l'immense empire... maintenant soviétique ; la guerre civile vient d'être gagnée au prix de millions de morts, le pouvoir communiste s'installe dans la joie, la volonté de créer un monde nouveau, une nouvelle société, des femmes et des hommes d'un nouveau type, d'une égalité totale... le monde va découvrir que l'on peut bâtir une société de Justice, de fraternité étendue à tous, que la pauvreté va disparaître, que l'éducation irriguera le moindre centimètre carré de cet immense pays, ce sera la concrétisation de la formule de Lénine « la cuisinière et l'électrification. » La patrie du socialisme scientifique est en train de naître. Qui étaient ces cinéastes des temps héroïques, ces contemporains de John Reed, des « Dix jours qui ébranlèrent le monde » ? Étaient-ce les frères Vassiliev, Eisenstein ou Guerassimov ? Je n'en sais plus rien ! J'ai vu plusieurs fois le film réalisé au Kazakhstan, Turkménistan ou Tadjikistan... peu importe !

Ces fous de cinéma apportaient échevelés, riants, avec leurs bobines, leurs étranges petites boîtes à manivelle, le progrès, la liberté...

Ambassadeurs exaltés, discourant sans cesse du paradis soviétique en construction. Qu'ont-ils filmé ? Un groupe de femmes, une petite vingtaine, portant la Burqa, englouties totalement dans cet affreux sac, visage disparu derrière l'effrayant grillage. On les voit assemblées, hésitantes puis gagnées par la soif de liberté, de progrès, d'espoir d'un monde meilleur, elles virevoltent, soulèvent leur infâme vêtement, le passent au-dessus de la tête, émergent riantes, joyeuses de leur sépulcre, jettent les linges de leur soumission sur une charrette à bras, conduisent les dépouilles vers un grand feu, y jettent les linges de leur ignoble servitude... leurs chaînes disparaissent en larges volutes de fumée... le socialisme a triomphé de la domination séculaire qui enfermait les femmes sous des monceaux de tissus... enfin elles deviennent des citoyennes… mieux encore des citoyennes soviétiques. Rires, chansons, joies, danses, toutes exultent, visages en gros plan, yeux magnifiques maquillés, cheveux agités par le vent et les danses… oui la liberté et la joie respirent dans ces images ! Les cinéastes ont filmé le progrès en marche… ils peuvent l'âme sereine reprendre leur train blindé, rejoindre Moscou la rouge, développer les films, les projeter partout, montrer que la patrie soviétique libère aussi les femmes du pire des esclavages… celui des pères et des maris ! La dernière colonie de l'homme n'est-elle pas la femme ? On n'apprendra, censure communiste oblige, qu'une fois les équipes moscovites parties, les femmes apparues dans le film furent rassemblées… et brûlées vives ! La liberté n'avait fait que passer, ne s'était pas attardée dans ces contrées reculées de l'empire soviétique ! Qu'importe ! Le film existait, pendant des décennies il prouvera que le socialisme scientifique libère aussi les femmes.

Des visages qui sont, par un curieux zigzag de l'histoire, ceux de Bruxelles

Comment ne pas penser à ces deux visages, à ces femmes brûlées vives, alors qu'aujourd'hui il se trouve à la gauche du spectre politique des gens pour se faire les champions du port du voile, qui comme chacun le sait… « … *serait une démarche volontaire et libre des femmes qui le portent… un choix, une démarche autonome* » tout comme celles qui subitement ne peuvent se baigner qu'en burkini ! Je passe par compassion sur ceux qui, si un groupe d'électeurs suffisamment nombreux se mettait un os dans le nez, trouveraient ce geste « sexy » « culturel » « digne de respect », moisson électorale oblige… communautarisme avant tout… sinon plus d'électeur et pire que tout plus d'élus !

Je demande, je prie, je supplie les femmes et les hommes de gauche de comprendre, de réfléchir à ce que signifie ces signes de soumission des femmes, à ce que ces gestes remettent en cause… je leur demande de ne pas tourner le dos à nos valeurs, de songer à cette jeune Chilienne, à ses larmes face au fascisme triomphant, à cette infirmière afghane parfaitement lucide sur le sort qui l'attendait, à ces femmes brûlées vives en 1921, car elles avaient cru que l'heure de la délivrance était arrivée. Ce sont ces visages que vous trahissez, que vous méprisez en vous faisant les hérauts d'un islamogauchisme délirant et... suicidaire ! Suicidaire, car le retour vers l'obscurantisme sera sans fin, sans limite, les interdits religieux s'ajoutant comme un ignoble mille-feuille, une exigence suivant l'autre !

Songez à ces visages plutôt qu'à vos résultats électoraux !

Songez à l'avenir plutôt qu'à un retour vers le pire des passés ! Posez-vous la question, croyez-vous que ce soit par hasard que Delacroix peignant « La liberté guidant le peuple » met en avant une femme le sein nu ? Là où les femmes ne sont pas libres, il ne peut y avoir de liberté pour personne !

Comment je suis devenu
un laïcard crasseux

14 octobre 2016

La laïcité est-elle un nouveau fascisme ?

« Si moi-même ne suis pas pour moi, qui sera pour moi ? »
« Et quand moi aussi je pense à moi qui suis-je ? »
« Et si ce n'est pas maintenant, quand alors ? »
Les maximes des pères. (Ch. I, 13, Rabbin Hillel)

Laïcard crasseux

Tête lourde, inexplicable malaise, nausée… qu'est-ce qui m'arrive ce samedi matin 25 mars 2004 ? Assis au bord du lit, draps défaits d'une nuit trop brève, agitée, moite d'insomnie, désordre des draps froissés, impression confuse que quelque chose a changé… la tête entre les mains, lourde, cheveux hirsutes, visage défait… gueule de bois sans avoir bu… les pires. Merde ! Merde ! J'ai compris !

Je suis devenu fasciste, laïcard, crasseux, raciste, ignoble !

Voilà l'épouvantable explication ! J'ai viré ma cuti, passé de la gauche à l'extrême droite, rejoint le camp du pire ! Y a-t-il un remède ? Est-ce contagieux ? Je pense à ma femme, à mes enfants, s'apercevront-ils de ma tare ? À ma mère… sûr, à quatre-vingt-huit ans, elle ne va pas comprendre ! Y a-t-il un risque de contamination ? Mais comment… comment un tel drame a-t-il pu se produire en une nuit ? Pourtant tout allait bien, j'étais parfait sous tous rapports, éducation dans une famille communiste, ayant fréquenté l'école publique, membre des jeunes gardes socialistes dès seize ans, du PS depuis 1971, membre de cabinet de ministres PS, puis chef de cabinet de pas moins de six ministres socialistes et non des moindres, libre

233

penseur militant depuis mai 1973… et ça me tombe dessus sans prévenir ce samedi 25 mars 2004… l'horreur !

C'est trop injuste ! Pourquoi moi ?

Qui a posé le bon diagnostic ? Philippe Moureaux… un connaisseur…une Autorité, qui alors que je présentais la nuit précédente des amendements au programme électoral pour les régionales du 13 juin 2004, tous dans le sens d'une expression claire, affirmée de la laïcité et de l'égalité homme/femme, a hurlé: « *Mais c'est au voile qu'il s'attaque… laïcard crasseux ! Laïcard crasseux, laïcard crasseux !* » Suivirent deux ou trois minutes d'invectives où le terme raciste est l'un des moindres… dont je pris, comme toujours collaborateur appliqué, soigneusement noté. Quand Moureaux dans sa diatribe évoqua le rite de la circoncision chez les Juifs, Anne-Sylvie Mouzon intervint « *Et si on parlait de l'excision ?* » Je réagis en hurlant comme le maître incontesté des lieux, je savais mieux que tous qu'il est une « *âme de lapin dans une peau de tambour.* » Les choses se calmèrent. Comme tous les colériques, Moureaux quitta les lieux quelques instants plus tard… il savait que les larbins de service ne laisseraient plus passer le moindre amendement sur la laïcité et l'égalité homme/femme, laquais… chiens de garde, c'est méchant pour les chiens !

On sait qu'il y a pire que le bourreau… son adjoint ! En sortant, il me fit un signe d'amitié ! Pour moi qui ne suis pas le moins du monde colérique, les mots ont un poids, ce sont des actes, ce sont des armes… ma rupture est alors totale, définitive quelque chose s'est brisée. Je savais le pauvre Philippe « *roseau peint en fer* », mais là ça ne passe plus ! Entendant le mot laïcard pour la première fois, rentré chez moi, fébrile, les mains tremblantes, doigts humides, je consultai quelques dictionnaires et ouvrages spécialisés, je découvris que ce mot avait été créé par l'extrême droite française en 1936, ou en tout cas popularisé à ce moment, pour fustiger la gauche du Front populaire ! Épouvantable, me voilà donc ravalé au rang de successeur des Maurras, Drieu La Rochelle, Rebatet, Léon Daudet et autre

Laubreaux, Henriot, Marion (un ancien communiste) ou Suarez ! L'horreur intégrale, le pire du pire ! L'ignominie incarnée... j'avais ma place au côté de Céline, de Laval à Sigmaringen, antichambre du peloton d'exécution... bien mérité pour ces salauds !

Moureaux ne pouvait pas se tromper ! Il n'a pas toujours raison, mais il n'a jamais tort ! En tout cas, c'est ce qu'il pense... alors moi, frêle spécimen d'une espèce en voie de disparition, défenseur de la laïcité à Bruxelles, de l'égalité homme/femme, des Valeurs de la Déclaration des droits de l'homme... alors pensez-vous? C'est à peine s'il peut me voir des hauteurs où il plane ! Le diagnostic du « docteur » Moureaux pouvait-il être remis en question, la maladie est-elle bien celle identifiée par le ministre d'État, fils de ministre, mari de ministre, futur père de députée... du lourd, vraiment du lourd ? Je songeai vaguement au suicide... mais je me dis que la meilleure façon de se suicider est de continuer à vivre... et reprendre sans cesse le combat pour les Valeurs auxquelles je crois ! Cela valait en tout cas la peine d'y réfléchir !

L'extrême droite a compris !

Font-ils un cauchemar, sont-ils victimes d'hallucinations ceux qui constatent que dans notre ville-Région : certains quartiers sont des ghettos, certaines écoles sont des ghettos, que les revendications à caractères religieux se multiplient, que l'égalité homme/ femme est niée, que la pratique de la laïcité qu'ils ont toujours connue est remise en question, que l'espace public est toujours plus envahi par l'affirmation d'une appartenance religieuse, qu'il existe des zones de non – droit... et le pire que certains quartiers sont des pépinières de terroristes islamistes ?

Malheureusement, je ne crois pas que tout ce qui précède appartienne à un mauvais rêve, c'est la triste réalité de ce qu'est devenue notre région. Les tragédies que nous venons de vivre ont conduit le monde entier à en être le témoin stupéfait. J'ai rencontré les équipes de journalistes de TF1 et de M6, j'ai pu constater moi-même leur incrédulité face à ce qu'ils découvraient à Molenbeek et ailleurs. Pourtant, certains tentent de faire croire que cela n'existe pas, que seule la question sociale est à l'origine des monstruosités dont nous sommes les témoins et dont ces grandes âmes islamogauchistes considèrent que nous sommes responsables !

Depuis longtemps, l'extrême droite a compris qu'une certaine gauche, par intérêt électoral, par repentance coloniale, par haine de la société occidentale, avait largué ses Valeurs fondatrices. Elle s'est engouffrée dans la brèche et a pris la défense des valeurs qu'elle avait pendant des décennies vilipendées. Incroyable, c'est le Front national qui défend la laïcité ! Ceux qui naquirent dans le désir de maintenir l'Algérie française trouvaient des vertus aux droits de l'homme. Subitement, le débat politique renversait tous les fronts ! Cela veut-il dire que les défenseurs de la laïcité sont devenus fascistes ? C'est ce qu'on essaie de nous faire croire sur base d'un syllogisme enfantin. Des fascistes, des racistes défendent la laïcité, la laïcité est donc une idée raciste, fasciste... donc les défenseurs de la laïcité sont des racistes, des fascistes...

Pauvre Aristote !

Une technique stalinienne

Ainsi, il était facile à ceux qui, pour toutes les raisons évoquées plus haut, avaient bazardé leurs valeurs, de hurler que ceux qui défendaient la laïcité, l'égalité homme/femme, les dispositions de la Déclaration des droits de l'homme, étaient des fascistes, d'ignobles racistes... allez hop, tous dans le même sac. C'est une technique communiste bien connue... si tu n'es pas d'accord avec moi à cent pour cent... tu es un ennemi à cent pour cent... cela s'appelle du stalinisme et cela a fonctionné pendant des dizaines d'années, avec les conséquences que l'on connaît. Pourtant la différence est facile à faire, il y a des marqueurs qui ne trompent pas, à savoir l'antisémitisme et l'attitude à l'égard des femmes.

Croyez-moi, c'est toujours éclairant ! Ces groupes ou partis d'extrême droite qui se font aujourd'hui les champions de la laïcité pour mieux dissimuler leur racisme, si vous creusez un peu vous découvrirez rapidement leur hostilité envers les Juifs ou leur mépris, mal dissimulé, à l'égard des femmes.

Prenez le cas de Zemmour, il est emblématique. Son avant-dernier ouvrage « *Le Suicide français* » s'est vendu à des centaines de milliers d'exemplaires. Mais comment s'est-il fait connaître, il y a vingt ans, simplement en fustigeant notre société qui s'était, selon lui, trop féminisée... c'est ainsi qu'il est devenu un « bon client » des émissions de télévision... sa critique du rôle des femmes faisait hurler... magnifique l'audience montait et Zemmour devenait une sorte d'Arturo Ui... à l'irrésistible ascension, trouvant aujourd'hui que Marine Le Pen est devenue trop à gauche ! Faites l'expérience et vous découvrirez que certains sites internet « *grand défenseur de la laïcité* » ont des relents antisémites très vite perceptibles même si le plus souvent ils se camouflent derrière la défense des Palestiniens.

Notre chemin est étroit

Il ne fait pas de doute que notre route est étroite, que nous, défenseurs réels de la laïcité, marchons sur le fil du rasoir. À notre gauche, les partis sociaux-démocrates devenus poreux, gruyères idéologiques, ayant accepté d'abandonner ce qui faisait leur vérité profonde, la foi en l'homme, le rejet de toute immixtion du religieux dans la vie politique, la lutte pour l'égalité absolue homme/femme.

À notre droite... extrême, une défense de laïcité qui n'est qu'un racisme hypocrite n'osant pas dire son nom. Et nous ?

Qui encore est prêt à nous entendre, dans cette Europe affolée par la crise de l'immigration, déboussolée par la présence d'une population, qui pour partie non seulement refuse de s'intégrer, mais veut en outre imposer une représentation publique de sa religion, remet en cause les libertés chèrement acquises... le tout dans une situation économique de désindustrialisation et de perte d'influence économique et politique sur le plan mondial. Et après cela, vous voudriez que le populisme ne gagne pas de terrain !

J'étais stupéfait, il y a quelques mois de lire que le président du CD&V, estimait que la revendication de l'inscription de la laïcité dans la constitution était une initiative *« de la loge. »*

Ben voyons, mais c'est bien sûr... ce sont les francs-maçons ! Je pensais ces vieilles lunes depuis longtemps éteintes, je me trompais !

Les temps obscurs reviennent. Dans un tel contexte, notre responsabilité est immense ! Nous ne devons plus, nous ne pouvons plus, laisser passer quelques atteintes que ce soient à nos libertés, à nos valeurs... à la laïcité, à l'égalité entre les Femmes et les Hommes... on l'a vu en Pologne, la liberté est fragile... des droits acquis après tant de luttes peuvent rapidement disparaître.

Mettons-nous en colère !

Nous avons la chance de vivre, d'encore vivre, dans un pays démocratique.

Les défenseurs de la laïcité doivent se faire entendre, doivent cesser d'être des gens polis et bien élevés. Il est plus que temps de nous ressaisir et faire connaître haut et fort nos positions.

On nous range dans la fachosphère, on nous traite de racistes, d'islamophobes et bien pourquoi ne dénoncerions-nous pas de la même façon les partis, où les hommes politiques, qui de façon affirmée ou hypocrite ont abandonné nos Valeurs ! N'ayons plus peur ! Sinon, de glissements en aménagements, subrepticement nous changerons de société... Soyez certains que ceux qui vont chercher leurs voix dans les mosquées vous présenteront comme normales des pratiques, qui aujourd'hui vous font dresser les cheveux sur la tête... car les mêmes au moment du scrutin vous diront qu'ils défendent toujours nos Valeurs... cela s'appelle ratisser large.

Serons-nous assez bêtes, assez naïfs pour les croire ? Non ! levons-nous, battons-nous, hurlons que nous ne voulons pas changer de société, que la laïcité n'est pas, comme on le fait croire à la communauté musulmane, une autre religion, mais que c'est l'affirmation d'une liberté totale de croire ou de ne pas croire, de respect absolu de l'autre dans sa foi ou sa philosophie. Si nous ne nous levons pas… qui le fera à notre place ? Mettons-nous en colère ! Nos idées en valent la peine !

6

LA FÉDÉRATION BRUXELLOISE DU PS

VINGT ANS DE LÂCHETÉS DE LA GAUCHE BELGE
Entre désillusion et espérance

242

Dialogue entre deux (vieux) enfants perdus du PS bruxellois

10 décembre 2016

« *La peur, oh ! Combien plus graves que les causes de la colère sont ses conséquences !* »
Marc Aurèle
« *Qui vit d'espoir meurt en chantant.* »
Proverbe italien
« *L'espoir ne commence qu'au-delà du courage et du malheur.* »
André Malraux

Octave Cremet, Simonne Albrecht, tous deux sont militants du PS bruxellois depuis près de quarante-cinq ans… ce ne sont plus des perdreaux de l'année !

Simonne : « *Dis-moi Octave, on va quand même avoir une sérieuse difficulté lors des prochaines élections. Tu crois qu'il sera encore possible de voter socialiste à Bruxelles ?* »

Octave : « *Gros, gros, très gros problème, c'est ce que ne cesse de me dire un grand nombre de personnes. Au niveau local, c'est souvent le désert de Gobi ; il y a peu, une élue me disait que sa section se limite à une vingtaine de personnes, le poids des élus maghrébins y est écrasant, elle qui est originaire du Congo ne s'y sent plus à l'aise, seul le communautarisme le plus étroit domine, il n'est jamais question des problèmes locaux alors qu'on assiste à une hyper taxation et à des cataclysmes commerciaux en pagaille.* »

Simonne : « *Oui, sans doute, mais il faut sortir de la cour de l'école primaire, c'est vrai cependant, on me dit que la même chose se passe dans de nombreuses sections même dans celles où il y a des ministres en exercice ou des échevins. Le mal est partout identique… communautarisme… népotisme… absence de vrais débats auquel s'ajoute une chose plus subtile, moins voyante, mais oh ! combien essentielle… déterminante, la disparition totale d'une forme de culture politique, jusqu'au vocabulaire qui s'est évanoui… les mots, les mots sont des actes, quand les mots n'y sont plus…* »

il ne reste plus rien ! Il y a deux ans, une militante de toujours claquait la porte de sa section où elle était affiliée depuis trente ans, car elle ne supportait plus les insultes qu'elle y entendait... elle a d'ailleurs interpellé Di Rupo à ce propos lors d'un congrès. »

Octave : « *Il y a des exceptions, certaines sections fonctionnent fort bien, démocratiquement, il est vrai qu'elles sont aujourd'hui minoritaires dans la fédération, peut-être fonctionnent-elles bien, car elles se sont « libérées » des ukases de la fédération ! Elles font leur « popote » interne sans se soucier du reste. Elles sont aussi peut-être trop importantes pour « qu'on » ose intervenir. Le nombre de désaffiliations ou de non-renouvellements des cotisations est énorme. En 1975, la fédération du PS comptait 25.000 membres, aujourd'hui, elle en revendique « officiellement » 3.000, mais ces chiffres sont manifestement gonflés. Les employés de la fédération ayant pris leur retraite ne cachent plus leur amertume... ni la vérité des chiffres. Le militantisme, cette école du terrain et de l'action politique, a disparu.*

Le seul grand moment, le seul qui compte, est celui de l'élaboration des listes électorales. On y voit surgir des gens venus de nulle part... des inconnus qui sur base d'un vote strictement communautaire acquis dans les mosquées ou ailleurs... même chez les Loups gris turcs, promettent... et obtiennent un nombre remarquable de voix.

Le vote multiple fait des miracles, un patronyme suffit... hop mille voix ! Dès lors, à quoi bon militer ? La liste des élus régionaux et souvent communaux donne une parfaite image de cette dérive.

Pour les dirigeants fédéraux, aucun problème, ce n'est excellent, ils pourront se faire élire, faire élire leur fille, leur fils, leur beau-fils... la masse des électeurs ne partage sans doute pas nos valeurs... quoi ?

Quelle importance ? Les bataillons sont là... Ils régneront sur des élus qui, pour certains, ne partagent pas les Valeurs fondatrices du socialisme démocratique, qui contestent l'égalité homme/femme, qui sont persuadés que la laïcité est une religion, qui exigent que le religieux puisse s'exprimer dans l'espace public, qu'une séparation des activités scolaires basées sur le sexe soit installée, que le voile trouve sa place dans les administrations publiques, certains flirtent avec le plus ignoble des antisémitismes, soutiennent que les attentats terroristes sont organisés par les « sionistes » pour salir l'Islam, etc., tout cela n'a aucune importance... ils votent massivement socialiste alors à quoi bon se poser d'ennuyantes questions qui remuent de « vieilles idées. »

C'est la politique de la crème sur le lait... la crème grasse surnage, quelle que soit la qualité du lait... tout va bien ! Les listes électorales, c'est maintenant... la cooptation au sommet, aux places garanties... les filiations dynastiques, en dessous c'est la bousculade, la ruée du vote exclusivement communautaire, le jackpot électoral, chacun pour soi... choix démocratique, option programmatique... mais de quoi vous parlez ? La démocratie, ce n'est pas ici ! Allez voir ailleurs !

C'est précisément ce que font une masse des électeurs traditionnels du PS ! C'est d'autant plus idiot qu'un bon nombre de Belges issus de l'immigration sont les premières victimes de cette course à l'échalote, ils ne demanderaient pas mieux que de mettre leurs capacités au service d'une volonté constructive, positive... ils comprennent vite de quoi il retourne et prennent de salutaires distances laissant la place au pire ! Ce sont ceux qui précisément ont voulu sortir du ghetto, du communautarisme où les enferme la « pseudo gauche» des « idiots utiles » prête à tous les abandons, à toutes les lâchetés pourvu qu'il y ait un rendement électoral suffisant... Ce sont les premières et les vraies victimes du communautarisme. »

Simonne : « *Tu crois qu'ils en sont là ? Peut-être ! D'autres électeurs disparaissent... et en masse, la petite classe moyenne qui a toujours fait confiance au PS n'y trouve plus sa place. Prenons le monde enseignant, plus une voix à espérer de ce côté-là ! Il faut entendre ce qu'on dit dans le monde syndical enseignant... terrible. Regarde les petits indépendants ! C'est vrai, il n'y en a plus et ceux qui subsistent sont d'origine étrangère et ne votent au plus offrant ou n'en ont rien à faire... on les comprend! Eux, ils doivent bosser dur tous les jours.*

*Enfin, il y a les intellectuels, impossible d'y rencontrer aujourd'hui beaucoup d'électeurs favorables au PS, alors que pendant longtemps ce fut à Bruxelles un extraordinaire vivier de talents politique*s »

Octave : « *Le PS croyait disposer d'un électorat captif constitué des belges d'origine immigrée... pour lequel, c'est vrai, et ce fut pour moi une fierté, il a marqué le plus d'empathie, mais, retournement des choses, c'est lui qui est aujourd'hui prisonnier de cet électorat auquel il n'a pas su transmettre nos Valeurs. Les dirigeants le savent bien... il ne faut pas désespérer Molenbeek, comme en France on ne pouvait pas dans les années cinquante désespérer Billancourt, fief imprenable... mais aujourd'hui... disparu, du Parti communiste...*

Rien n'est éternel, ni l'amour, ni les bastions du parti communiste, ni les citadelles réputées imprenables... encore solides du PS wallon et bruxellois. C'est pourquoi, tout devient possible, c'est Onkelinx qui déclare que le député Ikazban est "quelqu'un de bien" alors qu'il s'est dit proche du Hamas (organisation classée terroriste par l'ONU), qu'il a traité un journaliste "d'ordure sioniste", qu'il s'est fait embarquer par la police parce qu'il manifestait contre le contrôle par les forces de l'ordre de la commune dont il était l'échevin en exercice, d'une femme entièrement voilée, qu'il s'est lui-même fait photographier ridiculement voilé pour protester contre l'application des termes les plus élémentaires de la laïcité. C'est la fédération bruxelloise du PS qui ne bouge que mollement alors que le député Bourgmestre Kir refuse de voter la reconnaissance du génocide arménien. Di Rupo dut mettre tout son poids dans la balance, lorsqu'il compare les Kurdes, qui luttent à nos côtés, aux assassins terroristes de Daech. Impossible de lui reprocher quoi que ce soit... il contrôle entre 14 et 17 000 voix à Bruxelles ! Récemment, ce fut une divine surprise de voir dans la "Libre Belgique" Onkelinx exprimer clairement et fermement que si Kir n'adoptait pas les positions du parti, "il n'avait plus sa place parmi nous." Un bref moment de bonheur... je n'ai pas boudé mon plaisir. Di Rupo excédé a-t-il tapé du poing sur la table ? Mon petit doigt me dit que oui ! Mais les exemples sont nombreux. Dans certaines sections, une curieuse ambiance d'insultes et de pressions s'est développée. Ceux qui essayent de résister sont hués... du jamais vu en quarante-cinq ans ! Situation insupportable pour de nombreux affiliés de longue date qui s'éloignent sur la pointe des pieds ou en mettant les points sur les i comme Renaud Denuit, ancien président d'une section, qui a publié une lettre ouverte à Elio Di Rupo... à laquelle il n'a jamais reçu de réponse ! Le fond du problème, me disait l'un des plus importants mandataires du PS bruxellois au sujet de l'affaire Kir, est qu'en réalité le PS n'est plus dirigé ! »

Simonne : « *Oui, on le voit, c'est une accumulation de fiefs, de PEFFE « Petites Entreprises à Finalité électorale » dont toute vision politique a disparu. Le fonctionnement de « la petite entreprise » se juge exclusivement à son résultat électoral, pas à ses réalisations de terrain, pas à sa volonté de changer le « monde.» Elles pourraient tout aussi bien s'appeler autrement, ce sont de petites machines à capter des voix... on les met dans le tube et ça sort des élus... ce que font ou disent ces élus n'a plus d'importance. D'où le fait qu'au parlement bruxellois, aussi pléthorique qu'inutile, dans le groupe parlementaire si cinq ou six élus sont vraiment actifs, ou simplement concernés, c'est beaucoup. Rudi Vervoort a essayé courageusement d'y mettre un peu d'ordre, il a été vite refroidi ! Pas touche à nos places ! Pas touche à notre précieux Jackpot ! Ce qui faisait le corpus, la doxa du Socialisme, son idéologie, ses idéaux… tout cela a disparu, envolé, dissous… pire, il est des mots qui sont devenus des insultes, telle la laïcité… plus question d'en parler, dans certaines sections, pas question de tenter de parler de l'égalité homme/femme, d'évoquer les drames causés par l'antisémitisme… ce serait de la provocation de cryptofasciste, de la sauce de « laïcard crasseux. »*

Octave : « *De fait, le microcosme bruxellois n'est que le "nanoreflet" du déclin de la social-démocratie en Europe. Ce n'est plus qu'une poule sans tête qui tourne en rond zigzague affolée dans la basse-cour alors que sa tête pourrit déjà sur le fumier… Voilà la vérité.*
Voilà la conséquence de ceux qui n'ont pas voulu voir les terrifiants pépins du réel qui maintenant leur obstruent la gorge, les étouffent, les tuent… nous tuent… ils céderont la place à l'extrême droite dont zélés "idiots utiles", ils ont fait le lit ! Ils se sont préoccupés de toutes les minorités… "électorales" sauf des citoyens de leur pays ! Ceux-là, pas importants, pas tendance… pas "in"… pas assez électeurs !
On connaît la formule, "le peuple a mal voté, changeons de peuple…", eh bien, ils l'ont fait, ils ont réussi ce truc impossible, incroyable… changer de peuple ! »

Simonne : « *C'est vrai que l'Union européenne me fait furieusement penser à la république de Weimar, même origine multilatérale, les peuples n'ont en rien participé à la mise en place du monstrueux traité de Versailles, même refus de voir la réalité politique et économique, même direction aveugle aux souffrances des populations, même trahison de la social-démocratie, à quoi s'ajoute pour l'Union européenne l'incapacité d'avoir su mettre en place des procédés démocratiques transparents, le mépris pour les résultats électoraux… on l'a vu avec le traité de Lisbonne. Et pourtant, l'Europe, c'était la grande, la belle idée après le cataclysme de 1940-45. Il est vrai que pendant longtemps au PS, les mandats européens étaient un prix de consolation où on envoyait ceux dont on voulait se débarrasser.*
C'est très (trop) bien payé et on n'entendait plus parler d'eux.

Ce n'est plus tout à fait vrai aujourd'hui, un député comme Tarabella fait un travail fantastique… mais il est trop tard, le monstre populiste va tout emporter… et nos rêves disparaîtront remplacés par le cauchemar nationaliste, identitaire. »

Octave : « *Oui ! mais l'Europe a sombré dans l'ultra-libéralisme.*
Depuis la Révolution française, l'homme c'est d'abord un ensemble de droits universels, l'égalité des droits pour tous. C'est une modification fondamentale, l'homme n'est plus un sujet… il devient Acteur de son destin. Mais comme l'explique Wendy Brown, professeur à Berkeley, le libéralisme ultra a fait de l'individu exclusivement un sujet du Marché, il est réduit dans sa globalité à n'être plus qu'un jouet de ces forces obscures qui le réduisent à n'être plus qu'un "sujet économique", il n'est plus question de droit, il n'est plus question de liberté, d'égalité, de fraternité… c'est la "main invisible du marché" qui décide du destin des hommes… c'est le retour d'Adam Smith (1723 – 1790) et de "l'atomicité et de la fluidité" du marché. Un bond en arrière de près de trois cents ans ! Pas mal, non ! La crise de 2008 a été exemplaire, les banques étaient "trop grosses" pour couler, c'est l'argent public qui les a refinancées. Maintenant sur base de formule "bail in" si une nouvelle crise devait se profiler, ces sont les épargnants qui payeront, la banque pourra ponctionner leurs avoirs… si avoirs il y a ! C'est Goldman Sachs… maître du monde ! »

Simonne : « *L'aveuglement, et il faut bien le reconnaître, la lâcheté électorale de la social-démocratie a ouvert la voie au populisme.*
J'en reviens à la république de Weimar, au parfum des années trente qui flotte aujourd'hui en Europe. Qu'on en juge, la Pologne et la Hongrie sont dirigées par des partis dont le ressort démocratique n'est pas l'essentiel… pour parler pudiquement. L'Autriche a failli élire un président d'extrême droite, la France se demande si Marine Le Pen sera présidente, la droite classique plébiscite le plus réactionnaire des candidats… le catholicisme intégriste fait son grand retour depuis Vichy, l'Italie risque de tomber dans les mains du pire des populismes imbéciles, en Allemagne, pour la première fois Merkel aura en face d'elle un parti d'extrême droite dont le principal ressort est le racisme anti-immigré, en Hollande, l'extrême droite progresse sans arrêt, idem en Finlande, au Danemark l'extrême droite a déjà participé au gouvernement, en Grande-Bretagne, c'est le Brexit des populistes réactionnaires qui, contre toute attente a gagné… et enfin aux USA,

l'impensable, c'est Trump qui l'emporte. Il est clair qu'on assiste dans le monde occidental à une forme d'insurrection des peuples par le vote... de droite, de la droite populiste... Les digues cèdent les unes après les autres. On s'en rend compte, tout est possible et tu le sais, si le pire n'est jamais certain, il n'est jamais décevant !

Quand je te disais que nous étions à Weimar en 1930 ! Un Weimar mondialisé... donc pire ! Ce n'est pas le bruit des bottes que l'on entend, mais les vociférations de ceux qui en définitive rejettent la démocratie, rejettent les avancées sociétales, mariage pour tous, IVG, la Sécurité sociale... notre civilisation est en danger ! Nous sommes tous en danger ! Magnifique illustration de la formule de Marx sur la répétition de l'histoire qui de la tragédie passe à la comédie... mais il est des comédies sinistres. »

Octave : « *Au moment des discussions sur la constitution européenne, Moureaux avait demandé à Merry Hermanus de débattre avec une gentille députée européenne du texte de ce fumeux projet de constitution.*
La salle des quatre vents à Molenbeek était comble. Hermanus fut applaudi à tout rompre lorsqu'il conclut son intervention qui visait à rejeter ce texte. Moureaux intervint en soutenant les thèses défendues par Hermanus... qui, bien sûr, logiquement l'interpella :"mais, Philippe, pourquoi alors vas-tu voter ce texte comme le PS l'a décidé ?" Le bourgmestre de Molenbeek fit une réponse stupéfiante : "j'attends que les ouvriers chinois se révoltent." Ah ! bon... je suppose qu'à cela Hermanus n'y avait pas songé ! Tout était dit et le PS belge vota cette constitution qui fut, heureusement rejetée ailleurs ! En fait, c'est beaucoup plus simple, les socialistes européens n'avaient pas compris que le socialisme était soluble dans l'Europe et que l'Europe est soluble dans le populisme ! L'Europe n'a jamais été sociale, les socialistes ont négligé pendant des décennies ce monstre froid, aveugle, inconnu des peuples, qui semble le priver des droits chèrement acquis, comment ne pas comprendre le repli identitaire, le populisme le plus primaire. On l'a bien vu, le malheureux Hollande allait renégocier les traités, il en fut incapable... son avion, lors de son premier voyage en Allemagne fut frappé par la foudre et dut faire demi-tour, c'est sans doute après ce coup de semonce envoyé par le ciel qu'il a renoncé à imposer ce pourquoi il avait été élu ! »
Simonne : « *L'Europe, Trump, bon tout ça, c'est bien beau... mais qu'est-ce qu'on fait ici et maintenant... on part, on va planter des choux, collectionner les timbres, chasser les Pokémons... s'occuper des petits-enfants,*

succomber à la tentation de Venise, faire du tourisme coopératif... faut quand même se donner bonne conscience. »

Octave : « *J'ai toujours connu la fédération bruxelloise fonctionnant sur base d'une majorité et d'une opposition. Cette dualité a progressivement disparu sous la présidence fédérale de Moureaux, il a dominé la fédération en s'alliant à Anderlecht ; le seul opposant possible était Picqué, mais par tempérament, celui-ci est incapable d'affronter les conflits, donc il suffisait de le "nourrir", c'était d'autant plus facile qu'avec son exceptionnel charisme, il fût tout désigné pour présider le gouvernement bruxellois pendant quinze ans... où, mis à part des plans, rien n'a été réalisé pour sauver cette ville de la paupérisation galopante, de la ghettoïsation des écoles et des logements sociaux.*

Une étude récente a démontré qu'au cours des vingt-trois dernières années, le chômage a augmenté de 43 % à Bruxelles ! Après un tel fiasco, la seule chose à faire pour Picqué est de se couvrir la tête de cendres... geste dont il connaît fort bien le sens et le rite ! Mais non ! Il pantoufle comme président du Parlement, sans doute pour faire bénéficier les députés de son expérience... Voilà. Une fin de carrière sur le velours et surtout dorée sur tranche ! Heureusement, Rudi Vervoort est l'exact contraire, sans bruit, sans plan, sans discours ronflants et blagueurs, grande spécialité de Picqué, il essaye de sauver ce qui peut l'être. À cela, il convient d'ajouter que la présence permanente du PS au pouvoir ouvre les appétits... des désirs d'avenir, de carrières et limite donc les velléités de s'opposer ! Il y a longtemps qu'il n'y a plus au PS de Bruxelles de rebelles, il y a pléthore d'employés de bureau, des membres de cabinets et ceux qui veulent y parvenir, des bataillons de socialistes bureaucrates prêts à toutes les bassesses à toutes les soumissions, à toutes les veuleries... prêts, selon la fameuse formule, à payer pour se vendre ! »

Simonne : « *Octave, quel pessimisme ! Quelle vision en noir et blanc ! Tu jettes l'enfant avec l'eau du bain ! Que fais-tu de l'extraordinaire réaction de Magnette qui bloque le traité de la CETA et tient tête seul à tout l'establishment européen... et bancaire ? »*

Octave : « *Tu as raison, c'était... c'est... une lueur d'espoir comme on n'en avait pas connu depuis fort longtemps. J'ai à nouveau espéré !*
Ce n'est déjà pas si mal, d'autant plus que je suis persuadé que

Magnette aura, très bientôt, à s'opposer à nouveau. Tu as tort de croire que je suis d'un pessimisme aussi absolu, car, après tout... malgré tout, le PS reste le seul Parti défendant les fondements de nos protections sociales que tant veulent aujourd'hui jeter par-dessus bord... les banques et les compagnies d'assurances attendent depuis si longtemps la fin du système de pension par répartition... là, y a un paquet de fric à se faire... les pauvres ! Mais j'y pense, si on essayait de réunir tous ceux qui font les mêmes constats que nous, ceux qui ne supportent plus le communautarisme imposé comme seule réponse au Défi de l'immigration, comme formule magique électorale, ceux qui sont écœurés par le népotisme cyniquement organisé dans toute la fédération, ceux qui pensent que les sections doivent fonctionner sans insulte, sans antisémitisme rampant ou déclaré. En outre, il reste des individualités de grande qualité... il suffit de les libérer comme certaines sections ont su le faire. Mine de rien Simonne, je pense que cela fait pas mal de monde ! Allons... peut-être encore un espoir ! Tu le sais Simonne, l'espoir c'est ce qui meurt en dernier... alors pourquoi pas ! »

VINGT ANS DE LÂCHETÉS DE LA GAUCHE BELGE
Entre désillusion et espérance

Profession Socialiste ou… des conséquences de l'Esprit de Parti

6 juillet 2017

« La politique, c'est l'art de neutraliser les passions
et de les transformer en intérêts. »
Albert Hirschman

Il y a quelques mois j'ai visionné un documentaire sur la disparition annoncée du PS français, le titre « *Profession socialiste* » annonçait la thèse de ce film, à savoir que le PS français générait en son sein des vocations de politiques, fonctionnaires du parti, collaborateurs parlementaires de toutes sortes, mais en fait des femmes et des hommes coupés des réalités de terrain, des spécialistes de l'appareil n'ayant aucune connaissance de la réalité vécue par les citoyens.

En Belgique, la situation n'est pas totalement comparable, mais sur certains points, elle recoupe parfaitement ce « mal français ».

Ainsi, il y a deux ans, un attaché de cabinet réagissait à l'un de mes blogs où je fustigeais la mise en place systématique à Bruxelles de dynasties politiques. Je pris quelques renseignements sur ce jeune homme, je m'aperçus qu'après quelques tentatives universitaires avortées, il avait travaillé au groupe parlementaire du PS à la chambre puis était passé dans différents cabinets ministériels… oui !

Dans son cas, « socialiste » était bien sa profession… et ce cas est loin d'être isolé !

Voir les hommes tomber !

> « *Tout commence en mystique et tout finit en politique.* »
> Charles Péguy

J'ai une chance énorme, il n'y a jamais eu en moi la moindre haine ni la moindre envie ! Cela tient sans doute à mon éducation, à notre histoire familiale, aux valeurs transmises par mes merveilleux parents, nul ne peut mesurer les conséquences sur le long terme du bonheur d'une enfance heureuse... elle irradie toute une vie... et quelle vie ! Ce n'est pas pour rien que Georges Simenon a écrit « *il ne connaît pas son bonheur, celui qui n'a rien à reprocher à sa mère.* »

J'en ai connu de malheureux envieux de tout, haïssant tout ce qui ne leur ressemblait pas... un classique dans le monde politique ou dans celui des hauts fonctionnaires avides de promotions... de voitures et de chauffeurs, Nirvana absolu ! C'est aussi pourquoi, je ne me réjouis jamais de voir quelqu'un affronter le malheur, glisser sur le toboggan du déshonneur, se débattre dans d'inextricables difficultés judiciaires, que celui-ci me soit proche ou éloigné, qu'il soit politiquement en accord avec moi ou que ce soit un adversaire. Le malheur des autres m'attriste. Contrairement à la splendide formule de Jules Renard pour qui il ne suffisait pas d'être heureux... encore fallait-il que les autres fussent malheureux !

Dans le cas d'Yvan Mayeur, cette peine est d'autant plus douloureuse que je connais l'homme depuis fort longtemps ! Mais les malheurs de Mme Milquet ou de M. De Decker ne me réjouissent pas plus ! La justice, si tant est qu'elle existe, passera, fera le tri !

Le plus utile à mon petit niveau est d'essayer de comprendre... oui, toujours essayer de comprendre ! D'analyser comment le PS en est arrivé à ce point... les systèmes expliquent les hommes et non le contraire !

La fin de la sociale démocratie… la fin d'un système.

« *Ni réalisme pur ni moralisme absolu.* »
Raymond Aron

Le péché originel du socialisme démocratique est le décalage permanent entre les actes et le discours. Oui ! Il faut l'avouer, nous vivons sur un mensonge permanent… On explique qu'on va renverser la table, mais depuis près d'un siècle, on ne fait que changer les couverts de place, varier les convives, modifier les parts de chacun, améliorer les plats, la teneur en graisse ou en sucre… mais renverser la table ! Jamais !

Seuls les socialistes allemands ont rejeté dès 1959 au congrès de Bad Godesberg les oripeaux élimés, sanglants du marxisme « scientifique » qui régnait à la frontière de l'Est, se libérant ainsi d'une phraséologie, qui aujourd'hui encore empoisonne les partis socialistes de l'Europe du Sud.

En 1920, la minorité de la SFIO refusait, au congrès de Tours, de rejoindre la IIIe internationale, de se soumettre aux vingt-et-une conditions fixées par Lénine pour adhérer à l'internationale communiste; il y en avait une vingt-deuxième, secrète, qui visait l'appartenance à la franc-maçonnerie, que le leader bolchevik considérait comme incompatible avec le communisme   tel qu'il le concevait ! Un communiste bulgare, Dimitrov qui fut le premier patron du Komintern, considérait alors que les socialistes étaient des bossus qui ne se redresseraient jamais !

Aujourd'hui, ce décalage entre les faits, les actes et le discours est devenu insupportable tant il confine à l'hypocrisie pure et simple.

J'ai toujours éprouvé une sorte de honte, un malaise quasi physique lorsqu'à la fin des congrès du PS on chantait l'internationale, certains le poing levé… véritable imposture dans la mesure où le chœur était composé de gens pour qui le terme même de révolution était une incongruité… pour ne pas évoquer la pratique !

Pendant quelques années, j'avais à mes côtés dans les congrès un jeune carriériste qui lorsqu'il ânonnait l'internationale se balançait curieusement d'avant en arrière, dans un rythme proche de l'hospitalisme, je me suis souvent demandé, si ce n'était pas là l'expression d'une incontrôlable manifestation schizophrénique. Ce devait être le cas, car quelques années plus tard, ce valeureux chanteur, ce socialiste pur et dur tentait de mettre au point, dans l'ombre propice d'une compagnie d'assurance, la pension par capitalisation qu'il essayât de faire adopter au moment où le PS privatisait la CGER !

Pour moi, l'internationale est et restera le chant des vaincus de la Commune… qui ne le connaissaient pas ! Avec Charles Péguy, je pense que « *le socialisme est d'abord une affaire de vaincus.* » Qu'il soit et reste une volonté « *d'affranchir la conscience en la libérant des servitudes économiques* » comme l'explique Riquier. Mais voir certains, ou certaines, chanter la bouche en cœur, le poing levé, l'Internationale est une parfaite infamie longtemps cachée, qui aujourd'hui apparaît en plein jour… comme une saloperie de secret de famille enfin dévoilée par un notaire gêné aux yeux d'héritiers ébahis.

Voilà l'une des choses qu'on ne nous pardonnera plus !

La pieuvre communautaire

> « *Les faits ont l'inconvénient d'être.* »
> Georges Clémenceau

À ce péché originel, d'autres s'y sont ajoutés. Ainsi, on a vu au cours de ces trente dernières années le PS, fer de lance de la laïcité, de l'école publique, se soumettre petit à petit à des exigences religieuses étouffantes, anxiogènes, destructrices de nos Valeurs, envahissant tout au nom d'un communautarisme qui de fait n'est qu'un retour vers l'obscurantisme. Pendant plus d'un siècle les socialistes ont accusé les partis se réclamant du christianisme d'aller chercher des voix dans les églises, de demander aux curés d'indiquer à leurs ouailles comment « bien voter. »

Et aujourd'hui, nombre d'élus socialistes vont dans les mosquées quémander la bonne parole d'un Iman arabophone, totalement étranger à notre culture, à nos Valeurs... et dans certains cas, malheureusement, bien décidé à les combattre... à les détruire !

Cette honte absolue se pratique sans la moindre vergogne pour les plus méprisables raisons électorales... des voix... des voix à tout prix... Pour quoi? Pour qui... mais pour faire élire ma fille, mon fils, sa copine, mon beau-fils ou ma belle-fille... c'est à pleurer... ou à hurler de rage.

Pour les mêmes raisons, le PS accepte dans ses rangs des gens qui se réclament publiquement d'une identité de pensée avec le Hamas, que la charte de cette organisation précise que son but est de détruire Israël, que cette organisation soit classée par l'ONU sur la liste des organisations terroristes... peu importe! Il ne faut pas faire éternuer Molenbeek... Bruxelles tout entière pourrait s'enrhumer et... le PS être réduit à son électorat de base... drame absolu, car cet électorat a disparu, envolé cet électorat-là était attaché aux Valeurs fondatrices du PS !

On accepte dans nos rangs des gens dont on ne sait plus s'ils sont des élus représentant des électeurs belges ou s'ils ne sont pas les représentants d'une inquiétante puissance étrangère... pas de problème, ces gens font des voix... ils ont donc leur place... ils sont élus... ils exercent des mandats...

Question : Au profit de qui ? Comment les dirigeants du PS bruxellois n'ont-ils pas encore compris ce que chacun sait, ce que chacun voit parfaitement ! Cela non plus, on ne nous le pardonnera plus ! Et on aura raison !

La systématisation de la parthénogenèse

« Corée du Nord ou Bruxelles... une dynastie reste une dynastie. »

Je viens d'évoquer les filles et les fils de... cela a existé de tout temps, qu'on se souvienne des Janson... Spaak... Nothomb... Dehousse et tant d'autres. Lors des dernières élections, ce fut la ruée des familles sur les listes électorales... on aurait dit une affluence de clients en période de solde. La presse identifia huit filles de… ou fils de… mais en fait, ils n'étaient pas moins de dix, car il fallait y ajouter les petits copains ou copines, les enfants du premier lit portant un autre nom, etc., l'épouvante !

Certains n'ayant même pas terminé leur cursus universitaire se voyaient en charge de mandat considérable. Contrairement à ce que l'on pourrait croire, nous ne sommes pas loin à Bruxelles de Pyongyang… en tout cas, les règles de succession sont les mêmes !

Je fus effaré d'entendre Moureaux me dire que seule sa fille Catherine serait susceptible de lui succéder ! Hallucinant ! Lors des dernières élections, ces fils, filles, beaux-fils ou belles-filles, furent élus grâce au socle électoral maghrébin qu'un chercheur de la KUL qualifie durement « *de bétail électoral* ». Cette expression me choque, mais l'image a le mérite de la clarté. Conséquence… exode… disparition des militants… exit le débat démocratique. Les listes électorales étant composées par un comité des « sages »… à qui il suffira de dire « merci, papa »… « merci, belle-maman », un sympathique dîner de famille suffira à composer la liste des élus !

Les sections du parti socialiste

> « *Le corps est dans le monde social, mais le social est dans le corps.* »
> Pierre Bourdieu

Ce ne sont plus que les faibles lumières d'étoiles mortes. Depuis longtemps, celles-ci ont cessé d'être des pépinières de militants.

Alors qu'André Cools au congrès de 1978 voulait que les sections fussent ouvertes à tous… aujourd'hui elles sont fermées, squelettiques, à l'une ou l'autre exception, elles ont cessé de fonctionner… elles ont cessé d'exister en tant que telle, en tant que pépinière de militants, en tant que centre de débats démocratiques !

En tout cas partout les… ex-socialistes sont plus nombreux, de loin plus nombreux que ceux que l'on déclare encore affiliés… sur papier… et qui depuis longtemps ne le sont plus, l'immense cohorte de ceux qui ont voté avec leurs pieds. Dans une commune de cinquante mille habitants… 12 électeurs «socialistes» votent pour un président qui est élu grâce à huit voix ! Et tout est à l'avenant !

Hyper institutionnalisation

> « *L'intelligence est le seul outil qui permet à l'homme*
> *de mesurer l'étendue de son malheur.* »
> Pierre Desproges

À Bruxelles, impossible aux citoyens d'adhérer ou même de comprendre l'immense machine à gaz institutionnelle, création d'un artiste fou, bric-à-brac digne de la maison du facteur Cheval !

Multiplicité des mandats… quatre-vingt-neuf députés pour un million cent mille habitants… en Wallonie septante-cinq pour trois millions et en Flandre, toujours cent vingt-quatre pour plus de six millions d'habitants.

Ajoutez à cela les Communes, les CPAS, les Organismes publics, les mille et un bidules… tous générateurs de mandats… donc de fric. Là est la vérité de ce que nous subissons ! Là est la source des scandales, qui aujourd'hui font surface tels des Titanic que l'on croyait engloutis. Comment s'étonner dans ces conditions que nous soyons dotés de ministre de Carnavals tout juste aptes à faire de l'animation un jour d'inauguration de supermarché !

La région de Bruxelles me fait penser à Byzance en 1453, des dirigeants ridicules débattant du sexe des anges, huit mille défenseurs sur les créneaux face à des centaines de milliers de Turcs… à la différence qu'à Bruxelles les Turcs, pas tous antipathiques, sont déjà à l'intérieur !

Les scandales... l'absence de contrôle... le partage politique permanent

> « *Je fais confiance, mais je vérifie toujours.* »
> Ronald Reagan lors d'un entretien avec Gorbatchev

Voilà le décor où éclatent les scandales, cadre lui-même générateur de scandales... scandale institutionnel en soi !

Je l'ai déjà écrit, les scandales sont un signe de bonne santé de nos institutions... en dictature pas de scandale. Pour ceux qui en doutent, qu'ils demandent aux journalistes turcs s'il est possible d'évoquer dans la presse l'une ou l'autre turpitude des hommes au pouvoir !

À Bruxelles, j'ai plus que la conviction, j'ai la certitude que des situations telles que celle du Samusocial existent dans bien d'autres institutions... bien entendu, l'opinion avec raison s'est émue d'autant plus qu'il s'agit dans le cas du Samusocial de l'argent destiné aux plus pauvres. Mais j'affirme, je maintiens que tous ceux qui ont travaillé ou travaillent encore dans les institutions bruxelloises sont témoins de dérives du même type... ou pire.

Pourquoi ? Parce qu'il n'y a plus de réel contrôle et que tout le monde dépend de tout le monde, chacun tient l'autre par la barbichette. Un proverbe espagnol dit que quand un grand arbre tombe chacun se fait bûcheron... autrement dit, chacun veut sa part de fagots.

L'opinion publique ignore cette mécanique mortifère qui à Bruxelles exige que si le patron d'une administration est francophone, son adjoint soit flamand selon la sacro-sainte croix de Saint-André, mais attention... ce n'est qu'un début...
Si ce patron est étiqueté socialiste, il sera flanqué pour chaque rôle linguistique d'un adjoint doté d'un autre dossard... vous voyez la cascade et bien sûr, tous sont dotés de traitements considérables qu'aujourd'hui on semble découvrir. Mais le pire est que cet adjoint linguistique ou « politique », toujours surpayé, n'a parfois qu'un rapport très éloigné avec la fonction qu'il

devrait exercer… et dans la mesure où s'agissant de créatures politiquement protégées… elles sont intouchables.

J'ai vécu le cas, dans un organisme public de première importance, d'un vice-président catalogué CVP qui était manifestement devenu fou, on pouvait, certains jours, le voir au coin d'une rue très fréquentée du haut de la ville, proche de son bureau, tenir seuls des discours incohérents! Son attitude dans le fonctionnement de l'institution était tout aussi « particulière »… que croyez-vous qu'il advint ? Le président de l'institution tenta de s'en séparer, mais halte-là mon gaillard… le CVP défend ses ouailles… le dingue parti, mais avec une somme rondelette (à l'époque plus de dix millions de Francs belges)… et… il poursuivit ailleurs sa carrière de haut fonctionnaire.

Voilà un exemple, il y en a des dizaines et des dizaines… tous générés par le mille feuilles institutionnel bruxellois ainsi que par la volonté de chaque parti au pouvoir… au moins cinq mandats chaque fois… de nommer des gens, car de fait… nommer voilà le vrai, l'unique pouvoir qui en vaut la peine. Mais ce sont là des scandales dont jamais on ne parlera, le contribuable casque, voilà tout !

Les fantômes de cabinet

> « *Les grandes catastrophes s'annoncent à petits pas.* »
> Éric Vuillard

En 1973, j'étais conseiller au cabinet du Premier ministre Leburton. Un personnage qui fera par la suite une prestigieuse carrière politique y était aussi… En théorie, car en pratique il était au siège du parti.

Quand se constituaient les cabinets, le PS comme tous les partis, exigeait que soit mis à sa disposition un quota de membres du cabinet qui en réalité œuvreraient pour le parti sans avoir le moindre rapport avec le ministre qui les avait nommés.

Certains ministres rechignaient, protestaient, mais ils étaient rares… et surtout leur protestation portait sur le fait qu'on leur enlevait de précieux collaborateurs. Gérard Deprez, dénoncé par un ancien ministre PSC, fut inculpé pour ce type de pratique. Mais heureusement pour lui, il ne fut jamais jugé.

Ce qui semble être reproché par la justice à madame Milquet s'apparente à ce type de procédé. Lorsque Gérard Deprez fut inculpé, la peur s'installa dans certains cabinets socialistes, je me souviens qu'une ministre donna comme consigne aux fantômes de cabinet, à qui maintenant on avait réservé des bureaux... qu'ils n'occupaient pas... de laisser traîner une veste à un portemanteau et d'abandonner... un trognon de pomme... un reste de sandwich sur le bureau... marrant non !

Lutgen considère que le PS est au pouvoir depuis trop longtemps !

> « Un tel niveau d'hypocrisie... c'est de la franchise. »
> Michel Audiard

De 1973, jusqu'en 1995, j'ai participé dans les majorités ou l'opposition aux commissions chargées de négocier les nominations, tâche délicate, ingrate, mais passionnante dans la mesure où elle permet de voir apparaître certaines vérités solidement cachées...

J'en ai même vu qui étaient prêts à payer pour se vendre et au moins deux qui ont prostitué leur compagne pour approcher celui qui pourrait asseoir leur carrière... La vérité des hommes n'est pas toujours belle à voir ! Je suis donc particulièrement bien placé pour savoir avec quel brio, quelle maestria, quelle science le PSC a « occupé l'État », a placé ses « pions » partout où il lui était permis de la faire.

Je fus fortement impressionné lorsque je vis mon homologue PSC, magistrat de son état, déployer un immense tableau où se dessinait la carrière de ceux que le PSC avait nommés et souhaitait promouvoir jusqu'au sommet... des hommes sûrs sans aucun doute ! Cette formation a depuis la libération progressivement perdu ses électeurs surtout après la conversion du parti libéral qui abandonnant ses options laïques s'ouvrit largement à de nouveaux électeurs attachés aux valeurs chrétiennes.

Le déclin du PSC fut lent, mais constant, il devint donc le parasite du CVP, entrant dans les gouvernements dans les fourgons du tonitruant parti frère flamand. Puis après la régionalisation, les choses devenant plus difficiles, le PS dominant en Wallonie, la tique PSC s'arracha d'un CVP affaibli, exsangue, sauta sur le PS, y planta ses crocs de sangsue, s'y accrocha contre vents et marées, tint bon même pendant les cinq cents jours de crise et ainsi pu se « nourrir » sur le PS.

Aujourd'hui, la multiplicité des scandales empêcherait le CDH de poursuivre sa collaboration avec le PS... curieux, car des scandales il y en avait déjà eu beaucoup lorsque la crise des cinq cents jours démontra « l'inébranlable » fidélité du CDH à l'égard du PS, je songe notamment à la saga carolorégienne. J'ai toujours été fasciné par le langage corporel, le jeu des yeux... fixes, fuyants... mobiles... les mouvements de la tête, des épaules (voyez Sarkozy), les mains, les gestes des bras, les poings serrés ou les mains molles que l'on devine poisseuses, les pieds animés de la danse de Saint Gui, les jambes croisées ou non... les corps nous parlent autant que les voix... et eux ne mentent pas !

Je fus donc particulièrement attentif à la gestuelle de Benoit Lutgen annonçant son coup de poker. J'observai une étonnante immobilité des traits du visage, une fixité du regard, une rapidité du langage, la façon remarquable dont les mots s'égrenaient, le corps ne parlait pas, une autorité surjouée, dénotait une sorte d'inquiétude, de crainte, l'ombre d'une peur embuait tout le discours, les mots s'additionnaient vifs, découpés un à un, alourdis par un ton plus sourd pour ceux qui devaient marquer l'auditeur.

La pauvreté de l'argumentation était-elle liée à la misère chaotique d'un parcours universitaire par trop fragmenté? Croyait-il que ce qu'il affirmait était la vérité parce qu'il le pensait ?

Ce président de parti cultive manifestement une forme de ruralité de la pensée, bétonnant son discours d'une sorte de franchise paysanne bourrue, brut de décoffrage donc… supposée sincère, honnête, ne se rendant pas compte qu'il confond ainsi le discours politique avec l'ouverture de la foire agricole de Libramont !

Ce machiavel bucolique n'est cependant pas pire que la triste multitude des stratèges suburbains peuplant le cheptel politique bruxellois.

L'esprit de parti ou qui a le vrai pouvoir ?

« Les échelles vermoulues ne mènent à aucun paradis. »
Arthur Koestler

Souvent lorsque je discutais avec des amis libéraux, ceux-ci me précisaient combien ils enviaient la discipline régnant au PS, se plaignant sans cesse de l'individualisme des mandataires libéraux et de l'impossibilité de faire régner l'ordre et la discipline.

Or, c'est précisément cette organisation pyramidale qui a tué le PS. Qui détient le vrai pouvoir ?

Non ! Ce n'est pas Di Rupo, loin de là, il ne dispose de fait que d'un pouvoir tout relatif… celui de nommer les ministres.

C'était, j'insiste, c'était un vrai pouvoir, cela ne l'est plus. La régionalisation a changé la donne. Il a toujours fallu calibrer, peser à la balance de pharmacien la représentation des fédérations au sein des gouvernements, gérer la lutte incessante de la fédération liégeoise contre les fédérations hennuyères, régler les conflits entre les fédérations du Hainaut, contenter les uns sans mécontenter les autres ! Spitaels était un orfèvre… jusqu'à se nommer lui-même à l'Elysette !

En conséquence, ce pouvoir considérable jusque dans les années septante de nommer les ministres s'est effrité, morcelé… Di Rupo me fait songer aujourd'hui à Gulliver, se réveillant ligoté par d'innombrables fils noués par les revendicatifs Lilliputiens des fédérations. Voilà les vrais patrons, les présidents de fédérations régnant sans partage sur un peuple d'attachés de cabinet et autres obligés... là s'exerce la rigoureuse discipline de ceux qui comptent et des autres...

J'ai toujours été étonné de cette volonté de caporalisme dans le PS, c'est souvent un socialisme qui tient de la sacristie et de la caserne. Je songe souvent à Edmond Picard, juriste, créateur des Pandectes, et qui fut sénateur socialiste. Évoquer Picard est délicat, car il fut aussi l'un des théoriciens de l'antisémitisme, raison pour laquelle l'avocat Graindorge brisa, avec raison, son buste au palais de Justice. Néanmoins, il m'intéresse, car il quitta le POB de façon à la fois originale et superbement intelligente.

Étant invité à faire une conférence à la Maison du peuple de Bruxelles, il monta à la tribune et se mit à réciter la fable de La Fontaine « *Le loup et le chien* ».

On connaît le thème, le chien gras bien nourri méprise le loup hâve, côtes saillantes, pelage terne, couvert de cicatrices... quand, répondant au chien, le loup remarque une trace sur le cou du chien... et celui-ci est bien obligé d'avouer, que c'est la trace du collier. Ayant terminé la récitation de la fable, Edmond Picard, sans un mot de plus, descendit de la tribune, traversa la superbe salle Horta et quitta pour toujours le POB !

Voilà un exemple qui me paraît admirable. J'ai quelques difficultés à exprimer, tant ce fut intense, l'immense sentiment de liberté que je ressentis lorsque je décidai après une ultime dispute sur la laïcité avec Moureaux de ne plus m'investir au sein de la fédération, qui n'était plus qu'une chambre d'enregistrement des désirs du « Chef ».

J'éprouvai alors une extraordinaire impression de légèreté... je quittai définitivement mes semelles de plombs, libéré du joug, je m'enivrai du vent frais et revigorant de la liberté... j'avais quitté l'esprit de parti... j'allais pouvoir penser librement... agir de même... mieux vaut tard que jamais !

Y a-t-il une ou des alternatives à la sociale démocratie ?

*« Cette moitié optimiste de l'humanité qu'on appelle
la gauche parce qu'elle croit au progrès social. »*
Arthur Koestler

La sociale démocratie ne s'effondre pas seulement en Belgique francophone, mais dans toute l'Europe. La cause fondamentale ne réside pas dans l'éclatement des scandales divers et multiples, la preuve en est le SPA flamand qui est devenu un tout petit parti dont les pudeurs de père la vertu me font rire ! On voit éclore ici et là différentes formations contestataires que ce soit Podemos en Espagne, les Insoumis en France ou encore Cinque Stelle en Italie. Là où ces formations arrivent au pouvoir, on constate de curieuses orientations, ainsi Cinque Stelle gérant la ville de Rome, il n'a pas fallu six mois pour qu'éclatent différents scandales et surtout l'incompétence des élus de ce parti, la gestion des villes de Madrid et Barcelone par des élues de Podémos semble aussi poser quelques solides problèmes.

Et en Belgique, s'ébroue le PTB, formation se référant au Maoïsme (le fait-elle encore ?) qui se veut l'alternative de gauche à un PS KO debout. Concernant le PTB, j'adore la formule diffusée par Michel Gheude sur les réseaux sociaux, *« voter PTB c'est comme quitter le catholicisme pour rejoindre l'église de scientologie »*… magnifique d'intelligence et de concision !

En France, il y a Mélenchon, là c'est du solide… des références culturelles, du bagout et du dégoût en pagaille. Lui, se prend pour Victor Hugo, Bolivar, Jaurès, le tout passé au mixer de Chavez, Castro et quelques autres. Il croit faire revivre la Commune de Paris, mais il ne fait que déverser des mots, des flots de mots, encore des mots prononcés avec une permanente mauvaise humeur d'atrabilaire… pas de doute pour moi Mélenchon souffre du foie ! Mais qu'y a-t-il mis à part des formules de batteurs d'estrades, où sont les axes permettant de venir en aide réellement à cette France qui ploie sous le chômage ?

J'en veux beaucoup à Mélenchon, car il vend de l'illusion, il trompe des millions de gens qui sincèrement pensent pouvoir « changer la vie » alors qu'en fait, son action fera le jeu de la droite, car à cause de lui, qui s'estime le seul dans la vérité, aucune union de la gauche ne sera possible… et sans cette union aucune chance d'arriver au pouvoir… sauf bien sûr si grâce à l'Union bolivarienne… ! Je rigole bien sûr ! Non! Ce marchand de rêve ne conduira qu'au cauchemar, le joueur de flûte guidera sa horde d'électeurs sympathiques, confiants, mais naïfs au désastre, à la désillusion ou… au vote Front national ! On peut citer Jaurès et comprendre que la mondialisation cela existe, on peut citer Victor Hugo et comprendre les interconnexions des sociétés du XXIe siècle, qu'on le veuille ou non, nous dépendons tous les uns des autres… et ce à l'échelle mondiale… l'effet papillon est maintenant permanent, total.

Alors quoi ! Le désespoir ?

> « *L'essence de la politique, c'est l'espoir.* »
> Arthur Koestler

Bien sûr que non ! L'histoire ne s'arrête jamais ! Et le désir de liberté et d'égalité ne disparaîtra jamais du cœur des hommes.

À notre tout petit niveau du PS belge, il est indispensable que le PS aille dans l'opposition et vite… c'est cette culture du pouvoir qui nous a plombés, car elle est antinomique de ce qu'est un parti socialiste digne de ce nom. Il convient d'en finir avec cette lente décomposition de l'État belge. Je l'ai déjà écrit, la Belgique n'a jamais été une Nation, mais elle fut un État… aujourd'hui, elle ne l'est plus ! Quelle institution fonctionne encore normalement ?

On peut douter de tout quand publiquement sur l'antenne de la chaîne de télévision publique le Président de la Cour de cassation affirme que l'État, l'État belge est un État voyou ! La Justice est au cœur de l'État de droit, elle est chargée d'en assurer jour après jour la légitimité… et son plus haut représentant estime que l'État est un État voyou. Une telle déclaration aurait dû provoquer un séisme ou une révocation... quelques articles... quelques tribunes... puis on est passé à autre chose. Non !

Il faut en finir et négocier une fois pour toutes une ultime réforme de l'état. Cette réforme devrait impliquer une solide simplification des institutions bruxelloises qui telles qu'elles sont ne génèrent que des mandats et de gigantesques dépenses publiques. Les Communes bruxelloises doivent être totalement repensées, car aujourd'hui c'est en permanence l'absence de tout contrôle réel et la prime à la mauvaise gestion. C'est dans ce contexte que le PS doit se reconstruire, se faire l'instrument d'un volontarisme institutionnel courageux, qu'il doit avoir l'audace de supprimer cette foule de mandats inutiles et surpayés... ce n'est qu'à ce prix qu'il a une petite... une toute petite chance de se régénérer.

Pour conclure, pour ne pas laisser le monopole des citations de Victor Hugo à Mélenchon, je dirai, concernant le PS bruxellois, « *l'homme est par terre, mais l'idée est debout* ! »

On recherche président ou présidente

23 septembre 2019

Le PS de la région bruxelloise recherche un(e) président(e)

*« Le langage politique a pour but de faire paraître
vrai le mensonge et le meurtre légitime. »*
George Orwell

*« ... ceux qui émergent à la faveur d'époque trouble...
les avocats sans cause, les médecins sans consultation,
les écrivains sans lecteur, les marchands sans client et la
troupe des naïfs qui aspirent au rôle d'hommes d'État... »*
Lucien de la Hodde

Offre d'emploi

Le ou la candidate devra répondre aux conditions mentionnées par les statuts pour occuper cette fonction. (À noter que cette précision est nécessaire dans la mesure où depuis une vingtaine d'années des candidats à différentes élections ne répondent pas aux conditions prescrites)

Rémunération

Aucune « Stock-Options » n'est prévue, ceci évitera toute difficulté au moment de la démission du président, ainsi pas de conflit d'initié prévu. Valorisation boursière nulle, valorisation électorale souhaitable. En principe, l'activité est bénévole dans la mesure où elle s'accorde à un mandat électif, bourgmestre, député, sénateur, député régional. Elle comprend de façon statutaire et automatique, sans demande préalable, la fonction de vice-président(e) du parti socialiste fédéral. On peut cependant envisager quelques notes de frais, à discuter.

Avantages divers

S'il n'y a pas de rémunération directe, de nombreux avantages sont liés à la fonction. Elle permet d'acquérir un très grand nombre d'amis… intéressés. Il faut prévoir de multiples invitations à des dîners en ville, fort utiles pour savoir ce que pensent les uns et les autres de vous. Des cadeaux de fin d'année sont envisageables ainsi que quelques invitations dans d'idylliques lieux de vacances.

Autres avantages :

Le ou la présidente pourra aussi

— Préparer les listes électorales. Les votes démocratiques en cette matière ayant disparu depuis longtemps, cela permet, autre avantage non négligeable, de placer les nombreux fils et filles de… à des places éligibles, de faire sauter quelques gêneurs, de placer un ou une candidate disposant d'une botte secrète… très utile ça les bottes secrètes… elles ne le restent cependant jamais longtemps. Pour parler comme le père Hugo : « *L'homme (ou en l'occurrence la femme) politique, c'est comme un champignon, ça pousse en une nuit* ». Énorme avantage que de pouvoir placer ainsi ses proches qui pourront préparer l'avenir. Mais attention des trahisons ne sont jamais à exclure, et on le sait, elles viennent toujours de là où on ne les attend pas. Combien de parents soumis, de collaborateurs serviles ne se sont pas subitement transformés en Iago quand le rapport de force s'inverse ? Le ou la candidat(e) devra y être particulièrement vigilant et se rappeler en permanence la sublime formule de Shakespeare lorsqu'il écrit qu'il y a « *des poignards dans les sourires.* »

— Placer et désigner les membres des cabinets ministériels, bras de levier considérable pour lutter contre le chômage et farcir les congrès de sujets malléables à souhait.

— Le ou la candidate pourra désigner les mandataires du PS dans l'imposante liste des mandats à pourvoir, depuis ceux de gestionnaire du crématoire d'Uccle jusqu'à VIVAQUA en passant par les autres fournisseurs d'énergies agissant sur le territoire de la région.

Il ou elle veillera à ce que les mandats les plus rémunérateurs soient destinés à des gens sûrs, à des gestionnaires compétents et… dévoués à sa personne. On peut prévoir l'immense liste d'amis que ces désignations produiront, autres avantages de la fonction.

À éviter à tout prix les candidats à ces fonctions qui ont l'intention d'être présents aux réunions, de lire les dossiers, d'examiner les budgets, de poser d'inutiles questions. L'idéal est de confier ces fonctions à ceux qui ne sont pas capables de lire un budget.

Il n'y aura pas de difficulté, ils sont nombreux.

– Le plus important, l'avantage ultime, la désignation des ministres bruxellois à la région, à la communauté française, aux très rémunératrices présidences d'assemblées qui loin d'être un lot de consolation sont un véritable pont d'or…, fort peu nombreux sont ceux qui connaissent les chiffres et les multiples privilèges attachés à ces fonctions. Important donc de veiller à ce que ces chiffres restent discrets.

Ainsi, il devra maîtriser l'art subtil d'envelopper le vide, sans lequel il ne peut y avoir de vrai politique.

La désignation des ministres est la fonction la plus importante, car elle fonde l'autorité du ou de la présidente. Faiseur de rois, roitelets, ministricules peut-être, mais quand même. On ne contredit pas ceux qui disposent de ce pouvoir. Le seul vrai pouvoir est celui de nommer !

– Le ou la président(e) participera à de nombreuses ruptures de jeûne. Essentiel pour préserver l'électorat communautaire.

Il ou elle pourra néanmoins s'abstenir d'être présent aux repas de Pâques, pourra s'absenter aux différents Te Deum. Sa présence n'est pas plus requise au congrès ou assemblées générales locales des Amis de la morale laïque. À éviter à tout prix les manifestations où il est question des génocides arméniens et juifs, il y aurait un risque de ne pas être compris. Ou alors, si vraiment le ou la présidente ne peut y échapper, faire très vite, dans la foulée, une vigoureuse déclaration anti-israélienne et marquer un indéfectible soutien à la cause palestinienne.

Description de la fonction

Il sera demandé à la présidente ou au président de : rompre avec l'ère Moureaux de la haine de soi, de la culpabilité sociale et civilisationnelle.

De faire respecter par tous les membres les principes et valeurs fondamentales qui ont fondé le PS, à savoir le respect de la laïcité, l'égalité homme/femme, la mixité dans tous les aspects de la vie culturelle et sportive, le respect des habitudes alimentaires issues des cultures des communautés vivant à Bruxelles, en ce compris celle des Bruxellois non issus de l'immigration, le rejet de tous les racismes, en ce compris l'antisémitisme.

Faire passer devant le Comité de vigilance prévu dans les statuts tout membre ayant violé ces principes, et ce dès le premier manquement. Faire de même avec les membres qui profèrent des insultes antisémites, s'affirment proches d'un groupe terroriste, font le signe de ralliement d'organisations classées par l'ONU dans la liste des groupes terroristes, manifestent en faveur du port du voile, qui défendent des thèses négationnistes visant le génocide arménien, le génocide des Juifs ou encore celui des Tutsis, ceux qui organisent des meetings communautaires visant à faire élire un dictateur étranger, ceux qui comparent la Justice belge à la justice nazie, assimilant ainsi la nécessaire lutte contre le terrorisme aux rafles des Juifs pendant la Seconde Guerre mondiale.

Il ou elle devra faire voter une loi qui, comme en Flandre et en Wallonie, interdit l'égorgement halal. Mettant ainsi fin à une atroce barbarie trop longtemps tolérée.

Il ou elle devra favoriser la mise en œuvre de toutes les politiques visant à intégrer les populations émigrées tout en respectant les cultures d'origines de ces populations. De même, il ou elle devra lutter pour la disparition des ghettos urbains.

272

Elle ou Il devra bénéficier d'une parfaite santé mentale et physique, être dépourvu de toute paranoïa ou névrose diverse. Il ou elle devra se soumettre à un examen et à différents tests visant à assurer la fédération de ses capacités mentales à assumer la fonction.

Attention, il devra aussi accepter le passage au détecteur de mensonges, un test très important, un échec étant rédhibitoire.

La fédération met en ce moment au point différentes batteries de tests visant à évaluer la capacité des candidats à tenir leurs promesses, à éviter toute politique clanique ou népotique. Ces tests étant très difficiles à réaliser, il est possible qu'il faille surseoir de quelques dizaines d'années l'élection d'un ou d'une présidente répondant à ces critères permettant un choix judicieux.

En attendant l'intérim sera exercé par L. Onkelinx qui a une parfaite habitude des départs reportés, la date ultime étant 2100, moment où les experts du GIEC nous prédisent la disparition de la Flandre sous les eaux de la mer du Nord, ce qui modifiera la donne politique et devrait permettre d'envisager le problème communautaire de façon tout à fait différente.

C'était un rêve... retour vers le cauchemar

Ah ! zut alors... mais qu'est-ce que je fais, je roupillais sur mon clavier d'ordinateur en rédigeant la description de fonction, trop de marche à pied nuit à la santé, on s'endort partout, et on rêve... lecteur tu connais la formule de Hamlet : « *mourir, rêver, là est l'ennui* ». Pas gai de me réveiller dans le PS tel qu'il est devenu.

Pénible retour vers un inquiétant futur !

Ils sont nombreux ceux qui ont cessé de rêver et à avoir voté avec leurs pieds. 25.000 membres en 1974, moins de 3.000 aujourd'hui et encore, je crois bien que c'est bien moins que cela, car la bonne habitude des membres fantômes se pratique toujours. Il s'agit pour la section de payer sur sa cassette la cotisation de membres réels ou non de façon à gonfler son effectif et accroître son poids au Congrès. Ainsi pendant plus de vingt ans la fédération a été dominée par les sections de Molenbeek et d'Anderlecht... il suffisait de « nourrir Saint-Gilles» pour qu'elle se taise... quelques os à ronger et tout le monde était content. À deux, Anderlecht et Molenbeek représentaient plus de membres que toutes les autres sections réunies. Je serais curieux de connaître les chiffres aujourd'hui! Elles faisaient donc la loi.

Ce n'est plus vrai aujourd'hui. La section de Bruxelles ville a conquis de haute lutte une véritable autonomie qui l'a mise à l'abri de bien des turpitudes, raison pour laquelle cette section, la seule, défend encore une vision de la laïcité conforme à nos valeurs fondatrices. D'autres sections ont quasi disparu, d'autres encore sont parmi les « alignés », c'est-à-dire que leurs leaders sont de près ou de loin liés aux cabinets ministériels, canaris dans leurs cages... ils ne risquent plus de chanter, même faux, leur espace de liberté étant dès lors plus que réduit, autrement dit, ils ont les doigts sur la couture du pantalon... un canari avec un pantalon, une espèce rare... faut bien manger !

Ultime réflexion désespérée

La gauche n'est plus la gauche si elle abandonne la laïcité, les Valeurs fondamentales des Lumières, l'égalité absolue homme/ femme ; elle n'est plus alors qu'un groupement d'intérêts, dont le but unique, est l'accès à des fonctions de pouvoir dépourvues de toute âme, de tout projet. Un mot d'ordre, un seul : être dans la place. Pour y faire quoi ? On verra plus tard...

Cette gauche-là, ne peut plus être celle pour laquelle tant et tant ont combattu pendant des siècles avec comme premier adversaire le cléricalisme ; aujourd'hui, cette gauche, là se couche devant un autre cléricalisme... or tous se valent, Juifs, musulmans, chrétiens, bouddhistes, dans leur négation des libertés, dont la première... fondatrice, essentielle, la liberté de penser.

274

Car oui ! Je veux le crier haut et fort, toutes les civilisations ne se valent pas, comme veulent nous faire croire les benêts qui ont mal lu Claude Lévi-Strauss. Une civilisation où l'on ne respecte pas l'égalité homme/femme, où on excise des petites filles, où la liberté religieuse est interdite, ne peut s'exporter sur base de je ne sais quelle scandaleuse soi-disant équivalence. Une civilisation où seul le profit compte, où la Sécurité sociale n'existe pas, où le monde de la finance élit son candidat, paye son élection et fait les lois à son profit, n'est pas digne de porter le nom de civilisation.

J'affirme que la civilisation européenne dans laquelle j'ai eu l'immense chance de naître est exceptionnelle dans l'histoire du monde, car précisément, elle offre la démocratie, la Justice, la liberté de pensée, la liberté religieuse, la liberté d'entreprendre, elle est solidaire grâce à cette chose unique remarquable, mais que plus personne ne remarque : la Sécurité sociale ; ce trésor convoité de toute part.

Nous sommes très nombreux à être orphelins de cette gauche-là.

Et ces orphelins ont cruellement manqué au PS lors des récentes élections communales, régionales et législatives. Le communautarisme à outrance que nous connaissons aujourd'hui est mortifère pour la gauche, il implique l'abandon des Valeurs. Le grand choix est là : communautarisme ou Valeurs. Y a-t-il un ou une candidate pour oser ce combat... pourtant vital ? Qu'il se lève, ose parler, ose s'opposer aux communautarismes de toutes sortes, qu'il unisse au lieu de diviser. Le combat sera rude, mais ce sera le dernier... Après c'est le vide, la dispersion « façon puzzle », le néant, le gouffre du pire !

VINGT ANS DE LÂCHETÉS DE LA GAUCHE BELGE
Entre désillusion et espérance

Présidence de la fédération bruxelloise du PS. Des questions sans réponses !

15 octobre 2019

Les candidats à la présidence de la fédération bruxelloise du PS font campagne... coups de téléphone, séances d'informations, débats. Excellent tout cela, on n'y était plus habitué depuis le règne tout puissant... et occulte des « Comités des sages » où les décisions importantes étaient prises, où les candidats étaient bien ou mal placés selon leur proximité avec telle majesté au pouvoir. Et pourtant, jamais je n'entends répondre à certaines questions essentielles.

À Ahmed Laaouej, il conviendrait de lui demander qui était ce « ON » auquel il faisait allusion dans la « Dernière Heure », à quelques jours des élections quand il y affirmait : « ***On a*** empêché que l'abattage rituel soit interdit à Bruxelles comme il l'est en Flandres et en Wallonie. » Ce « on » a beaucoup d'importance, car jamais une instance statutaire du PS bruxellois n'a pris de position pour s'opposer à l'interdiction de l'égorgement rituel.

Ahmed Laaouej devrait donc pouvoir expliquer quelle est l'instance où siègent ces « ON » si puissants qu'ils ont pu s'opposer à une mesure visant le bien-être animal adoptée en Flandres...et par le PS en Wallonie. Y a-t-il au sein du PS bruxellois un groupe des « ON » ? Essentiel de le savoir avant de voter, car si le « ON » est aussi occulte que le « Comité des sages » cela ne vaut pas la peine de voter.

À Ahmed Laaouej et à Rachid Madrane, il faudrait poser certaines questions particulièrement opportunes

Quelle serait leur attitude à l'égard d'un élu PS qui se déclare proche du Hamas ? On sait que l'ONU a classé cette organisation parmi les organisations terroristes.

Quelle serait leur attitude à l'égard d'un élu du PS qui refuse de reconnaître le génocide arménien ?

Quelle serait leur attitude à l'égard d'un élu qui, bien qu'échevin de la Commune en cause, manifeste et est arrêté par la police de la zone, car il refuse que celle-ci contrôle, comme le prévoit le règlement communal, une femme entièrement voilée ?

Quelle serait leur attitude à l'égard d'un bourgmestre PS qui exige que soit organisée une réunion électorale en faveur d'un chef d'État étranger, dont les violations des droits de l'homme sont multiples et récurrentes ?

Quelle serait leur attitude à l'égard d'un élu condamné par la justice pour avoir nié la réalité du génocide arménien ?

Quelle serait leur attitude à l'égard d'un élu PS dont la justice démontre au cours d'une procédure qu'il a menti concernant ses études ? Pour rappel, une secrétaire d'État SP avait dû démissionner pour les mêmes raisons.

Quelle serait leur attitude à l'égard d'un élu qui traite un journaliste « d'ordure sioniste ? »

Quelle serait leur attitude à l'égard des organisateurs, membres du PS, qui organisent une conférence-débat en l'annonçant au moyen d'une affiche, copie conforme des affiches antisémites nazies ?

Quelle serait leur attitude à l'égard d'un bourgmestre étiqueté PS qui au cours de la récente campagne électorale a comparé publiquement les procédures de la justice belge, en matière de lutte contre le terrorisme, à celles du IIIe Reich nazi ?

Quelle serait leur attitude envers des membres du PS qui au cours de réunion publique refusent de reconnaître l'égalité homme/ femme ?

Quelle serait leur attitude à l'égard de membres du PS qui au cours de réunions publiques dénoncent l'avortement comme un crime et promettent à leurs électeurs de revenir sur la loi l'autorisant en Belgique ?

Quelle serait leur attitude à l'égard d'un élu qui fait le signe de ralliement des frères musulmans et qui diffuse cette image sur les réseaux sociaux ? À noter que l'article premier de la Charte des frères musulmans prévoit la disparition de l'État d'Israël.

Quelle serait leur attitude à l'égard des associations religieuses qui occupent des heures de piscine afin que celle-ci soit exclusivement réservée aux femmes ?

Quelle est leur attitude à l'égard du vote préférentiel multiple qui favorise le communautarisme et bloque toute diversité possible au sein des élus PS ?

Au moment où j'écris ces lignes, aucun des deux candidats n'a signé « *l'Appel de Liège pour une laïcité universelle* » établi ce samedi visant à modifier la constitution pour y inclure le principe fondamental de la laïcité.

Document déjà signé par Elio di Rupo, Onkelinx et nombre d'autres mandataires PS.

Le gouvernement bruxellois se voile et fait la promotion du communautarisme

2 juillet 2020

Il y a peu, la Cour Constitutionnelle prenait un arrêt permettant aux établissements d'enseignement supérieur d'interdire tous les signes d'appartenance religieuse. Or, l'accord politique constitutif de l'actuel gouvernement régional bruxellois prévoit précisément le contraire. À la demande d'Écolo, cet accord entend que les signes ostentatoires de reconnaissance religieuse seront autorisés dans l'enseignement supérieur.

Pour sortir du bal des faux-culs

Tout d'abord, un mot de sémantique. Les textes parlent pudiquement… hypocritement de « *signes convictionnels* », chacun aura cependant compris qu'il ne s'agit que d'une seule chose, le voile islamique. En effet, on rencontre dans les hautes écoles bruxelloises peu de moines bouddhistes, crâne rasé en robe safran et sandales nu-pieds, de même les Juifs portant Kippa se sont évaporés au fil des insultes et menaces dont ils sont sans cesse l'objet, enfin les chrétiens portant une croix visible l'ont depuis longtemps prudemment remisée sous leur chemise de corps. Donc, toute l'affaire ne porte que sur le voile et rien que le voile

Faire plier la ville de Bruxelles

L'interdiction du port du voile a été décrétée à la ville de Bruxelles, conformément aux textes légaux en la matière et en accord, plus important encore, avec les arrêts de la Cour européenne des Droits de l'Homme. Il n'empêche que quelques élèves ont porté plainte contre la ville de Bruxelles. Le tribunal de première instance s'est tourné vers la Cour Constitutionnelle afin de poser une question préjudicielle sur le sujet. Le 4 juin, cette haute juridiction rendait un arrêt concluant à la possibilité pour la ville de Bruxelles d'interdire le voile dans les Hautes Écoles.

Or, la position de la ville de Bruxelles s'oppose directement à l'accord de gouvernement régional qui explicitement prévoit l'autorisation du port de tous les signes convictionnels, donc du voile. Il faut donc être attentif à ce que cette problématique cache une sourde, de plus en plus évidente, opposition entre le gouvernement régional qui favorise le communautarisme et la ville de Bruxelles dont le bourgmestre Philippe Close est non seulement vice-président de la fédération bruxelloise du PS, mais est aussi vice-président du PS fédéral.

Depuis longtemps, à la Ville, que ce soit sous les mayorats de Thielemans, de Mayeur et maintenant de Close, la laïcité a été défendue, et ce malgré l'accumulation des problèmes liés à un communautarisme de plus en plus envahissant, de plus en plus impératif, de plus en plus intolérant, de plus en plus tentaculaire, qu'il s'agisse des écoles, des hôpitaux et des services publics en général. Il n'est pas un enseignant, un chef d'école, un préfet qui ne soit pas journellement confronté à d'inextricables conflits, exigences diverses dont la source est toujours la volonté d'identification religieuse de certains élèves.

Quand devant le tribunal, les avocats de la Ville plaidèrent qu'on en arriverait à ce que des élèves exigent des salles et des périodes de prières dans les établissements d'enseignement, ils étaient bien en dessous de la situation vécue sur le terrain par les enseignants.

Un chef de groupe hautement concerné

Le chef du groupe PS au parlement bruxellois, M. Jamal Ikazban déposa, dès le 10 juin, une interpellation dont le but est de s'opposer, comme l'a décrété la Cour Constitutionnelle, à la possibilité pour les établissements d'enseignement d'interdire le port de signes d'appartenance religieuse. Il faut en effet noter que la Haute Juridiction laissait le choix, soit tout interdire, ce qu'avait fait la Ville de Bruxelles, soit tout autoriser. Mais il ne fait de doute pour personne que « tout » autoriser n'a qu'un seul sens, un seul objet… autoriser le voile islamique.

En voici le texte :

À la suite de l'arrêt de la Cour Constitutionnelle sur le port de signes convictionnels à la Haute École Francisco Ferrer, j'ai déposé dès le 11 juin une interpellation au ministre en charge de l'enseignement à la commission communautaire française. Je considère qu'un règlement interdisant le port de signes convictionnels dans l'enseignement supérieur constitue un obstacle inacceptable à l'accès aux études de certaines femmes, et donc un frein à leur émancipation, ainsi qu'à leur indépendance financière. Il empêche même une véritable intégration sur le marché de l'emploi. À ce titre, je rappelle que l'Accord de politique générale de la Cocof prône « un enseignement public de qualité et émancipateur pour toutes et tous ». En précisant que « le Gouvernement lèvera l'interdiction du port de signes convictionnels par les étudiants dans l'enseignement supérieur et de promotion sociale ».

J'avais déjà interrogé le gouvernement sur le même sujet en septembre dernier à propos de l'application de cet accord. Aujourd'hui, afin d'éviter toute ambiguïté, je souhaite clarifier la mesure inscrite dans l'accord de politique générale que je viens d'évoquer.

Mes questions sont simples :

— Je souhaite une confirmation de mon interprétation au sujet de cet arrêt de la Cour Constitutionnelle qui, à mon sens, ne change absolument rien à l'accord de politique générale de la Cocof.

— Je demande également la mise en œuvre immédiate de la levée de l'interdiction des signes convictionnels dans l'enseignement supérieur et de promotion sociale.

Je publierai mon intervention et la réponse que le ministre Rudi Vervoort me donnera ce vendredi au Parlement.

Jamal IKAZBAN
Député
Chef de groupe PS
Parlement Francophone Bruxellois

Qui est M. Jamal Ikazban ?

Il ne me paraît pas inutile de rappeler qui est M. Jamal Ikazban.

Il fut échevin-député de Molenbeek, aujourd'hui il est député, ayant été contraint de choisir à la suite des dispositions sur le cumul des mandants. Sa notoriété a dépassé les limites municipales pour des faits qu'il convient de rappeler, cela permet de situer la personnalité de celui à qui le PS a confié la fonction de chef de groupe au parlement bruxellois.

Un passé éclairant

Il a insulté un journaliste en le traitant « **d'ordure sioniste** », il s'en est excusé !

Il a déclaré qu'il se sentait proche du Hamas. Pour rappel, le Hamas est une organisation classée par l'ONU sur la liste des organisations terroristes.

Il a été l'objet d'une arrestation administrative à Molenbeek, car **il protestait violemment contre la police locale**, étant échevin, qui appliquait le règlement communal en contrôlant l'identité d'une femme entièrement voilée, type d'Arabie saoudite.

Plus récemment, il a diffusé sur son compte Facebook des photos où on le voit faire le **signe de ralliement des Frères musulmans**, organisation dont le credo inclut le Djihad et dont il n'est pas nécessaire d'expliquer les buts, chacun les connaît. À noter qu'interviewée à la télévision, Madame Onkelink, Présidente à l'époque de la fédération socialiste de Bruxelles, déclara que« *M. Ikazban est un homme bien* » dont acte !

Quand il publia ses photos faisant le signe de ralliement des Frères musulmans, il fut convié à se présenter devant une « commission ad hoc» de la fédération bruxelloise du PS, inconnue des statuts ; « on » lui tapota sur les doigts en lui demandant poliment de ne plus recommencer. (Voir sur mon Blog l'article que j'ai consacré à M. Ikazban)

Il est donc particulièrement intéressant de lire dans le rapport de la sûreté de l'état que la presse vient de mentionner ces jours-ci que les Frères musulmans sont surveillés et qu'ils font de l'entrisme dans les partis politiques notamment en faveur du voile. (Pages 10 et 11) Apparemment, ils ont parfaitement réussi au PS et à Écolo !

Voilà donc la personnalité actuellement chef de groupe du PS... significatif non !

Ce qui m'impressionne dans l'interpellation qu'il a déposée, c'est d'abord le ton. Le ton est comminatoire, Tribunal de Première instance de Bruxelles, Cour Constitutionnelle... rien ne compte face aux exigences communautaires figurant dans la déclaration gouvernementale. L'État de droit... connaît pas ! On n'attend pas la décision du Tribunal de Première instance... tout... tout de suite.

M. Jamal Ikazban écrit, exige : « *la mise en œuvre immédiate de la levée de l'interdiction des signes convictionnels.* » L'arrêt du Tribunal de Première instance qui avait posé la question préjudicielle, on s'en tape ! « Immédiate » on ne discute pas, on n'attend pas l'avis d'un quelconque tribunal... Aucune importance, l'accord politique supplante la norme de droit, une première... et basta. On peut d'ailleurs se demander à quoi servirait encor au Tribunal de décider quoi que ce soit, puisque l'accord politique régional s'impose, selon le gouvernement bruxellois, à toute décision judiciaire. Mais la Ville de Bruxelles va-t-elle plier ?

Intéressante question !

M. Ikazban fait du port du voile un marqueur de l'émancipation féminine !

On rirait de bon cœur face à une telle affirmation, s'il ne s'agissait pas d'une chose aussi fondamentale que la liberté des femmes et des jeunes filles. Oser affirmer que ce voile est un instrument de l'émancipation des femmes est sans doute la position des Frères musulmans, c'est la thèse mille fois répétée de M. **Tariq Ramadan** et les obscurantistes en tous genres, mais dans la réalité, et la Cour européenne des Droits de l'Homme l'a souligné, le voile est un instrument d'asservissement des femmes. Il ne fait aucun doute que la pression sociale qui s'exerce dans certains quartiers conduit des jeunes filles à porter le voile.

J'ai pu le constater moi-même lorsque je dirigeais les Centres d'entreprises de Molenbeek. La fille d'une des employées, alors qu'elle-même ne portait pas le voile, constata que sa fille ne pouvait faire autrement que de s'aligner sur les autres élèves, ceci afin d'éviter la stigmatisation, et les insultes.

La police de la vertu existe bel et bien à Bruxelles. Deux des employés du Centre d'entreprises sortant ensemble de notre immeuble se tenaient par le bras, comme le font parfois certaines femmes en se baladant. Je vis un personnage barbu s'approcher d'elles, leur taper sur l'épaule, en leur disant : « *Ici, les femmes ne se tiennent pas par le bras* ».

Lors d'une réunion avec les chefs d'entreprises de Molenbeek que je réunissais périodiquement, tous se plaignaient de la petite délinquance, de l'incapacité de la police d'y mettre fin. L'un des présents, costume cravate, distingué, propre sur lui, pas du tout barbu, prit la parole pour affirmer le plus sérieusement du monde que **la charia devrait s'appliquer à Molenbeek**, qu'il suffirait de casser les bras des délinquants afin qu'ils ne recommencent plus !

Cela se passait entre 2010 et 2014. Je suis persuadé que c'est pire aujourd'hui. La pression sociale est aujourd'hui de plus en plus forte, celles qui résistent vivent l'enfer, soyez-en certain. Tous ceux qui œuvrent dans les services sociaux à Bruxelles le savent pertinemment. Mais qui ose le dire ? Qui ose encore s'opposer au politiquement correct communautariste si bien représenté dans les collèges scabinaux et au parlement bruxellois ?

Le voile… promotion médiatique garantie

J'ai toujours été impressionné par le fait que lorsqu'il est question du voile, il se trouve toujours l'un ou l'autre media qui dégotte une très jolie jeune fille, dents éblouissantes, peau mate dont on devine le grain splendide, yeux admirables dont la forme en amande est soulignée par un léger maquillage ; toujours souriante, elle explique que le voile, c'est son choix, que personne, non, vraiment personne ne lui a imposé. Notez que le voile qu'elle porte n'est jamais celui des femmes que l'on rencontre dans les rues, sur les marchés, le sien ne gonfle pas les joues, il n'oppresse pas le menton, il ne cache que les cheveux sur le haut du crâne, il est coloré, bigarré, en un mot très joli… vous ne penseriez pas, vous aussi face à ce visage merveilleux, à ce sourire d'une tendresse qui chamboule le cœur, nimbé de paroles aimables prononcées avec la sérénité que donne la foi, une foi évidente, apaisée, faite d'amour et de paix, à des années-lumière des barbus hirsutes, menaçants, une foi qui s'impose à toutes… que oui bien sûr dans ces conditions, voilà un voile bien innocent… émancipateur dirait M. Ikazban. Le journaliste, confronté à cette très jolie fille, ressent à n'en pas douter, le frisson de celui qui enfin découvre la vérité profonde sur le voile, qui enfin peut river leur clou à tous ces « sales laïcards » passéistes qui n'ont rien compris à cette problématique, qui oppressent toutes ces jeunes filles, qui selon M. Ikazban les empêche de s'éduquer, leur bloque le marché de l'emploi.

Celui qui a rédigé le texte de M. Ikazban a-t-il bien mesuré les conséquences de ses écrits ? Pas sûr !

Curieux que celui qui a rédigé le texte de l'interpellation de M. Ikazban n'ait pas réfléchi à la portée de ce qu'il exprime dans son interpellation.

En effet, M. Ikazban écrit que l'interdiction du port du voile empêche les jeunes filles d'accéder à l'éducation. Il écrit qu'il s'agit : « d'un **obstacle inacceptable** à l'accès aux études. » Obstacle ! Vraiment ! N'a-t-il pas réfléchi au fait que cela implique que celles, en réalité ceux, qui considèrent que c'est un obstacle inacceptable, n'envisagent donc pas un instant que <u>ces mêmes jeunes filles puissent faire des études sans être voilées</u>. Cela veut dire que tout leur avenir professionnel, académique, tient au fait d'être ou de ne pas être voilée ! Effarant, retour au moyen âge où le religieux dominait toute l'existence des femmes et des hommes. Vision incroyablement totalitaire. **Donc pas de voile, conséquence pas d'études**... Des études sans le voile... M. Ikazban ne l'envisage pas un instant ! Voilà ce que veut dire ce texte scandaleux, j'écrirai presque délictueux au point de vue des droits humains inaliénables. Faire renoncer à leurs études les jeunes filles qui ne pourraient pas se voiler, voilà ce qui est purement et simplement inacceptable, faire passer le fait religieux ou supposé tel avant toute chose ! Et voilà ce que le gouvernement bruxellois et surtout le PS acceptent alors que ses valeurs fondatrices impliquent formellement le contraire, et ce depuis 1885 !

Quel barrage reste-t-il face à l'obscurantisme si même un gouvernement ne tient pas compte de la décision que pourrait prendre une instance judiciaire ? L'État de Droit n'est pas un aléa, il s'impose à tous, il est le ciment du pacte social rousseauiste, le violer, ne pas le respecter, c'est remettre en cause la démocratie elle-même au profit du religieux. C'est dramatique et j'ajoute, s'agissant des jeunes filles qu'on livre aux mains des pires obscurantistes... criminels.

Ce que pense M. Ikazban et le double langage de certains politiques

J'estime cependant que M. Ikazban a tout à fait le droit de penser qu'une femme non voilée n'a pas la possibilité de faire des études. Il peut aussi penser que la terre est plate, que c'est le soleil qui tourne autour de notre planète, que l'eau de javel soigne le Coronavirus, que le monde a cinq mille ans, que le paradis l'attend où l'on prépare pour lui d'indicibles délices. De toute évidence, il a assisté aux conférences de M. Tariq Ramadan. C'est parfaitement son droit. Notre constitution prévoit la liberté de penser... ce n'est pas le cas partout dans le monde... en particulier là où les femmes ont l'obligation de se voiler... et où elles luttent au péril de leur vie pour ne plus subir cet asservissement ignoble ! Évidemment, il me paraît honteux qu'il ait figuré sur une liste du PS, pis qu'il en soit le chef de groupe.

Mais ce qui me choque beaucoup plus profondément, ce qui me blesse, c'est **le double langage de certains élus PS ou écolos qui au sein de cénacles philosophiques se présentent comme les valeureux défenseurs de la philosophie des Lumières, défendent l'égalité homme/femme et dans leurs pratiques politiques appuient, pour d'immondes raisons électorales, le pire obscurantisme.** Cela est totalement inadmissible. Appartenir à ceux qui sont censés défendre le libre examen et diffuser et soutenir des tracts électoraux communautaristes farcis de propositions impliquant des allers simples pour le haut moyen âge, voilà qui est indigne, ignoble, d'une hypocrisie abjecte.

La toujours plus petite tache d'huile

La réalité électorale domine la pensée et les actes, oubliés les grands principes, oubliée la défense de la laïcité. Dans les faits, ces élus, ceux dont je viens d'évoquer l'hypocrisie, à chaque élection, moins nombreux, me font penser à une petite tache d'huile flottant sur une grande mare. L'électorat étant ce qu'il est à Bruxelles, les élus constituant la tache d'huile ont besoin de la masse d'eau qui les supporte pour être élus, pour surnager.
Pas question donc de la faire bouillir avec des idées de laïcité, d'égalité homme/femme et autres vieilleries du même type… si l'eau s'évapore, la tache d'huile disparaît comme l'eau, ils le savent… ceux qui constituent la masse d'eau sont aujourd'hui bien conscients de leur poids démographique et… surtout électoral.

Aux dernières élections, selon un sondage, sorti des urnes, 44 % des électeurs bruxellois s'affirmaient musulmans. (Source « *Le Vif* »)

Une fois de plus, le saut quantitatif produit un saut qualitatif.

Dès lors, plus question de refuser le communautarisme, non!

Les digues ont cédé, on est passé à l'étape suivante, on n'est pas descendu de quelques marches d'escalier, on a d'un coup dévalé toute la volée. Il faut maintenant imposer le communautarisme,

M. Ikazban et ses semblables l'exigent ! Ce que vient de faire le gouvernement bruxellois, voilà l'effrayante étape qui vient d'être franchie à Bruxelles. Il faut en être conscient. **Emir Kir** a été exclu du PS, mais **c'est lui qui a gagné**, lui qui me disait en octobre 2012, que tout devait être communautarisé à Bruxelles.

Des valeurs universelles ! Mais de quoi parlez-vous ?

Le PS s'est créé en 1885 sur base d'une série de revendications et de Valeurs. Certaines directement issues de la Déclaration des droits de l'homme et du citoyen. Le seul vrai problème est donc de savoir s'il existe ou non des valeurs universelles, à savoir, qui s'imposent à tous, dont tous peuvent bénéficier, qui sont opposables à tous, qui appartiennent à tous, quel que soit le pays ou le continent.

Je ne parle pas ici de civilisation, je parle de valeurs dont toute l'humanité peut se prévaloir. Ma réponse est évidemment positive, et parmi celles-ci l'égalité homme/femme, la liberté des femmes, est un socle intangible sous quelque latitude que ce soit. Or, ce sont précisément celles-là qui sont remises en cause à Bruxelles par les communautaristes qui veulent imposer en Belgique leur vision totalitaire et religieuse du monde. Il est hallucinant que le PS s'en fasse le complice, pour des raisons électorales.

PS et Écolo, la course au communautarisme... dans les bras des barbus

Faut-il s'étonner que les résultats électoraux du PS aient entamé depuis longtemps une glissade vers les abysses que rien ne semble pouvoir arrêter ? D'autant plus qu'il se trouve maintenant concurrencé par écolo qui en matière de communautarisme n'a rien à envier au PS. Lors des dernières élections, ce fut la course à l'échalote entre écolo et PS à qui serait le plus communautariste.

Tous furent atteints, tous y succombèrent... Laaouej soutenant subitement l'égorgement rituel, Madrane qui pourtant avait, il y a quinze ans, fait de fortes déclarations sur la laïcité. Seule Fadila

Laanan résista à ces méphitiques sirènes. Les sondages démontrent qu'Écolo grignote le PS... il a donc compris comment flotter sur le marigot électoral ! Écolo a aussi des huiles à faire surnager !

Des doigts cassés, des zones érogènes et un collant

J'ai été pendant près de 25 ans échevin de l'instruction publique.

Au début des années 80, il s'est produit un fait gravissime qui me vient en mémoire. Une toute jeune fille, fréquentant l'une de nos écoles, sortant de la maison, mettait le voile pour se rendre en classe, quelques dizaines de mètres plus loin, le retirait. Son père l'observait de la fenêtre, il la rappela à la maison, se saisit d'**un marteau et lui cassa les doigts d'une main**. Il est évident que le bourgmestre de l'époque et moi-même prîmes toutes les dispositions qu'un tel acte exigeait à la fois sur le plan pénal et administratif.

À la même époque, les directeurs d'école se plaignirent qu'une professeure de religion islamique refusait de serrer la main à ses collègues. Je la convoquais et lui demandais les raisons de ce refus. Elle m'expliqua que **la main contient cinq zones érogènes**, en conséquence, elle ne pouvait donner la main qu'à son père et à ses frères, il lui était interdit par l'Islam de serrer la main d'un autre homme. J'insistais, précisant que cette attitude rendait les relations fort difficiles. Elle persista, je la licenciai sur le champ.

Un père se présenta un jour à mon bureau pour me dire que sa fille âgée de dix ou douze ans ne pouvait plus participer au cours de gymnastique, qui en primaire se donne souvent en commun garçons et filles. Avec l'aide d'un professeur de religion islamique, une solution fut trouvée. Elle participerait, **mais avec des collants.**

C'était, il y a près de 30 ans. Je pense qu'aujourd'hui les choses se passeraient très différemment. J'ai souvent des conversations avec d'anciens préfets, des enseignants. Certains médecins me font part du nombre considérable d'incidents qui se passe dans les établissements de soins... encore et toujours à cause d'une vision totalitaire du fait religieux.

Une merveilleuse doctoresse que j'ai récemment rencontrée à l'Institut Bordet m'a signalé qu'elle était l'objet d'une plainte, car elle avait refusé à un mari d'assister à l'examen qu'elle devait procéder sur son épouse. Il s'était obstiné, elle avait maintenu son refus conforme à l'éthique et au protocole en la matière, résultat une plainte contre une femme exceptionnelle dont l'existence est centrée sur les soins qu'elle essaye de dispenser à ses patients, c'est monstrueux. Tous ceux-là ne savent plus comment répondre aux exigences de nature communautaire.

C'est dans cette mesure que la décision du gouvernement bruxellois est catastrophique ! Car il n'y a pas à en douter, cette décision n'est rien d'autre qu'un encouragement aux exigences communautaires.

Les vannes sont ouvertes – Pour le moment, on ne voit que la trompe de l'éléphant... le corps suit

Le communiqué de presse du ministre Président ouvre toutes les vannes lorsqu'il écrit que dès la rentrée de septembre tous les signes d'appartenances religieuses seront autorisés, que toutes les interdictions disparaîtront. Je souligne une nouvelle fois que le Tribunal de Bruxelles ne s'est pas encore prononcé... apparemment aucune importance ! La brèche à peine ouverte, le 28 juin, la commune de Molenbeek vient de décréter que le voile sera autorisé dans tous les services de la municipalité. Bien sûr, ce n'est pas exprimé comme cela, il n'y a pas moins de 5 lignes de texte décrivant les discriminations que la commune entend combattre. Belle hypocrisie, car seul le voile islamique est la cause de ce salmigondis bureaucratique.

L'avenir de Bruxelles – les Capitulations de l'Empire turc ou les Concessions dans la Chine des années 1900. Le séparatisme en mouvement

J'ai eu le « privilège » de participer à de très confidentielles discussions avec certains politiques flamands, il y était question de l'avenir de Bruxelles. Je fus stupéfait d'entendre mes homologues flamands évoquer une solution qu'ils appelaient en « taches de léopard », cela voulait dire que certains quartiers de Bruxelles intéressaient les néerlandophones, d'autres leur étaient totalement indifférents, et pouvaient être gérés comme les Bruxellois l'entendaient. Je ne serai pas étonné que cette solution réapparaisse dans le cadre d'une discussion institutionnelle générale.

Mais indépendamment des revendications supposées de nos compatriotes flamands, ce qui se met tout doucement en place, c'est une ghettoïsation affirmée de Bruxelles. Le voile sera partout dans l'administration communale de Molenbeek alors que ce ne sera pas le cas à Uccle ou dans les « Woluwé ». Je pense au système dit des « **Capitulations** » qui existait sous l'Empire turc. Certains quartiers, dévolus aux chrétiens, bénéficiaient, contre payement, d'une large autonomie de gestion, de religion et aussi de toute une série de privilèges. Ces Capitulations devenaient ainsi des enclaves chrétiennes au sein même de l'Empire turc. Je songe aussi au système dit des « **Concessions** » que l'Empire chinois en pleine décadence dut concéder aux puissances occidentales.

Certains quartiers, au sein même des grandes villes chinoises, bénéficiaient aussi d'une large autonomie, avec force de police autonome, etc.

Croyez-vous que ce soit par hasard si lors d'une de ses dernières allocutions, le Président Macron a utilisé le terme de « **séparatisme** » plutôt que celui de communautarisme ? Car oui, ce que nous vivons en particulier à Bruxelles est une forme de séparatisme, de rupture du vivre ensemble, de négation de l'appartenance à la communauté nationale. Celle-ci est clairement, après avoir être abondamment honnie, aujourd'hui niée au profit exclusif d'une appartenance religieuse dans son acception la plus obscurantiste. **C'est à Bruxelles que l'égorgement rituel est encore admis, il est interdit en Wallonie et en Flandre. Le parcours d'intégration n'a été organisé que du bout des lèvres, chacun sait qu'à Bruxelles ce n'est qu'une vaste rigolade.** Je crois que c'est ce à quoi nous conduisent les reniements successifs, les abandons de liens sociaux, les innombrables petites lâchetés. Le PS Wallon ne cache plus son opposition à ces politiques favorisant le communautarisme, là aussi s'annonce peut-être une forme de séparatisme lourde de conséquences.

La décision du gouvernement bruxellois est pire qu'une faute, un crime !

Pourtant l'exemple français permettait de comprendre que quand le pouvoir démocratique tient bon, il peut gagner face à l'obscurantisme.

Il y a une quinzaine d'années (2004), une série de jeunes filles se présentèrent voilées dans leur lycée. Le proviseur leur interdit l'entrée. Ruée des caméras, logorrhées déchaînées des bien-pensants, soutien de certaines associations musulmanes. Le gouvernement français prit une loi de façon à soutenir les chefs d'établissement. Le voile étant ainsi rigoureusement interdit... et aujourd'hui, il reste interdit, sans que cela pose de vrais problèmes.

N'en déplaise à M. Ikazban, des dizaines de milliers de jeunes filles de confession musulmane font en France des études et souvent d'excellents parcours académiques.

Le message à la communauté musulmane… une catastrophe

C'est aux dizaines de milliers de musulmans, qui cherchent à s'en sortir, qui luttent chaque jour en butte aux discriminations malheureusement bien réelles, que cette décision fait le plus de tort. **C'est un signal visant à leur attacher au pied un boulet leur rappelant qu'ils font partie d'une communauté et d'une seule, celle de l'Islam, qui s'impose à tout autre et qu'en corollaire, ils ne seront jamais comme leurs compatriotes belges, ils seront et resteront différents, ils ne s'intégreront jamais.**

C'est donc conforter les pires thèses racistes. C'est les isoler, les stigmatiser alors même qu'une masse considérable d'entre eux font de brillantes études occupe des postes à responsabilités qu'ils ont eu plus de mal que d'autres à atteindre. Prendre une telle disposition, c'est donner raison aux Zemmour de tout acabit qui rêve de renvoyer les musulmans dans leur pays d'origine… on sait ce que cela veut dire.

Être élu… oui… mais par le Ghetto !

Cette décision est non seulement monstrueuse, elle est stupide.

Elle fait plaisir à ceux qui se font élire par les ghettos, oui, voilà la vérité, isoler, contrôler, flatter les barbus des ghettos, car c'est ainsi qu'on se constitue un « **cheptel électoral** ». Je n'emploierais pas un terme à ce point injurieux, si ce n'était pas celui utilisé par un chercheur musulman de la KUL. Dans son étude, il explique que la communauté musulmane est le « *bétail à voix* » de certains partis. J'ai honte à le dire, mais c'est absolument exact. Là est la vérité, la seule vérité. Si le ghetto explose, la masse électorale compacte disparaît, elle se disperse, pas facile dans ces conditions d'obtenir qu'elle vote de façon disciplinée, ordonnée pour les candidats qui auront été chercher leurs voix dans les mosquées.

Donc, il ne faut pas se tromper, le but de cette ignoble décision n'est pas de permettre aux jeunes filles de suivre des études en gardant leur voile, mais bien de permettre de garder sous la main, à la pogne diraient des truands, des électeurs dociles, concentrés pour tout dire soumis, tenus, liés par les ukases religieux… et qui voteront « bien. » Voilà la seule, l'unique vérité, l'horrible vérité !

Combien resteraient-ils d'élus PS sans les voix des ghettos ? 5 à 10 % pas plus ! Où sont partis les autres électeurs ? Où sont-ils ? Pourquoi sont-ils partis ? Plutôt que de répondre à ces questions pourtant existentielles, le gouvernement autorise le voile ! Il conforte son électorat de base, rien d'autre !

Qui sort du Ghetto ?

Je l'ai vérifié des dizaines de fois moi-même. Ceux qui ont été élevés dans la foi musulmane, qui réussissent dans leur projet professionnel, quittent sans délai les ghettos bruxellois, cela ne veut absolument pas dire qu'ils renient leur foi musulmane, ils la conservent, la chérissent, mais en dehors des pressions des obscurantistes. **Pourquoi un musulman ne pourrait pas suivre les préceptes de sa foi sans s'enfermer dans un obscurantisme d'un autre âge ? Ils sont des milliers à le faire, dont certains sont très proches de moi.** J'ai atteint l'âge où l'on fréquente souvent les hôpitaux, j'y suis souvent confronté à des médecins ou des infirmières qui, selon leur apparence, permettent de supposer qu'ils appartiennent à la communauté musulmane. Chaque fois, je suis heureux de les voir occuper de telles fonctions, et c'est avec confiance que je leur confie ma santé, ma vie. Ce sont à ces merveilleux gens-là, pour qui j'éprouve la plus grande admiration, que la décision du gouvernement bruxellois adresse le pire des signaux.

Un Munich de la laïcité

Comment ne pas comprendre qu'après cette concession effarante, il y en aura d'autres ? Toutes les viandes servies dans les écoles bruxelloises sont déjà halal, comme me l'a signalé la firme qui fournissait les repas dans ma commune, de façon à ne rencontrer aucune difficulté. Les piscines seront accessibles seulement en fonction de la séparation des sexes, c'est d'ailleurs le cas dans de nombreuses piscines bruxelloises. Des lieux de prières seront officiellement installés dans les grandes entreprises, qu'il s'agisse de la STIB ou de la Propreté publique. Les femmes se verront exclurent de certains emplois. **Mille et un interdits seront exigés, imposés.** Personne ne peut en douter, et personne d'ailleurs n'en doute… mais il faut bien être élu par quelqu'un… alors, s'il ne reste qu'eux, pourquoi pas eux ! Je terminerai par deux citations de Churchill qui s'y connaissait, et à qui nous devons de ne pas être devenus nazis !

« Un **fanatique** est quelqu'un qui ne veut pas changer d'avis
et qui ne veut pas changer de sujet. »
« Un **conciliateur**, c'est quelqu'un qui nourrit le crocodile
en espérant qu'il sera mangé le dernier. »

Ces deux formules s'adaptent parfaitement aux décisions que vient de prendre le gouvernement bruxellois ! **Le dernier élu PS n'éteindra pas la lumière en sortant, il n'en aura pas le temps… le crocodile l'aura mangé !**

Bruxelles ? Ventre mou du ventre mou de L'Europe

10 octobre 2021

Une rentrée exemplaire

– L'égorgement rituel à Bruxelles.
– Le voile dans les services publics.
– L'Exécutif des musulmans de Belgique.
– Les 14 membres du CDH qui menacent de quitter leur parti.
– Les mystères d'Evere ou l'irrésistible ascension de Ridouane Chahid.
– Le président de la fédération bruxelloise du PS, Ahmed Laaouej ne signe pas la proposition de loi sur la laïcité déposée par 10 députés PS.
– Une faute… Un crime.

Panorama d'un désastre

Le ventre mou du ventre mou de l'Europe, il y a quelques mois, c'est ainsi qu'une journaliste du « Nouvel Observateur » qualifiait notre région. La presse de ce vendredi 8 octobre dans trois articles confirme l'inéluctable marche de Bruxelles vers le séparatisme communautaire.

– Un article du « Soir » où il est question de l'égorgement rituel et de la catastrophe du voile à la STIB,

– Un second article sur les étranges tribulations de l'Exécutif des musulmans de Belgique,

– Enfin un article de la « Libre » où il est question du départ de 14 militants et mandataire du CDH qui reproche à leur parti d'avoir soutenu le député Dallemagne lors de ses prises de position sur le voile à la STIB. Cela fait beaucoup, non !

L'égorgement rituel à Bruxelles

Sur ce sujet, il faut d'abord savoir de quoi on parle. La Wallonie et la Flandre ont interdit en 2019 cette pratique barbare. Les animaux doivent être étourdis avant d'être abattus. Seule la région bruxelloise admet encore cette barbarie atroce. Car enfin, c'est quoi l'égorgement rituel. La gorge de l'animal est tranchée alors qu'il est présenté au saigneur. La scène se répète des centaines de fois tous les jours à Bruxelles. L'animal est dans la file avec ses congénères. Il a voyagé en camion, peu nourri, parfois il n'est même pas abreuvé. Il est débarqué à l'abattoir, assailli par les odeurs de sang, écœurant mélange douceâtre et ferreux, d'excréments, affolé par la peur de l'inconnu, par les cris, par les hommes qui le pressent d'avancer… faut du rendement… efficacité avant tout ! Il progresse dans le sang de ses prédécesseurs, pataugeant, glissant, assourdi des sinistres bêlements, il est empoigné, s'il s'agit d'un mouton, renversé sur le dos… un couteau, est-il bien aiguisé ? lui tranche la gorge, l'animal est toujours conscient, à chaque battement de son cœur le sang gicle en épais bouillon mélangé de bulles d'oxygène, gargouillis infâmes, rouge vif ce sang vire au noir sur le carrelage, se répand sous les bottes blanches marbrées de rouge des abatteurs, l'animal agite frénétiquement ses pattes en l'air, ses sabots cherchant un éphémère appui, il libère ses sphincters, yeux révulsés, on n'aperçoit plus que le blanc, la mort n'interviendra qu'après quelques longues minutes en fonction de la « qualité » de l'entaille de la gorge, de l'aptitude du spécialiste.

C'est cela l'égorgement rituel, à chaque fois une abomination dans les odeurs de sang et de merde ! Une horreur absolue ! Tous les jours à Bruxelles, des centaines de fois… pensez-y… tous les jours ! Cela serait exigé par les livres saints juifs et musulmans.

C'est au nom de ceux-ci que ces pratiques moyenâgeuses subsistent. Or, il existe depuis longtemps un système permettant d'étourdir l'animal, d'éviter ces longues minutes d'atroce agonie. La mort est instantanée.

Au nom de quoi maintient-on cette abomination à Bruxelles ? Qu'ils y pensent les députés, les ministricules, bien... trop nourris, lavés, repassés, amidonnés... repus, sagement assis à leur banc bien propre, une tasse de café devant eux qu'un huissier leur a obligeamment déposée, des papiers, des odeurs d'après rasage ou de doux parfums... qu'ils songent au moment où ils discutent aux cris d'horreurs, aux beuglements, à la terreur de ces animaux qu'on égorge, au sang qui gicle, aux odeurs immondes ! Oui, c'est ça la réalité, l'affreuse réalité qui se perpétue sous prétexte d'exigence religieuse. Moi, j'ai toujours cru que Dieu était amour... apparemment pas dans les abattoirs. Voilà la question sur laquelle devrait débattre le gouvernement bruxellois, la Justice s'étant prononcée de façon claire sur la question. La Flandre et la Wallonie ont déjà depuis 2019 interdit cette abjection.

Cette affaire permet d'ailleurs de faire la démonstration qu'il s'agit d'un dossier où l'essentiel est de ne pas déplaire à une communauté, la communauté musulmane. On peut oublier les Juifs, il en reste si peu à Bruxelles, et parmi ceux qui restent l'immense majorité a depuis longtemps abandonné ces rituels innommables. Il sera comique de voir comment par exemple vont se comporter les écolos qui ont voté, à une exception près, cette interdiction en Wallonie et qui à Bruxelles vont tout faire pour la maintenir. Idem au PS.

On peut cependant faire confiance aux ministricules bruxellois, il ne fait pas de doute qu'ils recourront à la formule qui a si bien fonctionné pour le voile à la STIB... La promesse d'un débat au parlement, débat qui ne se déroulera jamais ! Et en attendant, l'horreur de l'égorgement rituel se poursuivra. Ah ! oui, j'oubliais, on pourrait sur ce sujet consulter la population... mais non, le risque subsiste qu'une majorité refuse... pour ça il faudra attendre encore quelques années les résultats des statistiques ethniques que réclamait Rachid Madrane, président du parlement bruxellois.

Il est, en effet, plus sûr, de demander l'avis de la population quand on connaît avec certitude sa réponse.

Le voile dans les services publics

Au détour de l'article, on apprend que les promesses de débat formulées au moment du scandaleux Munich de la laïcité à la STIB n'ont évidemment pas été tenues, il n'est plus question de débat. Rudi Vervoort a tout oublié. Il avait promis un débat « avec une large dimension participative et citoyenne ». Vous en avez entendu parler vous ? C'est plié, c'est vendu! La défaite de la laïcité est totale. Il est vrai qu'Ahmed Laaouej fraîchement élu président de la fédération bruxelloise du PS avait annoncé la tenue d'un congrès sur la laïcité... oublié aussi. C'est à croire que la capacité d'oubli est une vertu essentielle pour devenir mandataire du PS à Bruxelles !

Une commission devrait rendre un rapport pour juillet 2022 !

Marrant, non ! Alors qu'il n'y a aucun accord au sein de la majorité sur la neutralité dans les services publics. À ce propos, j'avais rédigé un article publié sur mon blog où j'expliquais comment et pourquoi le président de Défi s'était fait rouler dans la farine.

Malheureusement, il apparaît, on ne peut plus clairement que j'avais parfaitement raison. La bataille est perdue parce que Défi a cru, sans doute de bonne foi, aux promesses faites, regards obliques, mains moites que personne ne pouvait serrer à cause de la Covid! Toujours ça de gagné... j'ai connu des poignées de mains qui disaient le contraire des regards... on savait alors ce qu'il fallait penser de certaines promesses.

L'Exécutif des musulmans de Belgique

Cette institution, créée lorsque Laurette Onkelinx officiait à la Justice, a déjà plusieurs fois changé de nom. Les remous ont été nombreux. Aujourd'hui, les accusations pleuvent. Mauvaises gestions, malversations, absence de respect des statuts, conflits de personnes, apparition de notes de la Sûreté dénonçant les liaisons de certains membres de cet Exécutif soit avec des puissances étrangères soit avec des groupes qualifiés d'extrémistes.

Ainsi, le président de cet Exécutif serait lié à Millî Görus, organisation proche d'Erdogan. Le vice-président Sallah Echallaoui a démissionné lorsque la Sûreté aurait établi qu'il était un agent au service du Maroc ! Ajoutez à cela quelques accusations de malversations et vous disposez d'un intéressant cocktail. Pour les intéressés, la Sûreté en donnant à connaître les notes dont il est question, viole l'état de droit ! Ben voyons, mais c'est bien sûr ! Comme dans le cas de la jeune et sympathique femme voilée, nommée par la Secrétaire d'État écolo Schlitz en qualité de commissaire du gouvernement au Conseil de l'égalité des chances homme/femme ! La sûreté n'est vraiment pas bonne fille… quand elle effectue son travail !

Les 14 membres du CDH qui menacent de quitter leur parti

Tout s'enclenche à la suite de la prise de position du député Dallemagne sur le voile dans les services publics, l'affaire de la STIB. Il ose tenir tête et affirme son opposition au voile dans les services publics, insiste sur la nécessaire neutralité de l'administration, d'où la colère des communautaristes au sein du CDH.

Quand on lit leur lettre du 28 août adressée au Président Prévot, on s'aperçoit qu'il n'y est question que de communautarisme.

On évoque le voile dans les services publics, l'abattage rituel, les cours de religion… Et les signataires y ajoutent en point d'orgue l'exclusion de Mahinur Özdemir, députée voilée, exclue du CDH pour avoir refusé de reconnaître la réalité du génocide arménien ! Alors ça ! c'est un aveu, c'est l'aveu que les signataires de ce courrier veulent imposer à leur formation politique une ligne exclusivement communautaire, visant à se séparer du reste de la population bruxelloise, imposer de fait d'autres valeurs que celles sur base desquelles fonctionne notre société... notre civilisation. Comment peuvent-ils, osent-ils faire état du cas de Mme Özdemir quand on sait que celle-ci a été nommée, après son exclusion du CDH, par Erdogan ambassadrice de Turquie en Algérie ? Ce qui en dit long sur l'intérêt que cette élue portait au destin des Bruxellois... et sur les effets « enchanteurs » de la double nationalité.

C'est aussi la preuve que les signataires de cette lettre ont franchi le miroir, ils n'ont même plus la moindre conscience de ce qu'est notre société, de ce que sont nos valeurs. Ils écrivent que le CDH doit revenir à ses valeurs humanistes... Le voile, une valeur ? L'égorgement rituel, une valeur ? Le refus de reconnaître le génocide arménien, une valeur ? À Kaboul, peut-être ! Quel cauchemar ! Lisant cela, on hésite entre l'éclat de rire ou les larmes.

Il semble que le leader de ce groupe soit l'ex-député échevin de Molenbeek El Khannouss. Il se fait que je l'ai fort bien connu lorsque j'assumais la fonction bénévole d'administrateur délégué d'une société de titres-services à Molenbeek. J'avais bien mesuré son projet communautariste ou rien d'autre ne comptait que la soumission au souhait de ceux qui estimaient devoir vivre en Belgique comme s'ils étaient dans un pays soumis à la Charia. Plus récemment, il m'a, cela va de soi, traité de raciste parce que je m'opposais à la pratique barbare de l'égorgement rituel.

Ces gens-là se rendent-ils compte que par leurs attitudes, ils donnent raison aux pires des racistes, à ceux qui soutiennent, ce qui n'est pas mon cas, que l'Islam est incompatible avec notre civilisation ? Je pense qu'on en est ainsi arrivé au point où les tenants du communautarisme font la démonstration que le racisme est de leur côté... et que ce qu'ils refusent c'est le vivre ensemble.

En ce sens, je le répète, l'initiative d'El Khannouss, qui n'a jamais fait montre de beaucoup de subtilité, et de ses semblables, est particulièrement importante dans la mesure où il n'y a plus aucun masque, où les exigences les plus brutales s'étalent, où le marché est mis dans les mains de leur président de parti, où ils versent dans le communautarisme séparatiste sur le voile dans les services publics, sur l'égorgement rituel, sur les cours de religion, sur la « réhabilitation » de Mme Özdemir ci-devant ambassadrice de Turquie en Algérie, sur le refus de reconnaître le génocide arménien... ou ils quitteront le CDH. Oui ! On en est là !

Les mystères d'Evere ou l'irrésistible ascension de Ridouane Chahid

Lorsque Rudi Vervoort est devenu Ministre-Président, j'étais enchanté. Je le connaissais depuis de très longues années. Il avait été un excellent chef de cabinet de François Guillaume alors que j'étais Secrétaire général de la Communauté française. Travailleur, assidu, loyal, faisant passer les intérêts de la Communauté avant ceux du PS, notre entente fut parfaite.

À la tête de la région, il succédait à Picqué, maître du verbe, mais néant de la réalisation. J'ai déjà évoqué la personnalité de Picqué dans mon livre « L'Ami encombrant ». J'ajouterai seulement ici, pour paraphraser Michel Audiard, que des cyniques, j'en avais déjà vus beaucoup, mais lui c'était une synthèse ! Un exemplaire indépassable, provoquant la honte de ceux dont le cynisme avait fait partie de leur bagage scolaire, chez eux, c'était du cynisme acquis, chez Picqué c'est de l'inné, du pur, du limpide, pas du livresque, la forme olympique, non dopé... sur ce terrain, il n'a jamais été égalé, car c'est du très grand art, il atteint la perfection... le cynisme sympathique, amical, fraternel quand il le faut... n'y a pas à dire... c'est du génie ! Et encore, j'emploie le mot cynique parce que je ne veux pas faire dans le brutal, je retiens ma plume... avec quelques difficultés, je le reconnais !

J'observais et écrivis que Vervoort en six mois réalisa plus de choses que Picqué en 15 ans. J'étais enthousiaste, enfin un politique socialiste qui ne sombre ni dans le cynisme rigolard ou méprisant ni dans le caractériel paranoïaque. L'affaire Mayeur me laissa un goût amer, je dus serrer les poings et m'accrocher.

J'observais les efforts faits pour le défenestrer vite fait, alors qu'on ne lui demandait pas qui l'avait cornaqué sur le plan juridique, qui l'avait au jour le jour conseillé. Or, c'était l'essentiel. Mais bon, la machine est repartie.

Puis se mit en place ce nouvel exécutif. Je l'ai écrit, cela ne doit pas être une partie de plaisir que de présider un exécutif où la déloyauté règne à tous les étages, où certains mettent en place des initiatives personnelles ne répondant qu'à leurs obsessions ubuesques, où l'avenir de Bruxelles se voit dans l'agriculture sur les toits, etc. Gouverner dans ces conditions doit être une mission impossible.

Depuis longtemps, certains se posaient des questions sur la situation à Evere, la commune dont Rudi Vervoort est le Bourgmestre.

Lors des élections de 2012, il aurait exigé et obtenu la démission de quatre conseillers communaux de sa liste afin que puisse siéger comme conseiller communal Ridouane Chahid, qui une fois élu fut immédiatement propulsé échevin. Je ne connais pas M. Chahid, mais j'ai bien connu son père qui fut l'un des proches collaborateurs de Ph. Moureaux à Molenbeek. Mon seul contact avec Ridouane Chahid fut un échec. Je lui avais écrit lorsqu'il était président de la STIB… il ne m'a jamais répondu. Pas grave en soi, sans doute mon courrier aura-t-il été mal aiguillé… et puis on le sait les secrétaires sont si distraites quand l'expéditeur ne peut rien apporter.

Lors de son premier mandat de Ministre-Président, Rudi Vervoort avait été remplacé en qualité de bourgmestre par un militant socialiste de toujours Pierre Muylle. Il exerça cette fonction en bon père de famille. Voici que cette fois, subitement, c'est Ridouane Chahid qui est désigné bourgmestre faisant fonction, celui-là même pour lequel Rudi Vervoort avait dû faire démissionner 4 élus afin qu'il puisse faire son entrée au Conseil communal. La façon dont Pierre Muylle fut démis de ses fonctions de bourgmestre me fait songer à ce qui se passait dans la Turquie des sultans lors des successions au trône. L'heureux élu faisait étrangler ses frères au moyen d'un léger cordon de soie, leurs corps étaient glissés dans un sac et jeté dans le Bosphore. Je me suis dit qu'il était heureux que, Evere ne soit pas baignée par un cours d'eau !

Pierre Muylle l'a échappé belle.

Depuis quelques mois, une rumeur circule, elle m'est revenue trois fois. Il est évident qu'une rumeur reste une rumeur, la répéter ne la rend pas plus crédible. Je vous la vends pour le prix que j'y ai accordé... à savoir, pas grand-chose.

Selon ceux qui la colportent, Rudi Vervoort aurait l'intention de démissionner avant la fin de la législature, de faire élire en qualité de Ministre-Président Ridouane Chahid himself, ainsi, le fils de Rudi Vervoort pourrait devenir bourgmestre d'Evere.

Pourquoi cette manœuvre ? Trois objectifs, un, le PS démontre sa totale ouverture à la diversité en nommant à la tête de la région une personne issue de la communauté maghrébine, deux Écolo, qui rame d'enfer pour être plus communautariste que le PS, est battu, trois Rudi Vervoort fait nommer son fils en qualité de bourgmestre. Je le répète, j'insiste, ce n'est qu'une rumeur.

Et j'ajoute que cela me semblait tellement énorme que je n'y ai accordé qu'un crédit limité. Mais c'est tellement beau que cela valait la peine de l'évoquer. N'est-il pas vrai que le pire s'il n'est jamais certain... n'est jamais décevant ?

Mais qu'il me soit quand même permis de poser une question, de quelles immenses qualités disposent M. Ridouane Chahid pour faire une carrière aussi fulgurante... une irrésistible ascension.

En 2012, il n'est même pas élu au conseil communal et hop là, quatre élus sont démissionnés pour qu'il y entre et il est immédiatement élu échevin. Aux élections suivantes, Pierre Muylle, un vieux de la vieille est débarqué du mayorat et c'est M. Chahid qui devient bourgmestre faisant fonction. La conclusion est soit que M. Chahid est un immense génie politique, un gestionnaire administratif de premier ordre soit qu'il dispose d'une clé drôlement efficace pour que Rudi Vervoort le propulse à la vitesse de l'éclair. Ah ! excusez-moi, j'avais oublié de mentionner que M. Chahid est également député bruxellois… cela va de soi !

Quant à la section du PS d'Evere, disons pour être elliptique que nombreux sont ceux qui se posent beaucoup de questions, que la marmite bout, mais que le couvercle est, jusqu'ici, solidement arrimé.

La vérité sortira des urnes, personne n'en doute plus à Bruxelles.

Le président de la fédération bruxelloise du PS, Ahmed Laaouej, ne signe pas la proposition de loi sur la laïcité déposée par 10 députés PS

Et un aveu de plus… un. Décidément, la rentrée 2021 est celle où les masques tombent. Comme pour Kir, il y a 25 ans, j'ai cru que A. Laaouej serait un parfait exemple d'intégration. Patatras, je me suis encore trompé! Lors des dernières élections dans un tract, il s'est glorifié d'avoir empêché l'interdiction à Bruxelles de l'égorgement rituel. Quelle victoire ! Quels soucis de l'obscurantisme! Autrement dit, alors qu'en novembre 2012, il m'avait fait de grandes déclarations de défense de la laïcité, de la nécessaire intégration, en 2019, il avait viré sa cuti et basculé dans le communautarisme séparatiste.

Plus récemment en refusant de signer la proposition de loi déposée par dix élus PS au parlement fédéral, alors qu'il est le chef de groupe à la chambre, il tourne résolument le dos à la laïcité, de toute évidence par peur de la réaction des mosquées. Cet ancien contrôleur des contributions sait en effet compter. Il a lu les chiffres diffusés par « Le Soir » qui précisent que 58 % de la population de Bruxelles n'est pas née en Belgique. Il sait que 44 % des électeurs du PS ont déclaré, sondage sortie des urnes, appartenir à la religion musulmane, il sait que pour les écolos ce chiffre est de 19 % et que toute la stratégie d'écolo est de se vautrer dans le communautarisme de façon à ramener vers eux ce qu'un chercheur de la KUL appelait scandaleusement le « bétail à voix » de l'électorat musulman. Là est le vrai enjeu à Bruxelles, là est la clé des différentes manœuvres et contre-manœuvres du PS, là où est la raison de la totale soumission du PS bruxellois aux exigences rétrogrades de mosquées. En France, pendant les trente glorieuses aucun gouvernement ne pouvait se permettre de faire pleurer Billancourt, bastion de la lutte ouvrière, à Bruxelles en 2021 le PS et Écolo ne peuvent se permettre de faire pleurer les mosquées, il leur en coûterait lors des élections. C'est devenu leur ligne bleue des Vosges, leur horizon indépassable. Leur mot d'ordre : « Y penser toujours, n'en parler jamais ».

On comprend dans ces conditions que la promesse d'un congrès du PS sur la laïcité soit oubliée puisque M. Laaouej oublie même, sans croire devoir s'en expliquer, de signer la proposition de loi sur la laïcité. Le comique dans cette affaire, c'est que ce texte est signé par un jeune et brillant juriste, député PS, habitant la commune dont M. Laaouej est bourgmestre.

Une faute... Un crime

J'estime que la présence d'émigrés est une chance pour l'Europe, c'est un apport de sang neuf, une opportunité d'ouvrir nos vieux pays sur de nouvelles frontières. Mais à une condition que ces émigrés s'intègrent, qu'ils ajoutent leurs racines aux nôtres sans vouloir dénaturer celles-ci. S'intégrer ne veut pas dire abandonner ses racines. Les Polonais des années vingt ont-ils perdu les leurs ? Les Italiens des années vingt fuyant le fascisme et plus nombreuses encore ceux des années cinquante sacrifiant leur santé pour produire l'indispensable charbon pour reconstruire l'Europe dévastée par la guerre, ils sont tous devenus de parfaits citoyens sans perdre le moins du monde les caractéristiques, les qualités de leur pays d'origine... Que serait la Wallonie sans les Italiens... qu'il s'agisse de Pino Cerami, d'Adamo ou d'un certain Elio Di Rupo ? Les exemples sont incalculables... Et pourtant, ils ont connu, comme les

Maghrébins aujourd'hui, le racisme, les discriminations. Pour ceux qui en doutent, je les invite à écouter une chanson ignoble des années soixante dont le titre est « *La Moutuelle* ». Les réfugiés juifs des années trente, du moins ceux qui ont survécu aux massacres du génocide, sont eux aussi devenus des citoyens heureux d'être belges. Ont-ils pour cela renié leur histoire millénaire, leurs racines ? J'ai eu la chance de pouvoir écrire la biographie de Paul Halter, pendant l'année où je l'ai interviewé, j'étais impressionné d'apprendre que ses parents, débarqués en Belgique, mais originaires de Pologne, aimaient la Belgique, ont pleuré en entendant à la radio l'annonce de la mort tragique du Roi Albert. De très nombreux Belges d'origine maghrébine ont eux aussi magnifiquement réussi, qu'il s'agisse du commerce, de l'industrie, de la médecine ou de la science. J'en connais personnellement beaucoup. Je suis heureux d'entendre les racistes enrager, car ce sont deux émigrés d'origine turque qui en Allemagne ont mis au point le vaccin contre la Covid.

Il ne fait aucun doute que de vouloir confiner ces populations dans des ghettos urbains ou religieux est désastreux. Leur faire croire que demain ils pourront en Belgique vivre comme au bled, à Oujda, Marrakech ou Casablanca est mensonger, catastrophique.

Car ce n'est pas vrai ! Croire que l'on pourra imposer un séparatisme qui conduirait certaines régions, certains quartiers à appliquer la Charia, or c'est ce qui se murmure, conduit directement à l'opposition entre communautés. Qu'on le veuille ou non, notre civilisation s'est construite sur des Valeurs universelles, abandonner celles-ci serait glisser dans un monde qui non seulement ne serait pas le nôtre, mais un retour effrayant vers un passé atroce.

Se soumettre pour des raisons électorales aux exigences les plus rétrogrades est donc non seulement la pire des veuleries, mais également un crime à l'égard de cette population qu'il s'agit d'intégrer et non de maintenir dans une situation mensongère.
Il y a, j'en suis convaincu, en son sein des potentialités gigantesques qui ne demandent qu'à s'épanouir... c'est cet espoir-là qu'on assassine... pour conserver un électorat ! Y a-t-il

un crime plus grave que celui d'assassiner l'espoir ? J'ai été échevin de l'instruction publique pendant vingt-cinq ans, aux remises de prix, je regardais les yeux de ces enfants, j'y lisais que demain tout leur serait ouvert. Ce sont ces yeux, ces regards d'enfants rayonnant de joies et d'espoir que l'obscurantisme veut clore à jamais. C'est pour eux que je ne cesserai jamais le combat pour nos valeurs ! Qu'ils s'appellent Mohammed, Rafik, Salim, leur avenir est aussi le nôtre !

L'égorgement rituel, le voile dans les services publics... marqueurs d'une volonté du refus de vivre ensemble

Il est évident que le dossier de l'égorgement rituel est un marqueur parfait de la situation de Bruxelles, dernier îlot en Belgique où cette barbarie se poursuit... normal, nous sommes le ventre mou du ventre mou ! Il est la preuve par neuf que la soumission aux exigences des islamistes n'est que la plus veule des opérations électorales, la plus vile des démonstrations que rien ne compte si ce n'est tenir en laisse un électorat captif... dont aujourd'hui ceux-là mêmes qui s'en croyaient les maîtres en sont devenus les esclaves.

Oui ! Ils accepteront tout et le pire, pour tenter de durer, de se maintenir dans l'exercice d'un pouvoir qu'ils n'exercent que pour la forme, l'essentiel étant la survie politique... leur survie. Nul besoin de projets, de visions, de projection d'avenir, non ! On laisse faire quelques zozos illuminés, pour qui d'enfantines lubies prennent la forme de projet de ville aussi stupide que mortifères sans qu'il ne soit jamais tenu compte de l'avis des malheureux habitants de cette région que l'on voudrait voir se transformer en réserve d'assistés sociaux réélisant ad nauseam les mêmes sinistres rigolos.

Que sont devenues les Valeurs fondatrices de la social-démocratie ?

Quelles sont les valeurs aujourd'hui défendues par la fédération bruxelloise du PS ?

– l'abattage rituel, le voile dans les services publics,

— des heures de piscines distinctes pour les femmes et les hommes

— des cours d'histoire revus et corrigés pour que l'enseignement porte sur les pays d'émigration et non plus sur la Belgique,

— les exigences de nourriture halal… —

— Accepter la présence en son sein et donner la fonction de chef de groupe au parlement bruxellois à un personnage qui fait lors des élections le signe de ralliement des Frères musulmans…

— En un mot l'abandon de la laïcité comme vient de le faire le président de la fédération bruxelloise du PS… je pourrais poursuivre cette sinistre litanie. On peut comprendre que les socialistes wallons se posent la question de savoir si les socialistes bruxellois sont encore dignes de porter ce nom !

C'est pourquoi, je lance un appel solennel à tous ceux qui avec moi sont horrifiés par cette descente aux enfers, je leur demande de s'unir, de faire entendre leur voix, de se concerter pour arrêter ce retour mortifère vers le passé, pour retrouver les valeurs d'égalité, de liberté, de laïcité, de fraternité entre les hommes, d'exiger que tout soit fait pour que le vivre ensemble soit une réalité.

Il est minuit dans notre siècle bruxellois… agissons où le réveil sera épouvantable !

A. Laaouej, le président du PS bruxellois félicite Bea Diallo qui devient ministre dans une junte militaire !

5 novembre 2021

Quand Ahmed Laaouej, président de la fédération du PS bruxellois, félicite le ministre d'une dictature militaire. On a appris cette semaine que M. Diallo, ancien député PS et échevin d'Ixelles, avait décidé de rejoindre la Guinée, son pays d'origine, où un poste de ministre lui était offert par la junte militaire qui venait, après un coup d'État, de prendre le pouvoir.

Il est stupéfiant que M. Laaouej se soit cru dans l'obligation de féliciter le nouveau ministre qui maintenant appartient à un gouvernement issu d'un coup d'État fomenté par une clique d'officiers.

Mais qu'est-ce que cela signifie ?

C'est simple, M. Laaouej ne fait aucune différence entre un état démocratique et une dictature. Seul compte à ses yeux le fait de participer à un pouvoir, quel qu'il soit ! Il a perdu, mais ne l'a-t-il jamais eu, cette boussole démocratique qui fut pendant des décennies, un garde-fou essentiel, à savoir les principes issus de la Déclaration des droits de l'homme et du citoyen. Imagine- ton André Cools félicitant un membre Belgo-Chilien du PS qui aurait rejoint la junte de Pinochet ? Or, c'est exactement la même chose… Mais ici il s'agit d'Africains… mais j'y pense, s'agissant d'un pays d'Afrique, est-il possible que M. Laaouej soit raciste et trouve que c'est moins grave qu'au Chili… dans le style du « *Vous savez, ce sont de grands enfants !* » En ce cas, non seulement il serait raciste, mais aussi stupide, car les kalachnikovs tuent de la même façon partout… les prisons ont la même odeur de mort

313

partout… les tortionnaires sont abjects sous les palmiers comme ailleurs !

Avec cette déclaration scandaleuse de A. Laaouej, on atteint le point zéro du socialisme à Bruxelles. Depuis qu'il existe, soit 1885, le POB et après lui le PS n'a cessé de donner des leçons à tous les autres partis sur le nécessaire respect de la démocratie et cela sous toutes les latitudes… et aujourd'hui, ce même PS de Laaouej félicite le membre d'une dictature militaire… C'est la fin de la fin non ! l'année zéro ou « *stunde nul* » comme disent les Allemands… la dénaturation totale des idées sur lesquelles s'est bâtie notre démocratie.

C'est l'acte de décès du PS bruxellois !

Sans fleur ni couronne, pas une larme pour une formation qui a elle-même renié tous ses principes. M. Laaouej pourra dans l'histoire revendiquer le titre d'ultime fossoyeur du socialisme bruxellois !

Mais, rassurez-vous, M. Laaouej s'en fiche comme de l'an 40[3], il est sur une autre planète. Il sait que 58 % des Bruxellois ne sont pas nés en Belgique, il n'a pas besoin de sauvegarder les valeurs fondatrices de la démocratie, son électorat s'en fiche aussi, il ne les connaît pas. D'où les déclarations de M. Laaouej sur l'absolue nécessité de maintenir l'égorgement rituel… soit dit en passant, jamais les instances du PS bruxellois n'ont été consultées à ce propos, d'où la volonté de désigner à un important mandat dans le secteur de l'énergie un étonnant personnage adorant… le football ! D'où l'oubli de sa promesse d'organiser un congrès sur la laïcité, d'où son refus de signer la proposition de loi sur la laïcité déposée au parlement par 10 élus PS alors même qu'il est, petit et sympathiquement cumul rémunérateur, chef de groupe…

---

[3] Amusant de penser en l'occurrence que l'expression « s'en foutre comme de l'an 40 » est issue d'une vieille expression française déformée par les siècles et qui disait « s'en foutre comme du coran » !

D'où la désignation au nom du PS dans des Organismes publics de personnages pittoresques et parfois très étranges… je pourrais poursuivre ainsi ad nauseam.

Une double nationalité très confortable

On avait déjà eu la désignation par la Turquie d'Erdogan d'une députée bruxelloise, virée du CDH, car elle refusait de reconnaître la réalité du génocide arménien… un million et demi de morts tout de même! Maintenant, nous avons Bea Diallo qui rejoint la junte militaire en Guinée. Je veux aussi rappeler les déclarations délirantes d'un parlementaire du SP bruxellois qui revenant d'un séjour au Maroc diffusa un communiqué de presse où il affirmait sa dévotion, sa totale soumission, son amour éternel… au roi du Maroc… c'est ce même député qui participa en 2011 à une manifestation à Anvers dont le mot d'ordre était « Tous les Juifs dans le gaz ! » sympa non ? Celui-là a des valeurs… assurément pas les nôtres.

Personne n'ose aborder le problème de la double nationalité, car une réflexion à ce propos à Bruxelles, c'est comme parler de la corde dans la maison d'un pendu. Consultez la liste des élus et posez-vous la question de savoir combien au sein du parlement bruxellois possèdent la double nationalité… délicate question, car elle en entraîne une autre… bien plus lourde, à savoir quelle est la motivation de ces parlementaires, quelles sont leurs priorités, vers où va leur principale préoccupation ? Sont-ils vraiment concernés par les problèmes des habitants de cette ville, de cette Région ?

Je ne parle pas de loyauté… problème encore plus délicat… quant à l'adhésion aux Valeurs de notre civilisation… là, nous sommes informés, l'égorgement rituel n'en a jamais fait partie, l'adoubement des dictatures militaires non plus !

Je songe à la déclaration d'Emmanuel Valls tentant sa chance aux élections municipales de Barcelone alors qu'il avait été Premier ministre en France. Il avait dit : « Il n'y a pas une goutte de sang français dans mes veines, mais c'est la France qui y coule ».

Question : Pensez-vous que l'ambassadrice de Turquie qui fut parlementaire bruxelloise, pensez-vous que M. Diallo, qui fut parlementaire bruxellois, pourrait déclarer en cœur : « *Il n'y a pas une goutte de sang belge dans mes veines, mais c'est la Belgique qui y coule* ». Vous rigolez... Moi aussi... le rire est non seulement la dernière arme (ou la dernière larme) du désespoir, c'est aussi la seule réponse des cocus qui ne veulent pas pleurer !

Sondage – Grand baromètre du « SOIR »

10 décembre 2021

A. Laaouej obtint le titre de fossoyeur du PS bruxellois !

Catastrophe pour le PS d'A. Laaouej relégué en 3e position derrière.

Écolo et derrière le MR et pire encore le PTB fait le même score que le PS !

Merci au PS clanique et communautariste d'A. Laaouej

Félicitations à A. Laaouej pour l'ensemble de son œuvre :

Merci pour le maintien de l'égorgement rituel

Merci de ne pas avoir consulté les membres, le petit nombre qui reste, sur cette question ;

Merci de ne pas avoir été en appel sur le voile à la STIB

Merci pour votre communautarisation du dossier des Taxis

Merci d'avoir félicité M. Diallo qui devint ministre d'une junte militaire

Merci d'avoir ignoré le Cahier de la Cour des comptes qui refuse de contrôler Bruxelles devenue une république bananière.

Merci d'avoir imposé dans les Organismes publics bruxellois d'étonnants personnages

Merci d'avoir imposé votre opinion et votre seule opinion à Rudi Vervoort.

Merci d'avoir oublié que vous aviez promis un congrès sur la laïcité

Merci de ne pas avoir signé, alors que vous êtes chef de groupe PS, la proposition de loi sur la laïcité déposée par 10 députés PS.

Merci pour les pressions sur la ville de Bruxelles pour l'empêcher d'aller en appel sur l'affaire du voile à la haute école Francisco Ferrer.

En trois ans, A. Laaouej mérite bien nos félicitations, c'est une sorte de recordman ! Qui mérite le titre, peu enviable, de fossoyeur du socialisme à Bruxelles !

7

QUELQUES VISAGES ET LES MOTS POUR LE DIRE

VINGT ANS DE LÂCHETÉS DE LA GAUCHE BELGE
Entre désillusion et espérance

Paul Magnette

PAUL MAGNETTE… DE LA LAÏCITÉ… AU MALAISE DE L'HOMME BLANC !

8 juin 2021

Ce matin dans « Le soir », Paul Magnette répond aux questions relatives au voile, à la neutralité et à la laïcité.

Au passage, il roule dans la farine les tenants de la laïcité en estimant que seuls ceux qui exercent une fonction d'autorité <u>et</u> qui sont en contact avec le public doivent respecter la neutralité… traduisez… ne pourront pas porter le voile. La conjonction de coordination « ET » est évidemment fondamentale… cela fera forcément beaucoup de monde autorisé à porter le voile. Que d'ambiguïté alors que Tolstoï dit si justement que « *les idées simples sont riches en conséquence.* »

Mais pour moi, l'essentiel dans cet interview est ailleurs. J'ai été stupéfait de lire que Paul Magnette affirme s'agissant du voile :

« *Ce sont aussi des parcours très personnels, très intimes, à la limite je me sens même un peu gêné* COMME HOMME BLANC DE PRÈS DE 50 ANS D'INTERPRÉTER DES CHOSES SUR LESQUELLES PAR DÉFINITION JE NE PEUX AVOIR D'AVIS INTIME. »

Voilà donc que le président du PS met ses mains dans le sac de nœuds de la culture Woke, celle qui implique que les noirs sont seuls habilités à comprendre les problèmes liés à leur condition, il en va de même pour les femmes, pour les homosexuels, les garagistes, les garçons de café, le personnel de nettoyage, les médecins, etc., c'est en plein la culture indigéniste, décoloniale… de celle qui estime qu'on peut organiser des réunions sur les femmes dont sont exclus les hommes, des réunions sur les noirs dont sont exclus les blancs, des réunions sur les homos dont sont exclus les hétérosexuels, etc., effrayant… et il n'existe apparemment pas de vaccin contre ce crétinisme-là !

Le malaise exprimé par Paul Magnette est plutôt celui de l'impuissance face à la pression électorale que constitue le voile. Le raisonnement qu'il tient sur son malaise devrait le conduire à ne plus pouvoir prendre de décision dans une foule de problèmes, je pense notamment à l'avortement dont il a été question au parlement récemment et où je n'ai pas entendu exprimer un tel malaise... alors que pour reprendre ses termes, il s'agit aussi « des parcours très personnels, intimes »... non, sur ce sujet aucun homme du Parti socialiste n'a exprimé ce genre de position.

Paul Magnette nous dit qu'il a évolué du fait de son mandat communal. Fort bien, mais ne prend-il pas en compte que la pression intégriste a elle aussi évolué et que cette pression de plus en plus forte s'impose aux musulmans et fait basculer progressivement notre société dans une autre. A-t-il songé aux pressions que subirons les femmes musulmanes non voilées, les pressions qu'elles subiront, les insultes... a-t-il vu, dans sa pratique municipale, à l'œuvre la « police de la foi », sait-il combien souffrent nombre de jeunes filles dans ces milieux où ce conformisme religieux fait loi ?

Moi, c'est en songeant à elles que j'éprouve un malaise... et ce sont elles que défendra une laïcité enfin appliquée résolument !

Lettre ouverte au président du PS
Paul Magnette

11 juin 2021

Mon Cher Président,
Vous aviez tout pour me plaire !

Une grande admiration

J'ai été admiratif de l'énorme travail que vous avez accompli à Charleroi... et Dieu sait qu'il ne s'agissait pas d'une affaire simple, les écuries d'Augias n'étaient rien en comparaison. Vous avez été contraint pendant des années de slalomer entre un procureur particulièrement acharné et des Politiques enkystés dans des pratiques inacceptables, mais tellement anciennes qu'elles étaient la norme. J'ai eu le plaisir d'être chef de cabinet d'André Baudson, un homme merveilleux, humain, travailleur, conscient de ses forces comme de ses faiblesses. Il eut l'occasion de me parler de sa fédération. J'y ai rencontré ces étranges caciques dont je connaissais certains depuis le début des années 70. Étranges personnages, autocrates de sous-préfectures, brutaux ou cauteleux selon l'interlocuteur, inconscients de leurs devoirs, oublieux des valeurs qu'ils auraient dû défendre... Et, miracle, vous avez réussi, faisant mentir les augures, à redémarrer cette grosse machine, triomphant de tous les obstacles... visibles et pires... invisibles. Bravo !

Mon admiration s'est encore accrue quand je vous ai vu tenir tête, seul contre tous, dans l'affaire de l'accord commercial nord-américain, transformant la Wallonie en village gaulois, stupéfiant les chancelleries, résistant à des superpuissances qui savaient à peine que vous existiez. J'ai, en 2012, écrit d'ailleurs un article sur mon blog pour dire combien votre combat, votre énergie, votre solidité me ravissait... et surtout me donnait de l'Espoir... ce sentiment aujourd'hui disparu du PS.

Un cruel naufrage

Et puis patatras, plouf, gloup… gloup… gloup l'improbable naufrage. L'interview de lundi dans « *Le Soir* ». Le héros, le fier gaulois, se métamorphose en socialiste mou, radical – cassoulet IIIe République… modèle Daladier en septembre 1938 à Munich, regard perdu atterré par sa propre lâcheté, guimauve informe, prenant la forme de celui qui l'étreint en dernier, vide, hésitant…

On attendait de vous un souffle, il n'y eut qu'une respiration hoquetante d'asthmatique au bout du rouleau ! Pour ceux qui savent lire… vous apparaissiez incapable de décider, allant jusqu'à dire que vous n'estimiez qu'à titre personnel que la STIB devait faire appel. Cher Président, comment n'êtes-vous pas conscient que lorsqu'on est président du PS, on ne peut plus s'exprimer à titre personnel ? Si vous évoquez votre goût du chocolat ou de la cuisine au beurre, oui ! d'accord, ça c'est personnel, quand on s'exprime sur un sujet portant sur le respect de nos valeurs fondatrices et qu'on est Président… on parle et c'est le Parti qui donne de la voix, car le président du PS n'est pas un président d'ASBL ou d'une société de vogelpik, il incarne un groupe humain soudé dans la défense de valeurs, de projets, de lutte pour la réalisation d'un programme fondé sur des valeurs. Quel abyssal contraste avec André Cools… il est vrai qu'il en est mort assassiné !

La culpabilisation de l'homme blanc… prélude à la disparition de sa culture

Et puis est venue cette phrase sur « *l'homme blanc de près de 50 ans qui éprouve un malaise à se prononcer sur le voile* »… car il s'agit « *de l'intime* » dont vous ne pouvez juger (sic). J'ai déjà évoqué combien ce raisonnement, bien dans l'air du temps, est ridicule et conduirait à l'impossibilité de juger de quoi que ce soit… sauf ce qui vous concerne, le rôle d'un président du PS de race blanche et de près de 50 ans ! J'avoue avoir été stupéfait que vous tombiez dans ce marais grotesque où nous plongent les indigénistes, racialisés, sexistes, genrés, « décolonialisés «... Et bien sûr inclusifs... Vous un professeur à L'ULB, institution fondée sur le Libre-Examen. Je n'arrive ni à le croire ni à l'avaler, car ce type de théories est à l'opposé de toutes nos valeurs, elles en sont la négation.

Avez-vous conscience que la « Cancel Culture », traduction de l'américain, la culture de l'annulation... l'annulation de quoi, mais de la culture occidentale voyons, celle des lumières; pour céder la place à quoi ? À la culture de la culpabilisation de l'homme blanc de près de 50 ans qui ne peut plus juger de rien précisément, car il est blanc...

L'avez-vous compris? êtes-vous prêt à jeter les lumières par-dessus bord comme de vieilles lunes incompatibles avec le nouvel électorat obscurantiste du PS ? Je ne peux... Je ne veux pas le croire !

Une profonde tristesse... un profond regret

J'écris ceci sans le moindre plaisir, mais avec une profonde tristesse.

Croyez bien qu'il ne soit pas dans mes intentions de vous blesser ou de vous insulter. Qui suis-je pour me le permettre ? J'ai suffisamment joué la difficile, la douloureuse, l'ambiguë partition de « *L'Ami Encombrant* », celui dont on dit aujourd'hui... Ah !

Hermanus... intéressant... mais attention, il est tout à fait brûlé au niveau du Parti. Mais précisément dans la mesure où je ne représente plus rien ni personne, je suis un homme libre... Je ne suis plus « *le Sioux qui a trop longtemps marché en file indienne* » cela fait longtemps déjà que j'ai troqué les semelles de plomb qu'« on » m'avait mises aux pieds, pour des semelles de vent, celles qui donnent de la hauteur, l'altitude où on redécouvre les principes et les valeurs... celles que vous ne voyez plus !

Membre du PS depuis 50 ans !

Si je vous adresse cette lettre, c'est parce que l'un des internautes ayant réagi à mon premier article m'a écrit que je m'en prenais à « mon ancien parti ». Non, Cher Président, je suis toujours membre de la section de Bruxelles-ville, précisément la dernière section de la fédération où la laïcité a... pour combien de temps encore... droit de cité, où nos valeurs fondatrices sont respectées.

Donc, si je m'adresse maintenant directement à vous, c'est en qualité de membre du Parti dont vous êtes le président. Petit rappel, j'ai été exclu du PS avec toute la Jeune Garde après les incidents du défilé du centenaire de l'internationale en 1964, je me suis réaffilié à la section de Bruxelles en 1971... tiens, je n'y avais pas pensé, cela fait 50 ans !

Comme Fabrice d'El Dongo à Waterloo...

Je crois qu'en réalité vous n'avez absolument pas conscience de la réalité des situations que vivent les gens, car, le nez en permanence dans le guidon, vous ne les voyez plus. Je ne vous en fais pas grief.

Pour avoir été pendant 35 ans dans les couloirs du pouvoir, je sais quelle est votre vie. Pour vous, les 35 heures par semaine sont 60 ou 70. Je sais que ce sont des vies où famille, enfants... tout y est cruellement sacrifié. Alors bien sûr, il y a les permanences sociales si c'est vous qui les tenez de temps en temps. Mais vous le savez bien, les gens que vous rencontrez sont d'humbles quémandeurs, ils essayent, et je ne les critique nullement, qui d'obtenir un emploi, qui un logement, une aide sociale. Vous êtes le Pouvoir, ces braves gens croient à tort que vous pourrez toujours les aider. Vous ne savez pas ce qui se passe réellement, ce que doivent affronter les gens.

Ceux qui vous entourent sont sans doute extrêmement qualifiés, mais ils travaillent comme vous, certains peut-être plus encore.

Perdant ce contact, vous n'avez donc aucune idée de la pression islamiste qui s'abat jour après jour sur notre pays. La situation à Bruxelles est évidemment bien plus sérieuse, pour ne pas dire désespérée, par rapport à la Wallonie.

L'affaire de la STIB est la digue ultime, c'est le plus gros employeur de la région

Des gestionnaires qui « trahissent » l'Institution qu'ils gèrent ?

Comment est-il imaginable qu'un Comité de gestion vote contre la décision d'interjeter appel… c'est quasi une trahison par rapport à l'entreprise que ce comité doit gérer. Une candidate attaque cette institution s'estimant discriminée, c'est son droit. Un jugement intervient. Cet arrêt est qualifié par l'avocat à qui la STIB demande conseil « d'acte militant » à ce point ignorant du droit que cet avocat demande de saisir certaines instances de contrôle. Non! Ces mêmes gens censés gérer la STIB décident de ne pas interjeter appel. C'est énorme, ces gens-là devraient voir leur mandat immédiatement révoqué ! Ce ne sera pas le cas, je n'ai en effet aucun doute que ce sont les ministres bruxellois Écolos, PS… oui PS et Groen qui leur ont donné cette instruction.

Évidemment hypocritement on ne le dira jamais. Comme on ne se pose jamais la question de savoir qui a payé les frais d'avocats de la plaignante… intéressante question s'il en est.

Connaître ses électeurs… les suivre ou les précéder ?

Et face à de tels manquements, vous le Président de mon parti dont la laïcité est une des valeurs premières, vous éprouvez « un malaise d'homme blanc de près de 50 ans »… si vous aviez été jaune ou noir, vous n'auriez donc pas éprouvé ce malaise ?

Allons, cessons de rigoler, la vérité, la seule vérité c'est le poids électoral de la Communauté musulmane à Bruxelles. Vous ne pouvez ignorer le sondage publié par « *Le Vif* » après les dernières élections régionales d'où il apparaît que 49,4 % des électeurs du PS s'affirment musulman, dans le cas d'Écolo, ce chiffre est de 19 %. Un sondage (Cevipol) publié par la « DH » concernant les élections de 2004 donnait le chiffre de 54 % de votants PS s'affirmant musulmans ! La régression de 54 à 49,4 % explique peut-être les raisons pour lesquelles le PS bruxellois se couche avec une telle précipitation devant les exigences communautaires.

Là est la raison, la seule raison du vote du Comité de gestion de la STIB.

Le président fédéral du PS au service du voile ?

Grâce à « L'Écho » et au « Vif », nous savons maintenant que celui qui s'oppose à l'appel contre cette décision aberrante et scandaleuse est Ahmed Laaouej, président de la fédération bruxelloise et chef de groupe au parlement fédéral. Je connais bien Laaouej, lors d'un déjeuner après les communales de 2012, il ne manquait de réaffirmer sa foi en la laïcité, fustigeant un élu du SP qui se vautrait dans le pire des communautarismes ayant participé à une marche organisée par le Maroc au sujet du Sahara occidental et qui avait été photographié hurlant lors d'une manifestation à Anvers dont le « sympathique » slogan était les Juifs dans le gaz !

Je croyais donc avoir face à moi l'un des exemples à mettre en exergue. Et puis, lors de la dernière campagne électorale, il sort un tract où il se réjouit d'avoir pu bloquer à Bruxelles l'interdiction de l'égorgement rituel, déjà interdit en Flandre et en Wallonie.

Aujourd'hui, c'est ce même Laaouej, avec sa bonne bouille de moine paillard marchand d'indulgences, qui au nom du pire des communautarismes bloque, le pourvoi en appel !

Le triangle du PS de la région bruxelloise

Cher Président, avez-vous conscience qu'à Bruxelles le PS est dirigé par un étonnant triangle… non pas celui auquel vous pensez… mais un attelage géométrique des plus étonnants.

La pointe, c'est M. Madrane, président du parlement qui à la rentrée parlementaire de l'année passée a demandé des statistiques ethniques à Bruxelles. Une telle demande aurait été, venant d'un homme blanc de près de 50 ans, qualifiée de fasciste, de raciste. Mais non ! Venant de M. Madrane, rien... on aura compris qu'il ne voulait que faire la démonstration statistique du poids démographique musulman. Il n'a évidemment pas pensé une seule seconde à ceux qui alors exigeront des statistiques ethniques en matière pénale, criminelle, carcérale, hospitalière, en matière de logements sociaux, de chômage, de CPAS, d'aides sociales... voilà la porte des enfers qu'ouvrait M. Madrane, président PS du parlement bruxellois !

La deuxième pointe est M. Ikazban, son œuvre est connue. Il a traité un journaliste d'ordure sioniste, s'est fait arrêter par la police de Molenbeek, car, échevin de cette commune, il manifestait contre le contrôle d'une femme totalement voilée, il s'est déclaré publiquement proche du Hamas, organisation classée terroriste par l'ONU, et lors de la dernière campagne électorale, il s'est fait photographier faisant le signe de ralliement des frères musulmans. Un bilan parfait, non ! Le moins qu'on puisse en dire est que celui-là a le mérite de la clarté.

La troisième pointe du triangle, c'est M. Laaouej, celui-là même qui bloque la possibilité d'interjeter appel dans l'affaire du voile à la STIB. Le président fédéral, qui lors de son élection avait promis un grand congrès sur la laïcité. Pas de congrès, mais il bloque le recours en appel... sans bien sûr qu'il y ait eu à ce sujet une consultation quelconque... On refuse l'état de droit au profit du communautarisme électoral... quoi de plus normal à Bruxelles ?

Étonnant triangle n'est-il pas ? Mis à part la fonction de ministre Président, voici donc les représentants du PS des plus hautes fonctions régionales.

Kir exclu... le communautarisme triomphe

Kir a été exclu, mais sa politique d'ultracommunautarisme est de pleine application au PS bruxellois. Je vous pose une question, qui parmi ceux qui croient encore à nos valeurs fondatrices, nées des lumières, pourra dans ces conditions voter pour ce PS-là ? Voter PS à Bruxelles sera aussi conforter les pointes du triangle directeur que je viens de décrire... Impossible en étant fidèle à nos valeurs fondatrices.

L'abandon !

Le pire n'est cependant pas dans ce qui précède ci-dessus.

J'éprouve pour les immigrés la plus grande admiration, car je mesure l'effort qu'il faut faire pour quitter sa mère patrie, rejoindre un pays doté d'une culture, de mœurs totalement différentes.

Lors des vagues d'immigration précédentes, la Polonaise des années vingt, l'Italienne des années cinquante, l'Espagnole des années soixante, les discriminations, le racisme ont frappé durement des gens qui ne demandaient qu'à s'intégrer... Et ils y réussirent. Que serait la Wallonie sans l'apport magnifique de ce sang chaud et vibrant d'Italie ?

Aujourd'hui, nous vivons un phénomène nouveau à savoir la volonté d'une partie des immigrés de modifier la société qui les a accueillis afin que celle-ci soit conforme à la vision qu'ils ont de la société qu'ils ont quittée, poussés par la misère. On assiste donc à un curieux effet miroir. Mais il ne s'agit pas, très loin de là, de tous les immigrés ou enfants d'immigrés. Non, ce sont ceux organisés et pris en main par la tendance la plus rétrograde de l'Islam. Combien d'Imams ne parlent pas un mot de français, sont payés par la Turquie, l'Arabie Saoudite, le Qatar ou le Maroc, n'ont dès lors aucune vision des réalités vécues par leurs ouailles qu'ils enferment dans un ghetto mental, alors que leurs représentants politiques essentiellement PS et écolos entendent bien les maintenir dans des ghettos urbains où la propagande et l'entre-soi règnent en maître !

L'Intégration... devenue synonyme d'Islamophobie

Voilà pourquoi le mot intégration est devenu un gros mot synonyme, cela va de soi, d'islamophobie !

La réalité est que dès qu'il a pu évoluer socialement, l'émigré ou le fils d'émigrés n'a qu'un désir... Fuir ces ghettos. Lors des dernières élections, je demandais à l'un de mes très proches, fils d'émigrés ayant fait de brillantes études, s'il allait voter pour le PS, sa réponse fut cinglante, « il y a trop de Marocains sur cette liste. » Ils sont nombreux, ils sont des dizaines de milliers, fort heureusement, ces Maghrébins d'origines à avoir réussi, à occuper des fonctions importantes en médecine, dans la police ou ailleurs, mais ceux-là ne veulent plus entendre parler du ghetto et de son atmosphère obscurantiste. Il n'en reste pas moins des musulmans attachés à leur religion, mais celle-ci reste un fait personnel sans expression politique. Or, l'attitude de PS en se soumettant aux pires rétrogrades, jette cette population souvent fragilisée dans les bras de ceux qui au minimum exigent l'adaptation de la société belge aux us et coutumes d'un Islam obscurantiste... Et cela c'est un véritable crime à l'égard des futures générations. J'ai été directeur des trois centres d'entreprises de Molenbeek, j'ai vu cette société avec laquelle j'avais d'excellents et nombreux contacts s'ossifier, se raidir, se fermer...

Et je n'en doute pas, cela prépare des tragédies. Faut-il rappeler que c'est cette politique de soumission qui conduisit Molenbeek à devenir une pépinière de terroristes ! L'a-t-on oublié ?

Le refus de faire appel dans l'affaire de la STIB, c'est jeter à la tractopelle des milliers de gens dans les bras de l'Islam radical. Cher Président, imaginez un seul instant ce que sera la vie d'une femme musulmane qui refuserait de se voiler à la STIB alors que ses collègues le seraient. Je connais la conclusion d'une histoire pareille, elle se voilera pour qu'on lui fiche la paix... et tout sera à l'avenant. Jusqu'à la prochaine revendication communautaire.

L'arme fatale contre le communautarisme

Or, il existe une arme fatale contre le communautarisme électoral.

Il suffit de supprimer ou de limiter strictement le vote multiple.

Immédiatement, il y aurait un rééquilibrage de la représentation politique. Mais là-dessus, c'est le silence absolu... Et Bruxelles s'enfonce. Bruxelles où jour après jour, on a le sentiment de vivre dans certains quartiers l'une des scènes du livre « Jamais sans ma fille », lorsque Khomeini prend le pouvoir en Iran... Du jour au lendemain, les femmes se voilent de noir de la tête au pied et les hommes abandonnent le costume occidental, les gardiens de la révolution veillant à ce que ces changements vestimentaires se fassent immédiatement. L'avenir de Bruxelles ?

Un cri... Un dernier cri... Au secours !

Cher Président, c'est un cri désespéré que je vous adresse. Ressaisissez-vous, revenez aux valeurs fondatrices du mouvement socialiste, retrouvez la voie de la Raison, du Progrès et de l'Espoir.

N'inscrivez pas votre nom dans l'histoire du parti comme celui qui aura accepté que l'état de droit soit bafoué au profit du pire des obscurantismes mortifères.

C'est maintenant ou jamais ! Écolo, faisant ce coup de force, teste vos limites... si vous vous couchez, vous ne vous relèverez pas... vous cesserez d'exister !

Pascal Smet

Au secours, Smet a encore frappé !

Publié le 16 juin 2023

AU SECOURS ! PASCAL SMET A ENCORE FRAPPÉ ! BRUXELLES EST PARFAITE DANS SES IMPERFECTIONS ! INCROYABLE ÉNORMITÉ

Peu de gens le savaient, mais le Ministricule dispose dans ses attributions de l'image de Bruxelles à l'Internationale. Imaginez comme c'est judicieux… Confier l'image de Bruxelles à un type qui, étant membre du gouvernement régional, a traité Bruxelles, qu'il est censé gouverner, de prostituée… Et c'est à lui, lors de la répartition des fonctions de l'exécutif, que l'on confie l'image de Bruxelles sur le plan international. Y a de l'idée dans ce gouvernement ! Bien sûr que non! La réalité c'est que tous se fichent des habitants de Bruxelles… Pour autant qu'ils disposent d'un électorat captif… qui assurera les yeux fermés leurs réélections.

Une ville devenue un enfer fiscal,

Une ville où l'impôt cadastral a battu tous les records,

Une ville où si vous n'êtes pas à vélo ou en trottinette, il est devenu impossible de se déplacer,

Une ville où le prix des parkings rejoint le prix d'un repas dans un fast-food,

Une ville d'une invraisemblable saleté, où des touristes visitent les ghettos… si pittoresques…

Une ville que les classes moyennes fuient à brides rabattues,

Une ville où le PIB par habitant est le plus bas des trois régions,

Une ville où le chômage bat des records tant pour les jeunes que pour les adultes,

Une ville où les commerces disparaissent,
Une ville où la police est agressée journellement.
Une ville d'où la propreté a disparu, etc.

Eh ! bien l'idée géniale, que Smet et le bureau new-yorkais, très chic ça, qu'il a chargé de la promotion de Bruxelles, trouvent sensationnelle... ce sont précisément les horreurs décrites plus haut, c'est l'énorme chaos bruxellois, ce sont les épouvantables conditions de vie, de travail... qui deviennent aux yeux de Smet et de son bureau d'études US le point fort de l'attraction de Bruxelles.

Le slogan lui-même est un incroyable aveu, aveu de l'incurie de ces gens qui « gèrent » la Région depuis des dizaines d'années et entendent attirer les étrangers, les visiteurs, les investisseurs, en lançant « **Bruxelles, parfaitement imparfaite** ». Attention, c'est ma traduction ! Il est évident que le slogan ne se décline qu'en anglais « *Brussels, Perfectly Imperfect* ». Ce qui m'effare, c'est que les autres membres du gouvernement bruxellois ne comprennent pas que ce slogan est la démonstration de l'échec des politiques qu'ils ont menées depuis des lustres, de leur propre incurie.

Je le répète, ce slogan est l'image que leur renvoie un miroir auquel ces pauvres hères auraient demandé « Ai-je bien géré ? Ai-je servi à quelque chose ? » Et le slogan répond : « Eh bien mon vieux, tu es parfait dans ton imperfection ! » autrement dit : « Tu es parfaitement nul ! » C'est comme si Dieu faisant visiter le paradis montrait l'enfer en disant : « Regardez, je ne suis pas parfait ! »

En passant, rappelons que la Cour des comptes est du même avis que le miroir, puisqu'elle refuse de vérifier les comptes de la Région...dont le Déficit aura augmenté de 184 % en 4 ans ! Vous avez bien lu... 184 % ! Certes, le surréalisme a été inventé en 1917 par Dada à Zurich, mais il n'y a pas un pays au monde où un gouvernement aurait adopté pour son image internationale un slogan aussi stupide, aussi éclairant sur sa propre inutilité, sur son propre échec. Imaginez l'Inde faisant sa promotion, qui déclarerait : ne venez pas aux Indes pour voir le Taj Mahal, mais venez voir nos « splendides bidonvilles », nos magnifiques tas de déchets urbains. Imaginez Paris qui dirait, ne venez pas voir la tour Eiffel, l'Arc de Triomphe, mais venez voir le 93, la goutte d'Or, Barbès, nos marchés parallèles de cigarettes ou de fausses cartes d'identité, etc. Imaginez un commerçant essayant d'attirer le client en expliquant que ce qu'il vend est imparfait, mais que bon… c'est comme ça !

À Bruxelles, ce qui est censé attirer, ce sont ses imperfections.

Une image, entre autres, accompagne la « promotion », il s'agit de gens attablés au milieu d'un chantier et qui boivent ! Tout un programme ! On pourrait se contenter de rire, mais le rire vire au jaune quand on apprend que cette campagne imbécile a coûté 600.000 euros, multipliés par deux, car elle s'étale sur deux ans.

Les Bruxellois seront fous de joie de savoir à quoi servent leurs impôts ! Je ne veux pas me lancer dans de la psychanalyse de comptoir, mais quand on en est à se glorifier de ses imperfections et donc de son incapacité à gérer cette Ville-Région, c'est qu'on souffre d'un très très gros problème.

Il est vrai que puisque Smet considère Bruxelles comme une prostituée, de mauvais esprits iront peut-être jusqu'à dire qu'il s'en sert comme telle… et de toute façon, ce n'est pas lui qui paye ! ça, nous le savons tous ! Alors, si pour lui la passe est gratuite… pourquoi se priver !

Pascal Smet fait des pressions sur les Affaires étrangères pour obtenir un visa au maire de Téhéran !

Publié le 14 juin 2023

Pascal SMET, ministricule (contraction de ministre et ridicule) bruxellois, a fait pression sur les Affaires étrangères pour que le maire de Téhéran puisse participer à Bruxelles au congrès Métropolis !

Il faut savoir que ce maire est l'un des « durs » du régime, l'un de ceux qui maintiennent la politique féroce à l'égard des femmes, des jeunes, des homosexuels. De beaux esprits proclament qu'il n'a pas de sang sur les mains. Croyez-vous que Sauckel, pendu à Nuremberg pour sa politique de travail forcé et d'esclavagisme, avait du sang sur les mains ? Croyez-vous qu'Eichmann ait de sa blanche main tué un seul Juif ?

Quand vous appartenez à un régime, quand vous y occupez l'éminente fonction de maire de la capitale, il est évident que vous êtes responsable de ce qui se produit dans ce pays ! S'il est vrai que le procès de Nuremberg a exclu la responsabilité collective du peuple allemand, il est tout aussi vrai qu'il a établi le principe de la co-responsabilité de la classe dirigeante nazie. Donc ce maire est responsable !

Pascal Smet aurait-il fait pression sur les affaires étrangères belges pour que soit invité le maire de Nuremberg en 1935, alors que c'est là, à la mairie de Nuremberg que fut organisé le grand congrès qui aboutit en 1935 à l'adoption des lois racistes. Je crains que la réponse soit positive ! Mais qui est M. Smet. Ce pauvre type est le représentant classique de bobos flamands se fichant totalement de Bruxelles. Il est élu avec quelques milliers de voix, alors qu'il y a plus de 500 000 électeurs à Bruxelles. Il ne représente en réalité rien ! Son parti Vooruit, ex-SPA, ne survit que grâce aux voix de la communauté maghrébine infiltrée par le numéro deux de ce parti Fouad Aïdar, il est même arrivé que celui-ci fasse plus de voix que Smet qui pourtant était en tête de liste ! Ce même Fouad Aïdar qui participait en novembre 2011 à une manifestation à Anvers dont le slogan était « *tous les Juifs dans le gaz !* ». Sympa, non ! Ce même Smet est donc… député… et ministricule par la grâce d'un système électoral et institutionnel totalement inique.

Il est ministre, car il faut, constitutionnellement, une double majorité et donc dans la communauté flamande de Bruxelles avec ses poussières de voix (moins de 1 % des électeurs inscrits), il est ministre et peut bloquer le gouvernement si celui-ci ne danse pas comme il siffle !

Son palmarès est prodigieux, un très petit florilège :
— Exigence d'une piscine sur le canal, soit plus de 25 millions d'euros
— Incroyable chaos dans la circulation bruxelloise
— Paternité de l'abominable plan de circulation — l'horreur absolue pour ceux qui sont contraints de circuler dans cette malheureuse ville.
— Curieuse attitude lors des négociations avec Uber — dans toute démocratie normale, il eut dû démissionner… Mais, cela va de soi… absous par la commission parlementaire ad hoc… dont les membres n'ont sans doute pas lu les commentaires… du délégué d'Uber et ami, à l'époque, proche de Smet !
— Déclaration : « ***Bruxelles est une prostituée*** ». Sympathique, non? Ailleurs, c'eût été démission immédiate, ou, à une autre époque, le goudron et les plumes et un solide coup de pied au derrière.
— Absence d'entretien des tunnels pendant des années… miraculeusement pas de victime, mais il s'en est fallu de peu.

J'en passe et des meilleures, la litanie est inépuisable. Et maintenant des pressions sur les Affaires étrangères pour que Bruxelles accueille ce maire d'un régime sanguinaire, où les petites filles allant à l'école sont étrangement gazées, où de jeunes manifestants sont pendus au bout d'une grue, où plus de 8000 jeunes femmes ont perdu un oeil dans les récentes manifestations, où on tue dans les commissariats de police, où les homosexuels sont « légalement » assassinés, etc.

On accueille donc à Bruxelles, siège de l'Union européenne qui défend les valeurs et les droits universels, un tel personnage, grands sourires, poignées de mains. Ah ! mais attention, Smet déclare ce matin : « *Je ne lui ai pas parlé* ». Quelle remarque stupide alors que la ministre des Affaires étrangères fait officiellement savoir que son département était opposé à cette présence et que Smet aurait fait des pressions !

Tout cela ne dérange pas M. Smet, tout cela ne l'émeut pas, tout cela est en deçà de sa perception de l'humanité… Il fait pression sur les Affaires étrangères qui, pourtant, elles déconseillaient d'accueillir ce personnage.

Mais il ne se passera rien ! Soyez-en certain ! M. Smet restera en place, continuera à sévir, nuisible parmi les nuisibles, sûr de son fait, nourri, fort bien nourri, abreuvé et logé, gratuitement, par le contribuable bruxellois, assez stupide pour accepter que de tels personnages décident comment ils doivent se déplacer, qui ils doivent accueillir dans leur ville, fussent-ils les complices d'ignobles assassins !

Eh ! Bien, aujourd'hui Bruxelles c'est ça… Ceux qui le peuvent encore… partez, vite et loin !

Zakia Khattabi

La ministre Zakia Khattabi Abtoy est-elle raciste ? Est-elle la première pierre du projet séparatiste ?

Publié le 29 janvier 2023

Mme Khattabi, élue écolo, avait été une candidate malheureuse à une fonction de juge à la Cour constitutionnelle. De toute évidence, les Belges l'ont échappé belle ! C'est ce qu'il est permis de déduire de l'un des textes qu'elle a diffusé sur Facebook le 27 janvier 2023.

La Cour constitutionnelle

Qu'il soit d'abord permis de rappeler que cette candidature avait été exigée et défendue par le parti écolo avec une intransigeance, une pugnacité peu commune dans ce genre de situation.

En général, ces nominations politiques, que par ailleurs écolo n'a cessé de condamner depuis la création de cette formation politique… apparemment il doit y avoir des exceptions… se discutent dans des bureaux feutrés portes closes où les mérites, les qualités des candidats font l'objet de longues et délicates tractations. Mais Écolo ne négociait pas ! Écolo exigeait, le gouvernement devait se soumettre. Une fois n'est pas coutume, le gouvernement tint bon.

Il est donc permis de supposer que dans la balance des défauts et des qualités de la candidate, l'équilibre n'était pas atteint, le plateau des inconvénients pesait probablement trop lourd.

Ministre, un lot de consolation

Il fallait donc trouver un lot de consolation à l'improbable candidate juge constitutionnelle. Pourquoi pas ministre ? Ben oui, aussi dit aussitôt fait. Mais quel ministère, celui des portes ouvertes étant déjà pris, les malicieux formateurs lui confièrent celui **du climat, de l'environnement, du développement durable et du green deal**. Ce n'est pas beau ça ! C'est révolutionnaire ça ? Onze mots pour une fonction... du jamais vu, tournez manège, tremblez les zombies politiques... Khattabi arrive ! Une charge ministérielle dont la longueur de l'intitulé est inversement proportionnelle à la réalité des compétences, du grand sport, pas de doute. De méchants esprits de l'équipe gouvernementale souffleraient en off qu'elle serait une miss météo de luxe ! Sans doute de mauvais esprits... les gens sont si méchants, et en général les miss météo sont sympathiques... elles !

Le moins que l'on puisse en dire, c'est que la ministre Khattabi ne brille pas par une activité débordante, sans doute reste-t-elle courbée, la tête entre les mains, l'estomac bourré d'aspirines, arrimée à son bureau comme un capitaine au bastingage d'un bateau qui coule, plombé sous le poids de la difficulté qu'il y a à définir exactement ce que recouvre ses fichues compétences.

Bien sûr, elle a fait partie de la pléthorique délégation belge à la COP. Le nombre de ministres, de collaborateurs, de collaborateurs des collaborateurs belges a fait rire aux larmes les autres représentants nationaux. C'est déjà ça, faire rire quand on est ministre n'est pas donné à tous, n'est pas Michel Daerden qui veut !

Effectivement, tout ce qui précède fait rire même si le rire crispe un peu l'estomac quand on est contribuable et que ce cirque se paye cash dans nos feuilles d'impôt.

Mais il y a beaucoup plus grave

Quand la ministre Khattabi choisit la non-mixité.

Madame la ministre Khattabi, qui, lorsqu'elle se trouvait devant le roi, avait prêté le serment constitutionnel, a estimé nécessaire de faire savoir à la terre entière sa participation le 26 janvier dernier à une soirée très particulière... non ne fantasmez pas, rien de coquin... qu'une fête que l'on pourrait qualifier de racisme « **choisi** » ! Elle a diffusé des photos de gens rigolards sur Facebook accompagnées de la légende suivante : « **Ce soir, on fait le plein de marocanité, en non-mixité choisie** (sic) » ces quelques mots ponctués de notes de musique encadrée de deux émoticons... que je suis incapable d'interpréter, n'étant pas Champollion.

Non, – mixité choisie !

Étonnante expression sous la plume d'une ministre du Royaume de Belgique. En clair, la soirée était interdite aux Belges de souche, ceux qu'en France, les « Indigènes de la République » appellent de façon explicite les « Souchiens ». Donc, cette ministre du gouvernement se vante sur Facebook d'avoir participé à une fête dont le public aurait donc, s'il faut en croire la bizarre formule « non-mixité choisie » été sélectionné sur une base ethnique, communautaire ou pire encore raciale... difficile de préciser !

Il y avait déjà eu à Paris à la Sorbonne des manifestations de syndicats étudiants où les hommes étaient interdits, une autre où les blancs n'étaient pas admis. Scandaleux, ignoble certes ! Mais à ma connaissance, aucun ministre français ne s'était vanté de sa présence à ces réunions en postant des photos sur Facebook.

Ici, il s'agit d'une ministre en exercice.

Mémoire sélective, mémoire et oubli, *that's the question* !

Malheureusement, la mémoire semble une qualité peu partagée, parfois il est vrai, elle est sélective, et parfois l'oubli s'avère salvateur si on veut fermer les yeux sur l'inacceptable.

Ma mémoire fonctionne encore… pour l'instant. Je me souviens donc fort bien qu'en juillet 2021 Madame Ihsane Houach, jeune femme voilée, fut désignée à la demande d'écolo en qualité de
Commissaire du gouvernement à l'Institut de l'égalité homme/femme. Cette nomination fit couler beaucoup d'encre. Répondant à une interview du « *Soir* », à ma stupéfaction, cette jeune femme par ailleurs, disait-on ingénieure Solvay, estimait que la Constitution de notre pays devait évoluer en fonction de la démographie en Belgique.

Elle affirmait précisément à propos de la Constitution : « *Comment la décline-t-on avec le changement démographique ?* ». Sa façon de concevoir notre loi fondamentale était très claire, celle-ci devait être adaptée en fonction du poids démographique des communautés ! (voir mon blog du 6 juillet 2021)

Un lien évident

Comment ne pas faire le lien entre la fierté de la ministre fédérale de proclamer sur Facebook la joie qu'elle a eue de participer à une soirée où elle a fait « **le plein de marocanité, en non-mixité choisie** (sic) » et la déclaration de l'ex-commissaire du gouvernement sur l'évolution de la constitution en fonction du poids démographique des communautés ?

La ministre Khattabi comprend-elle le mal qu'elle fait à la communauté maghrébine dont l'immense majorité tente de s'intégrer en Belgique, et est chaque fois, par de telles déclarations aussi stupides qu'imbéciles renvoyées dans son ghetto urbain, intellectuel et social ? Le pire est que cette ministre diffuse ces images dans le seul but de récolter les voix de ceux qui en aucun cas ne souhaitent s'intégrer ; les voix de ceux pour qui la Belgique ne compte pas et ne comptera jamais, ceux à qui les obscurantistes font croire qu'ils pourront vivre en Belgique comme au Bled, les avantages d'un pays développé en plus !

Il n'y a pas de doute que les déclarations de Mme Khattabi donnent du grain à moudre à ceux qui proclament que

344

le grand remplacement est en train de s'accomplir… Un tel manque d'intelligence est stupéfiant !

Le pire avec Mme Khattabi est que je sais qu'elle fréquente d'autres cercles très différents de ceux où **la non-mixité choisie** est revendiquée, et que là, elle tient de sentencieux discours universalistes. Je dois donc conclure que si elle est une ministre sans grandes attributions, elle est en revanche une super spécialiste du grand écart ! C'est toujours ça ! la politique étant parfois, à tort, mais quand même, comparé à un cirque… peut -être y a-t-il là un avenir ?

Une supposition scandaleuse

Je vous demande d'imaginer ce qui se serait produit si des « souchiens » avaient organisé une fête en « non-mixité » choisie !

Il y aurait eu des articles dans la presse, des manifestations dans les rues, des cris, des hurlements. Non pour ce qui concerne la « non-mixité choisie »… rien aucune réaction du gouvernement !

Le silence comme après les cataclysmes !

Quoi qu'il en soit, il y a trois choses dont je suis certain,

– d'abord que la presse n'évoquera pas cette affaire pourtant d'une extrême gravité par son caractère emblématique,

– qu'il n'y aura pas d'interpellation parlementaire où il lui sera demandé de s'expliquer

– et enfin qu'il n'y a pas un seul pays au monde où un ministre ayant fait une telle déclaration séparatiste pourrait rester en fonction.

Décidément, Mme Khattabi n'a peut-être pas tort, la Belgique n'existant plus comme État, pourquoi encore accepter dans les fêtes où l'on fait le plein de marocanité la pitoyable présence de ces misérables « Souchiens » ? Bientôt, ils auront disparu.

Le célèbre M. Aboujahjah n'a-t-il pas déclaré dans la presse flamande que ceux qui sont incapables de vivre dans une société multiculturelle n'ont qu'à émigrer ? Je pose la question, dans une société multiculturelle telle qu'il la conçoit, la culture des « Souchiens » est-elle prise en compte ? De toute évidence, la question est posée par l'étonnant Mr Abou Jahjah… et bien d'autres.

Affaire Khattabi... suite

Publié le 29 janvier 2023

AFFAIRE KHATTABI... SUITE DE LA NON-MIXITÉ

La ministre Khattabi laisse entendre sur son site que sa formule « non-mixité » était une blague pour faire parler Georges-Louis Bouchez ! Je l'ai répété à un cheval de bois, il m'a répondu d'une ruade. Elle formule cette hypothèse grotesque de façon alambiquée, évoquant sa mère... les phrases sont étonnamment caraméliques.

Le niveau est effroyablement bas, l'un de mes professeurs aurait dit « a atteint le fond, mais creuse encore ! » De toute évidence, le ridicule... et le mensonge ne tuent pas.

VINGT ANS DE LÂCHETÉS DE LA GAUCHE BELGE
Entre désillusion et espérance

Philippe Moureaux

Philippe, saisis ta chance, le Bonheur frappe à ta porte !

Publié le 7 novembre 2012

Ah, Philippe, ce qu'on s'est engueulés toi et moi ! Mais, comme tous les colériques, tu retombes aussi vite que le lait qui monte et qu'on éteint sur le gaz. Ce n'est pas mon cas, j'ai la mémoire encombrante… **et très encombrée.** C'est un disque dur qui, jusqu'ici (mais patience, cela ne manquera pas d'arriver un jour), n'a pas encore pu s'effacer. Tu te rappelleras, en particulier, cette nuit de mars 2004 où nous préparions le programme du PS pour les élections régionales. **J'avais décidé de mettre en avant la défense de la laïcité et l'égalité homme/femme, de façon à bien marquer notre différence et mes réserves quant à certaines ambiguïtés à l'égard de l'Islam.** Poussé à bout, je dois le reconnaître, tu as brusquement hurlé. J'ai hurlé de même ! Tout cela devant le groupe de travail médusé… et lâche, comme souvent les groupes de travail. C'était l'un de tes mauvais jours, ou plutôt, l'une de tes mauvaises nuits. Cela nous arrive à tous !

On est donc très loin, malgré une si longue collaboration (je fis ta connaissance en 1971, et depuis, on ne s'est plus guère quittés) d'avoir toujours été d'accord sur tout. Je n'ai jamais été capable d'épouser les vérités successives et, surtout, les sincérités successives. Une grande, une énorme de mes faiblesses… il y en a tant ! Nous en avons tous des ombres et des lumières.

J'aurai l'occasion, dans mes mémoires en cours d'écriture, d'être plus précis et, surtout, plus prolixe sur notre aventure commune qui, pour moi, fut loin d'être un long fleuve tranquille.

Et te voilà, contre toute attente, débarqué de Molenbeek !

Je t'y avais amené dans l'atmosphère méphitique de Bas-Empire qui y régnait après le décès de Machtens. Tu as fait un choix courageux, car André Cools t'avait proposé de t'investir à Namur.

Vu la situation, et les errements des dernières années Machtens, c'était plus qu'une option courageuse, **c'était un choix héroïque tant au niveau politique qu'au niveau de la situation de la commune de Molenbeek**. Chaque échevin sortant « y » croyait !

Cela tirait dans tous les sens ! Il t'a fallu près de dix ans, un échec électoral, et un travail acharné pour réorganiser la section du PS.

Mais toi, tu n'as pas triché

Tu t'es installé dès le début dans le petit appartement de la rue des Dauphins. Avec patience, avec autorité, tu as nettoyé les miasmes de la fin épouvantable de l'ère Machtens. Au fil des ans, tu es devenu, j'en ai la profonde conviction, **un homme providentiel pour Molenbeek**, alliant une image paternelle et, on ne se refait pas, professorale. Je crois bien connaître ta commune.

J'y travaille depuis bientôt 14 ans. Mieux que beaucoup d'autres, j'ai pu juger le travail accompli, les rénovations en pagaille, les liens tissés avec l'associatif, **mais, surtout, avec la population la plus défavorisée**.

Toi, contrairement à 14 autres communes de la Région, tu ne bénéficiais pas de la manne du plan d'assainissement et des millions et des millions d'euros qui l'accompagnent. Les portecotons du Cabinet Picqué disent volontiers à ceux qui veulent bien les écouter que tu n'es pas obligé d'aller mendier à la Région, car tu « pompes » partout un maximum de subsides. C'est toi qui les rafles quand il y en a ! **Comme souvent, cette critique n'est, en réalité, qu'un hommage**. Un jour, peut-être, un politologue (mais pourquoi, lorsque j'évoque un politologue, je pense toujours à un… podologue… il doit y avoir un rapport) fera une étude sur les ordres du jour du Conseil des ministres bruxellois et, s'il a du talent, mettra en évidence les vraies raisons et **le vrai bénéficiaire** de cette multitude d'aides aux communes sous plan d'assainissement. Ce sera passionnant et, surtout, éclairant si tant est que cela intéresse un jour quelqu'un.

Mais aujourd'hui, on te vire !

On nous dit que c'est la démocratie ! Que c'est notre système proportionnel ! Certes, mais je ne peux m'empêcher de penser qu'il s'agit avant tout de mœurs byzantines ou de relents de 4e République finissante. Ceux qui n'ont pas compris que la fin est proche… très proche, n'ont rien compris… ou ne veulent rien voir ! Ils tombent d'un building de 50 étages et, arrivés au 6e, ils se disent qu'ils sont toujours vivants. Il ne suffit pas de balbutier qu'il faut un plan B, encore faut-il le préparer vraiment. Nous avions connu un effet domino en 2000 quand de Donnéa a été viré à Bruxelles. L'effet boomerang s'était produit à Anderlecht…et à Molenbeek.

Mais en douze ans, les temps ont changé

La leçon majeure à tirer, c'est que Bruxelles et ses 19 communes, son Parlement pléthorique, son gouvernement sont ingérables, et qu'en grande partie, les critiques qui sont faites au nord du Pays **sont largement fondées**. Chacun le sait ! Le système que tu as mis en place avec Dehaene ne pouvait fonctionner que **sur base de loyauté régionale**. Or, elle n'existe plus depuis bien longtemps.

Que ce soit le sabotage de Grouwels qui n'est au Gouvernement bruxellois que pour cela, les élucubrations d'un Smet ou d'un Delille, tout démontre que la machine à gaz ne produit plus rien et que, comme les Shadoks, on pompe, on pompe, et au bout du dernier tuyau, cela fait « Gloup » ! Les autorités régionales surnagent en appliquant la politique du chien crevé au fil de l'eau.

Encore 18 mois, et la malheureuse bête aura atteint la Mer… forcément du Nord, et s'y perdra définitivement.

La presse souligne que tu n'avais pas préparé ta succession.

C'est faux ! Puisque Onkelinx avait quitté Liège pour s'installer à Molenbeek

Rappelle-toi les discussions à ce sujet. Son installation à Molenbeek était même la condition mise par certains Bruxellois qui ne voyaient pas d'un bon oeil l'arrivée de la « Liégeoise ». Son aventure à Bruxelles-Ville tourna court ! Il est vrai qu'après le faux bond qu'Onkelinx t'a fait, d'autres hypothèses étaient possibles.

Notamment Serge Vilain dont tu m'as dit, à l'époque, qu'il s'était fatigué un peu vite d'attendre.

Après cela, c'est vrai, **tu avais décidé de rester jusqu'au bout**, drogué de pouvoir, selon ta formule !

Mais jusqu'au bout de qui ? Jusqu'au bout de quoi ? De ta propre vie ? Je ne veux pas croire à un tel manque de lucidité.

Le PS est donc, à Molenbeek, dans l'Opposition.

Mais rappelle-toi que nous appartenons à une génération qui a connu l'alternance qui, aujourd'hui, est devenue une terra incognita pour de nombreux mandataires socialistes puisque nous sommes au pouvoir partout depuis 1988. C'est une Première dans l'histoire de la Belgique et une catastrophe pour le PS. C'est, en tout cas, ce que je pense.

Car l'opposition est une chance

Rappelle-toi le « *Club de recherches socialistes* » que nous avons créé. Rappelle-toi le livre que nous avons écrit ensemble avec Lizin et bien d'autres. L'Opposition permet de se ressourcer, de se reconstruire, de refaire ses forces, de liquider la mauvaise graisse des arrivistes de toute nature pour qui le pouvoir, ses prébendes et ses reliefs constituent une fin en soi.

La perte du pouvoir, ou la mort, sont d'efficaces trieuses. Après certains tris, il ne reste plus rien ! Il ne faudra peut-être pas attendre bien longtemps pour que certains disent que notre présence, dans les conditions où nous sommes au Gouvernement fédéral, est une catastrophe. Je le pense.

J'estime donc que ce qui t'arrive est une grande chance

Cela peut te sembler paradoxal, mais je le crois profondément.

Tu as fait état récemment d'un élément essentiel, c'est-à-dire la santé qui est la base de tout… et tu as bien raison. Mais crois-tu que l'âge aidant, on est conscient de perdre ses facultés intellectuelles ? À la fin de son mandat, Eisenhower, qui n'était pas malade, n'était plus capable que de travailler une heure par jour.

Le malheur veut qu'on se croie encore le « Maître du Monde » alors qu'en réalité, on a du mal à sortir de sa voiture, à lacer ses chaussures, ou à retenir ce qu'on a fait la veille. Cela, tout le monde s'en aperçoit… sauf le principal intéressé. **Tu pars à cause d'une « *Combinazione* » alors que tu avais gagné les élections !**

Tu pars parce que, d'autres, ailleurs qu'à Molenbeek, ont voulu faire de ta liquidation un symbole et un exemple qui n'est en réalité qu'une triste farce dont ils auront à assumer, sur bien des points j'en ai peur, les conséquences. Mais crois-tu que Mendès-France aurait eu cette extraordinaire aura politique s'il avait gouverné la France pendant vingt ans ? L'Histoire retient bien plus le de Gaulle du 18 juin 1940 que celui du 13 mai 1958 ! Historien de formation, tu trouveras bien d'autres exemples. Devenir une conscience, devenir une voix forte et indépendante n'est pas donné à tout le monde ! Et puis, n'y a-t-il pas un âge où on se dit que ces périodes électorales sont avilissantes, et que devoir se vendre est indigne après une carrière aussi prestigieuse que la tienne ? Où on se dit que ce sont les citoyens qui auraient à remercier le politique, car il consent, malgré son âge, à encore s'occuper d'eux ? Or, au moment des élections, c'est lui qui dit merci aux électeurs potentiels qui promettent leur voix. Dure est la démocratie quand on ne veut pas quitter l'arène.

Reste Molenbeek !

Reste cette population à qui, à tort ou à raison, tu t'es soudé et, peut-être même, identifié à un point que tu es le seul à connaître, retrouvant en eux ces « classes dangereuses » dont parlaient frileusement les Bourgeois du 19e siècle dont tu connais bien la mentalité et les codes. Tu y as retrouvé les raisons premières de ton engagement et de la rupture avec ton milieu.

C'est là une vaste et délicate question parce qu'elle touche aux fondements de l'engagement politique. Je l'ai déjà dit, j'étais très loin de te suivre sur tout, tu ne me l'as d'ailleurs pas demandé, par exemple :

Je ne me définis pas comme agnostique, mais comme franchement athée.

Je reste celui que tu as traité, en hurlant de « *laïcard* ». Eh oui, c'est devenu une insulte. Je n'ai de faiblesse ni de tentation pour aucune religion. Je suis ému par le besoin de transcendance, mais je n'ai jamais été tenté par aucune d'elles. Le soir de Noël, j'évite de me retrouver derrière un pilier de Notre-Dame de Paris, je ne participe pas aux ruptures du jeûne, et il y a peu de chance que je me retrouve un jour sur le chemin de Damas.

Je ne participe pas non plus au repas de la Pâque juive de mes amis. Décidément, je suis resté un vieux « *laïcard* » qui espère encore en l'homme et en son progrès. J'ai vu mes parents mourir sans qu'à aucun moment, malgré de longues agonies, ils n'aient eu la moindre tentation de se tourner vers un quelconque secours religieux. C'est sans doute sur ce terrain-là que se situe aujourd'hui notre plus complète divergence, et elle est de taille, car elle touche à l'essentiel. J'ajoute tout de suite que cela n'a aucune importance et cela n'empêchera personne de dormir, surtout toi. Te voilà rassuré.

Voilà Philippe, ce que ton départ de Molenbeek m'inspire.

Dans les années 80, lorsque nous étions dans l'opposition, tu avais réuni un Groupe de travail dont le but était une mise à jour idéologique. J'avais préparé une contribution sur le bonheur.

Tu m'as écouté attentivement, ce ne fut pas l'attitude des autres membres du Groupe qui me renvoyèrent très vite dans les cordes, affichant des sourires méprisants. Quinze ans plus tard, Di Rupo faisait du Bonheur le thème central d'un de ses discours sous les applaudissements unanimes ! Tu le sais, Philippe, pour nous, le temps qui passe, c'est le temps qui reste. Ton départ de Molenbeek est une chance.

Saisis-la, car le bonheur existe ailleurs que dans la politique qui est une addiction, comme tu l'as dit toi-même. Retrouve-toi, retrouve ta vraie profondeur, abandonne le masque et les oripeaux que tu as été obligé de porter, le rôle de Père Fouettard que tu as fort bien exécuté. Redeviens toi-même et **sois heureux**, saisis à pleines mains le Bonheur qui frappe à ta porte.

C'est tout ce que je te souhaite.

Le décès de Philippe Moureaux
Lettre à un ami qui ne l'était plus !

20 décembre 2018

> « *Voyez-vous, lorsqu'on a trop réussi sa vie, on sent n'ayant rien fait, mon Dieu de vraiment mal, mille petits dégoûts de soi dont le total ne fait pas un remords, mais une gêne obscure et les manteaux de Duc traînent dans leur fourrure, pendant que des grandeurs on monte les degrés, un bruit d'illusions sèches et de regrets...* »
>
> Edmond Rostand, Cyrano de Bergerac

Merde alors... Philippe te voilà mort... plus de réconciliation possible – acta fabula est – la pièce est jouée, tu as quitté la scène.

C'est terminé ! 1970 – 2004, trente-quatre ans d'étroites collaborations, voilà les dates qui encadrent une amitié... la nôtre, faite de réflexions au Club recherche socialiste, de luttes au côté d'André Cools pour la présidence du parti, de ton arrivé à Molenbeek où je t'avais pris par la main alors qu'André Cools te voulait député de Namur, de ta première élection communale ratée, de ton maintien dans cette section difficile, de l'acquisition du premier local, des permanences sociales tenues avec abnégation jour après jour par Mireille, Claudine et quelques autres, du financement de tes campagnes, des mille et un moments qui font la vie politique dans ses grandeurs et dans sa sordide médiocrité.

Je parle d'amitié, j'ose user de ce mot effroyablement galvaudé, car au cœur de l'affaire INUSOP lorsque nous parlions dans la nuit devant la porte de ton domicile pour éviter les micros, réels ou fantasmés, tu me disais, à cette époque, que j'étais ton « meilleur ami ». Dans un film d'Orson Welles de 1955, Monsieur Arkadin, l'une des scènes montre les deux protagonistes se promenant dans les allées d'un cimetière, sur chaque tombe deux noms et deux dates très proches. L'un des deux hommes s'étonne, l'autre lui répond qu'il s'agit de la sépulture des amitiés, les dates… ne sont jamais fort éloignées. Ils devisaient au cœur du gigantesque cimetière des amitiés mortes ! C'est dans ce même film qu'il est fait mention de la parabole de la grenouille et du scorpion.

Celui-ci doit franchir une rivière et sollicite la grenouille en lui proposant de passer le cours d'eau sur son dos. La grenouille objecte qu'elle sera piquée et mourra. Le scorpion répond que c'est idiot, car s'il la pique il mourra aussi. La grenouille, rassurée par cette évidence, accepte. Au milieu de la rivière, le scorpion enfonce son dard dans le dos visqueux de la grenouille. Celle-ci mourante demande pourquoi ce geste mortel et le scorpion de répondre : « – *désolé, c'est dans ma nature* ». J'en ai tant vu des gens incapables de refréner leur nature… la politique est une effrayante école de la nature humaine… il n'y a pas que les scorpions qui piquent. Le film d'Orson Welles fut un échec commercial, on changea même le titre pour tenter d'attirer le spectateur, « Dossiers secrets », pas plus de succès ! Mais rien que pour cette nécropole des amitiés, il méritait de passer à la postérité. J'ai dû le voir au début des années soixante, il m'a marqué, surtout j'ai pu constater l'exactitude de la constatation faite dans les allées du cimetière. Les amitiés sont courtes… qui a écrit que l'amitié est une embarcation qui par beau temps peut transporter une foule de gens, mais qui par gros temps ne peut en transporter qu'une ?

J'ai déjà écrit dans « L'Ami encombrant » tout ce qui nous a opposé à partir de cette nuit de tempête du 24 mars 2004 où j'ai perçu que tu avais traversé le miroir, basculé d'un côté de l'histoire que j'estimais infréquentable. J'y ai évoqué l'homme… l'homme, nu, seul face à l'épreuve quand il était dépouillé, de l'autorité, des ors, des splendeurs et des oripeaux des charges qu'il exerçait… et que n'existait plus que l'angoisse… la peur primale face à l'avenir qu'il ne contrôlait pas, face à la possible déchéance sociale.

Ce n'est pas le moment d'y revenir.

Je suis de ceux pour qui la mort n'a rien de sacré, elle ne transforme pas la brute en agneau, le menteur en saint, le salaud en gentil garçon. J'ai depuis longtemps compris qu'aux enterrements on pleure d'abord sur soi, celui qu'on enterre n'est que le prétexte de son propre désarroi face à l'inéluctabilité des terribles lois de la nature. Donc ta mort ne change rien, pas un iota aux reproches qu'à longueur de lignes je t'ai faits ou que je t'ai hurlés lors de cette terrible nuit de Mars. Mais avoir vécu avec toi plus de trente ans… tiens au passage j'observe que notre cohabitation a été plus longue qu'avec chacune de tes compagnes, ça compte non! m'a permis de te voir sur les tribunes, sur les tréteaux, dans les assemblées générales, les conférences, au conseil des ministres quand j'étais secrétaire de la concertation gouvernement-exécutifs, mais aussi dans ta vérité d'homme de tous les jours au milieu des drames et des joies.

Ainsi, je me souviens du petit discours que je fis à l'occasion de la naissance de Catherine. J'étais chef de cabinet et tes collaborateurs avaient offert un parc où pourrait s'ébattre le bambin. Je me rappelle y avoir dit qu'au-delà de la politique, il y avait les réalités profondes de la vie, de celles qui font la vie elle-même, qu'avec celles-là on ne pût pas tricher, mentir ou jouer comme on le fait en politique. Je fus témoin à tes côtés des multiples crises politiques qui émaillèrent les années 1973 à 1988… ta déception de ne pas être ministre en 1978 et de devoir assumer la pénible charge de chef de cabinet de Spitaels, tu dus prendre deux mois de repos pour t'en remettre, deux mois pendant lesquels je te remplaçais comme chef de cabinet du Vice premier Spitaels, tout en étant Chef de cabinet de Robert Urbain aux PTT; puis ta joie d'être ministre de l'Intérieur dans le gouvernement suivant. Et alors que le PS valsait dans l'opposition au fédéral en décembre 1981, c'est moi qui t'annonçais que Spitaels te désignait en qualité de ministre Président de la Communauté française. Impossible d'évoquer toutes les joies, toutes les peines vécues de concert. Ce fut une belle, une grande aventure… dont il n'y a rien à regretter.

Aujourd'hui, au moment où mon épouse m'annonce : « *Merry ! Moureaux est mort* », l'image qui m'envahit est celle de ton regard embué de larmes au moment où nous apprenions la mort du général Sokay, un ami exemplaire, qui fut ton chef de cabinet au ministère de l'Intérieur. À ce moment précis, tu étais debout derrière ton bureau, les yeux vides, le visage rouge, submergé par l'émotion, incapable de parler. Colérique, irascible et rigide certes, mais tu étais n'était pas que cela. J'ai toujours observé, sans jamais te le dire, que tes colères étaient celles d'un enfant meurtri, d'un enfant blessé dont les plaies ne se sont jamais refermées.

Tu appartenais à cette malheureuse cohorte de ceux qui ne guérissent jamais de leur enfance. Tes colères étaient celles de l'enfant qui se perçoit incompris, donc méprisé, qui ne supporte plus le regard des autres et explose pour tenter d'exister quand même... et qui dans chacun de ses gestes... croit rompre avec son milieu... se croyant condamné en en faire en permanence la preuve. Oui, Philippe, tu étais un homme fragile, en réalité peu sûr de lui... ce qu'il fallait à tout prix cacher, d'où les colères tentant de masquer cette faiblesse par du bruit et de la fureur, le doute te paraissait une faiblesse. Tu étais de ceux qui aimaient avec douleur, hésitant à engager leur affection de crainte d'être meurtris, qui comprenaient mal les femmes... qui peut-être au fond d'eux craignaient ces mystérieuses créatures... mères et maîtresses... pour beaucoup d'hommes, incompréhensible addition... de sublimes qualités. Depuis fort longtemps, je pense que ce dernier trait de personnalité explique ton être profond... explique une part essentielle de ton histoire, de tes comportements parfois explosifs parfois éthérés.

Enfin, André Cools parut, non, fit irruption dans ta vie, j'ai envie d'écrire : éruption, car il s'agissait bien d'un volcan et quel volcan.

Le fils du notaire rencontre Zeus, la foudre dans les mains, le verbe éructant comme un fulgurant Falstaff wallon. Brutalement, ta vie prend des couleurs... adieu les vieux papiers de papa, les grimoires du prof d'histoire, la capucinière laïque de l'ULB... c'est la vraie vie qui déboule pleine de bruits, de fureurs... la vraie vie enfin ! L'adolescent révolté rencontrait celui qui incarnait tout ce que jusqu'ici il n'avait découvert que dans les livres... un homme un vrai... aimant la vie... qui la consommait, sous toutes ses formes, sans les retenues « de bon goût » de la grande bourgeoisie hypocrite où tu es né, où tu as grandi, qui se foutait de ne pas lever le petit doigt de la main droite quand il buvait du thé… enfin un type, un mec, un dur, un basané, un tatoué qui ne croyait pas que les rince-doigts font les mains propres.

Avec lui, les odeurs de la vie allaient changer… on allait passer des eaux de Cologne proprettes, du petit garçon bien peigné, aux parfums lourds, enivrants, envoûtants… aux odeurs fortes de la vie. Avec Cools, tu plongeais dans la vraie vie… tu quittais ce qui n'avait été qu'une existence. Tu avais, enfin, un père à ta dimension, un père qui te confortait dans tes révoltes d'enfant… suprême gratification, il donnait corps à tes rêves.

Tu es resté fidèle à cette enfance, c'est à la fois magnifique, mais, dans ton cas, ce fut aussi une prison, car le réel, cette énervante réalité de la vie, n'était plus celui qui te révoltait dans ton enfance. Cette enfance, cette adolescence hyper protégée ne t'avait en rien appris à affronter, ou simplement à être confronté aux terrifiants pépins du réel. Il te faudra devenir bourgmestre de Molenbeek pour découvrir ce qu'est la vraie pauvreté, la pauvreté dégradante, la misère… celle de la gueule ouverte…où bouffer est une lutte de tous les jours, en un mot le lumpen prolétariat que tu ne connaissais que par tes lectures… qu'on lit dans une chambre douillette à l'abri des horreurs, des cris, des fragrances d'ordures des immenses détresses sociales. Et là, miracle… les immigrés apparurent, ils entraient dans l'image, ils donnaient vie à tes rêves, peuplaient un monde que jusque-là tu n'avais que tenté d'imaginer… terrible charge pour eux que de combler tes rêves idéologiques… les mots devenaient réalité… tu allais pouvoir agir, pétrir la glaise sociale… tu avais enfin « tes pauvres. »

Le choc de la rencontre de Cools fut tel que jamais tu ne le tutoyas, tu employais un vous majestatif, qui loin de t'éloigner, créait entre lui et toi une extraordinaire proximité puisque tu étais le seul, l'unique à le vouvoyer, tu étais donc l'élu ! Le fils de Zeus ! Ta vie prenait un sens, une direction… le sommet du parti… mais le sort guettait, impitoyable, ricaneur, attendant le moment propice pour imposer par deux coups de feu, l'un dans la tête, l'autre dans la gorge de Cools, un effroyable zigzag au destin programmé. C'est Simonet qui t'avait découvert alors qu'il était président du Conseil d'administration de l'ULB, il te présenta à Nicole Delruelles et à Cools. Étonnant que Simonet et toi ayez souffert de la même affection à la main droite qui vous déformait le petit doigt et l'annulaire… peut-être qu'un crétin complotiste y aurait vu le signe de l'appartenance à une autre planète comme dans « les Envahisseurs », célèbre série télévisée américaine des années soixante ?

La mort d'André Cools fut un ébranlement terrible, un drame absolu. À l'enterrement, je regardais ton visage. Mis à part la famille d'André Cools écrasée de chagrin, toi seul dans l'immense cohorte des funérailles, par tes larmes, les hoquets de ta poitrine, ta démarche hésitante, tes yeux fous de douleur, montrait combien cette horreur marquait pour toi le vide absolu, le gouffre d'un destin qui tel un poulet au cou tranché court encore… à gauche… à droite, bat des ailes, pour finir par s'abattre dans une traînée sanglante. Sur toi aussi vont se déverser les seaux de larmes toutes prêtes, sur mesure, calibrées tip-top, livrées dans l'emballage de la tristesse sur commande des hommages officiels… de celles qu'on pourra sans doute bientôt commander sur Amazon… pour cinq minutes de larmes sincères (les plus chères) tapez 1, pour cinq minutes de larmes hypocrites (on a du stock) tapez deux 2, pour cinq minutes de larmes indifférentes (stock immense) tapez 3. Onkelinx en a déjà fourni le parfait exemple dans l'un des sinistres JT de la RTBF. Ces mots-là me font vomir, ils sont insultants de banalité tant ils sont éloignés de la vérité, de la solitude des hommes face à la mort. C'est face à cette vérité-là, si on dispose encore d'assez de force qu'un homme peut comprendre ce qu'il a, ou n'a pas été, ce qu'il a réussi ou ce qu'il a raté… la vérité… enfin l'ultime, la seule qui compte… la terrible vérité de la dernière minute.

Moi, ce qui me reste de toi aujourd'hui, alors que le temps et la mort sculptent ton monument funéraire, au-delà de nos immenses différends, c'est ta fragilité d'enfant blessé, ton regard plein de larmes. Je songe à cette superbe chanson de Léo Ferré « *Le Temps du tango* » où le poète constate si justement : « *chacun son tour d'aller au bal, faut pas que ce soit toujours aux mêmes* ».

Pour toi les lumières sont éteintes, « *la boule de cristal ne balance plus aux quatre coins du bal son manège d'étoiles filantes* »... un dernier clac... le dernier clic de l'ultime interrupteur que la mort ferme... la salle est vide, tous sont sortis, amis, ennemis, flatteurs, insulteurs, cauteleux, femmes amoureuses, envieux, courageux, ladres, militants sincères, généreux, rigolards, ambitieux, désintéressés, jaloux aux dents jaunes, ceux qui ont tout donné, ceux qui t'ont tout sacrifié, ceux qui étaient prêts à payer pour se vendre, ceux qui prostituaient leur femme pour une promotion, les naïfs, les tendres, les brutaux, les idéologues, les gentils, les affairistes déguisés en militants... les militants déguisés en gestionnaires... tous ont dansé autour de toi, beaucoup ont dansé grâce à toi... ronde de l'humanité, ronde des hommes, ronde de la vie... les lampions du bal sont éteints... tu es seul... seul face à toi-même dans la nuit de l'éternité... c'est fini !

VINGT ANS DE LÂCHETÉS DE LA GAUCHE BELGE
Entre désillusion et espérance

Catherine Moureaux

Catherine Moureaux ou l'Hommage du Vice à la Vertu !

10 novembre 2016

« Il est avec le ciel des accommodements. »
Molière

Catherine Moureaux, la fille de son papa... là aucun reproche à lui faire, comme dit la chanson... « on ne choisit pas sa famille... », diffuse sur les réseaux sociaux une « Carte blanche» en précisant que cette diffusion se fait « à la demande générale »... a-t-elle examiné qui soutient son étonnante prise de position ? Non, pas la peine, elle vise une population bien déterminée... et basta !

Résultat électoral oblige ! Son axe d'attaque, les tenants de la laïcité « dévoyée », ceux qui en refusant le port du voile lors des accompagnements de voyages scolaires commettent, je cite « une grave violence symbolique », ceux qui organisent une « discrimination institutionnalisée », ceux qui refusent les « accommodements raisonnables », ceux qui menacent les parents et les enfants par « une application étroite du principe de neutralité », ceux pour qui la laïcité est « un mur d'intolérance isolant une minorité. »

Minorité... à Molenbeek... vraiment ? Bien bonne, elle annonce qu'elle a fait « le choix d'inscrire ses enfants dans l'école publique. »

La Loi... Pas pour moi !

Aïe ! Aïe ! Aïe ! C'est là où cela se corse. J'apprends que Catherine Moureaux voudrait à toute force que l'un de ses enfants soit immédiatement accepté dans une école de la Ville de

Bruxelles. Tiens, tiens, mais pourquoi son enfant devrait-il quitter Molenbeek ?

Pourquoi exige-t-elle que la réglementation scolaire soit violée ?

En qualité de parlementaire, elle doit savoir que les changements d'école doivent répondre à des critères très précis. Elle n'a aucun lien avec la Ville de Bruxelles. Mais non ! la réglementation… pas pour elle ! Née, élevée, instruite, cette enfant de la bonne et bien nantie bourgeoisie doit être obéie… s'agit de s'exécuter, d'obtempérer… et plus vite que cela… réglementation ou pas !

Pensez donc, fille d'un papa ministre de nombreuses fois, qui plus est ministre d'état, d'une maman ministre, députée, échevine, Présidente du parlement bruxellois… alors pourquoi pas un « accommodement » avec la réglementation ? Bon sang ne peut mentir !

Au cours de l'une de ses démarches, elle aurait précisé « impossible de continuer une scolarité à Molenbeek, c'est un ghetto. »

Je n'y étais pas ! Je le sers comme on me l'a vendu. Mais les démarches pour changer d'école et de commune sont avérées. Pas le moindre doute ! Alors, les mamans portant le voile qu'elle défend avec tant de conviction, l'ambiance de Molenbeek… bon pour les autres… pour elle pas question ! Quelle tristesse de voir se pratiquer une telle hypocrisie ! Elle me fait penser à ces curés qui disent la messe, mais ne croient plus en Dieu !

Une laïcité… très électorale !

Marrant de voir que Catherine Moureaux cache son abandon de la laïcité derrière Caroline Fourest dont je viens de lire le dernier ouvrage… ce n'est manifestement pas le cas de la bourgmestre de Molenbeek, car l'auteure écrit sur la couverture de son livre

« *La laïcité n'est pas un glaive, mais un bouclier* » donc l'auteure est aux antipodes de la position de Catherine Moureaux pour qui ceux qui défendent les principes de la laïcité « *dressent un mur d'intolérance isolant une minorité.* »

J'ai déjà souligné l'étonnante méconnaissance que manifeste cette députée à l'égard de nos institutions de leur fonctionnement et de leur histoire… étonnant de la part de quelqu'un qui a dû subir pas mal de leçons d'histoire à la maison données par papa himself. Elle nous dit que la Belgique repose sur « *un gros, un énorme accommodement raisonnable.* » Non ! Madame Moureaux, en Belgique les défenseurs de la laïcité ont par deux fois perdu les batailles qu'en France la République gagnait contre l'obscurantisme en 1905. En 1879, un gouvernement libéral ose créer un ministère de l'Instruction publique, ce qui ne sera acquis qu'à une voix de majorité. Jusque-là, l'enseignement était exclusivement aux mains de l'église. Les libéraux perdent ensuite les élections, se succéderont alors des gouvernements homogènes catholiques et ce jusqu'en 1914. Le gouvernement dit des gauches dirigé par Achille Van Acker essaye de relancer le combat, il est à nouveau battu et doit conclure le pacte scolaire très dommageable pour la neutralité de l'enseignement et pour la défense de la laïcité.

De là à soutenir que la Belgique vit grâce à « *un gros, un énorme accommodement raisonnable* », il y a une sérieuse marge. Les mots utilisés sont toujours essentiels… ici ce qui compte, le marqueur, c'est le mot « *accommodement* », ce qui veut dire que puisque la Belgique repose sur « *un gros, un énorme accommodement* » d'autres, beaucoup d'autres peuvent suivre… dans les cantines scolaires, dans les piscines publiques, dans les administrations, dans les abattoirs, dans les lieux de culte… la liste, dans l'esprit de ceux sur les voix de qui compte Catherine Moureaux est, n'en doutons pas, particulièrement élastique.

Une grave violence symbolique

Mais c'est bien sûr… ce sont ces ignobles laïcs intolérants qui commettent en interdisant le voile lors des accompagnements scolaires une « grave violence symbolique. » Bien voyons ! Mais Catherine Moureaux ne songe-t-elle pas à d'autres violences, pas du tout symboliques celle-là, en septembre 2001 à New York, à Madrid, à Londres, à Paris et enfin à Bruxelles ! Voilà des violences qui n'avaient rigoureusement rien de symbolique. Ah ! j'oubliais, ces violences-là sont justifiées, car nos pays furent colonisateurs, et n'ont pas accueilli comme il fallait les populations immigrées. En un mot, c'est notre faute, pas la peine d'ergoter. En cela, elle suit à la lettre les leçons de Tariq Ramadan, aux conférences desquelles elle assiste au premier rang avec papa. Le fait que dans la salle où elle se trouve on vend le Protocole des Sages de Sion et d'autres livres antisémites ne la dérange, semble-t-il, nullement !

Sans doute que pour elle, les violences... pas du tout symboliques subies par les femmes à Cologne lors du réveillon sont dues au fait que celles-ci ne portaient pas le voile, que l'une ou l'autre partie de leur corps, un bras, un mollet, un cou, était visible alors pourquoi ne pas outrager ou violer ces femelles impudiques !

« *Accommodements, vous avez dit accommodements !* »

Je vais vous dire moi, Mme Catherine Moureaux, députée de Bruxelles, ce qu'est une violence symbolique. Lors d'un conseil communal se déroulant pendant le ramadan, sur proposition de l'échevine Turine, le conseil communal de Molenbeek est interrompu pour que ceux qui le souhaitent puissent participer à la rupture du jeûne... et donc ceux, les mécréants, qui n'ont pas participé à ce moment de religiosité conviviale, ont attendu une bonne heure, assis à leur pupitre que la fête soit terminée...

Oui ! cher lecteur, on en est là à Bruxelles au XXIe siècle. Voilà une « grave violence » à l'égard de nos institutions, de la laïcité et... de la liberté. Et là, on n'a pas entendu Catherine Moureaux, c'était normal... un petit accommodement parmi beaucoup d'autres... à venir, soyons-en sûrs !

Pauvre petite fille riche

Catherine Moureaux diffuse son texte accompagné d'une photo.

Je vous invite à aller sur le site de Mme Moureaux et d'examiner ce document avec attention. Il est évident qu'il ne me viendrait pas à l'idée de faire la moindre remarque sur le physique de la députée de Bruxelles, chacun le sien, et chacun doit vivre avec ce que la génétique lui a donné. Ce qui importe ici, c'est le regard.

Je ne peux m'empêcher de songer à cette belle formule de Pierre Assouline « *son regard la trahissait quand son verbe faisait encore illusion.* » Oui ! C'est bien cela ! On le voit, cette jeune femme n'est pas à l'aise avec le public de Molenbeek, c'est comme pour l'école de son enfant. Issue d'un milieu favorisé, très favorisé, elle est, on le voit sur « une terre de mission », comme disaient les chrétiens… du temps… des colonies. Tout le problème est de savoir où cesse le vrai visage, et où commence la grimace !

Catherine Moureaux est médecin, j'espère qu'elle ne bloque pas l'un de ces précieux numéros INAMI dont tant de jeunes qui eux veulent pratiquer leur merveilleux métier de médecin ont cruellement besoin.

Et le PS dans tout ça !

La dernière phrase de cette carte blanche est lourde de conséquences.

Mais le sens politique de Catherine Moureaux n'est sans doute pas assez aiguisé pour en saisir les conséquences.

Se rendait-elle compte qu'elle divise profondément le PS quand elle considère que ceux qui défendent la laïcité élèvent un « *mur d'intolérance.* » Nous étions nombreux au PS à soutenir une laïcité qui ne soit pas poreuse aux accommodements mortifères, aux petits abandons, aux grandes lâchetés rémunérées électoralement.

Combien nombreux sont ceux qui se sont éloignés sans bruit, sur la pointe des pieds ? Ne voit-elle pas ? N'entend-elle pas les portes qui se ferment parfois sur 40 ans de militantisme ? Ce que Catherine Moureaux et quelques autres sont en train de construire, c'est un avenir qui trahit ses promesses... et comme toujours les premières victimes de cette trahison ce sont ceux qu'elle prétend défendre. Ne sait-elle pas qu'en juin 2015 des mères maghrébines ont manifesté à Montpellier pour que les écoles cessent d'être des ghettos et que reviennent des enfants de toutes origines ? Ces femmes voilées là, car la plupart l'étaient, ne cadrent pas avec l'avenir électoral de Catherine Moureaux.

Donc, on n'en parlera pas ! Comme dans le procès Dreyfus... oh ! Zut ! Un Juif... la question ne sera pas posée !

Catherine Moureaux bourgmestre de Molenbeek

Publié le 22 octobre 2023

Martine bourgmestre de Molenbeek ou les Malheurs de Catherine Moureaux

« Il était une fois une petite fille riche dont papa et maman étaient ministres. Les bonnes fées penchées sur son berceau ne pouvaient que lui promettre l'avenir radieux de ceux qui sont nés pour commander et être obéis… Et très tôt, la petite Catherine crut ces oracles… Oui, plus tard comme papa et maman, elle sera la Chef ! Na! Na! Na! Son papa à elle, commandait à Bruxelles, il avait fait de sa maman une ministre… redoutable exploit pour ceux connaissant ce personnage rugueux, une enseignante marchant d'un pas d'un gendarme, péremptoire, coupant la parole à celle ou celui qui s'exprimait en dehors des clous qu'elle, cela va de soi, avait plantés ! Donc tout était possible ! Un avenir radieux se profilait, les lendemains devront chanter pour elle. »

Un bébé dans son parc

Voilà comment aurait pu commencer l'histoire de Catherine Moureaux. Pourtant, elle entra dans ma vie de façon très différente.

J'étais, une fois de plus, chef de cabinet de son papa, Philippe Moureaux. Nous étions installés avenue des Arts. J'avais assisté au mariage de Philippe avec Françoise Dupuis. Et voilà que deux ou trois ans plus tard, l'enfant paraît, quoi de plus beau, il s'agissait de Catherine. Le cabinet s'était cotisé, nous avions acheté un parc, une petite cérémonie avait été organisée où le cadeau devait être remis aux heureux parents. En ma qualité de chef de cabinet, j'étais obligé de faire un petit discours. Je me souviens avoir dit que si « *le ministre fait des choses importantes dans son rôle de politique, il fait des choses beaucoup plus importantes rentré chez lui, dont nous fêtons ici le résultat.* » Je revois la scène, Moureaux toujours sinistre quand il était astreint à écouter quelqu'un d'autre parler, Françoise souriante, presque émue.

La phrase dont je me souviens dut la marquer parce qu'elle m'en reparla assez souvent. Ce fut donc par son parc que Catherine Moureaux fit irruption dans mon existence.

Un ou une successeur pour Moureaux !

Elle ne réapparut que bien des années plus tard... Au moment où Philippe Moureaux songeait à quitter la politique, à devenir l'un de ces nombreux retraités belges qui trouvent dans les campagnes françaises la quiétude, le temps de lire et d'écrire. S'agissant de Moureaux qui était un manuel, il s'agirait de retaper une ferme isolée, complétement déglinguée qu'il avait achetée en Auvergne.

Il savait tout faire, cuisiner, peindre, tapisser, poser du linoléum, s'occuper de l'électricité. Je le vis dans la propriété héritée de son père au lieu-dit « La Sibérie »... cela ne s'invente pas... située sur les hauteurs de Wépion, réparer, clouer, couper l'herbe, entretenir le verger et même me faire une bouillabaisse avec des poissons, péchés par lui à l'aube dans la Meuse. Écrivant ces lignes, je me dis que cet homme qui toute sa vie a été malheureux, ne trouvant jamais ni équilibre ni bonheur, avait peut-être raté sa vocation. Il aurait été, je pense, un excellent fermier.

On le sait, alors que Laurette Onkelinkx devait quitter Liège, il envisagea qu'elle le remplace sur le siège de mayeur de Molenbeek.

Ainsi, il pourrait rejoindre l'Auvergne. Était-il sincère, je ne peux pas en jurer... Mais je l'ai cru... Il est vrai que j'ai cru tant de choses.

Quoi qu'il en soit arrivant à Bruxelles, dame Onkelinkx expliqua que pour son nouveau compagnon, une installation à Molenbeek était inenvisageable. Elle s'inscrivit à la section de Bruxelles-ville où son arrivée fut ressentie comme l'épidémie de vérole sur le bas clergé.

Elle en fut chassée avec perte et fracas et trouva refuge à Schaerbeek dont l'ancien patron du PS venait de valser en prison, s'y installa… et échoua piteusement dans ses tentatives d'accéder au mayorat.

J'avais donc à cette époque de nombreuses discussions avec Moureaux sur son éventuelle succession. Nous en discutâmes pendant des années… Le temps passant, aucun prétendant ne lui convenait.

Il y a eu Olivia O' Ptito, qui il est vrai n'avait pas les épaules au propre et au figuré pour occuper cette fonction. Souvent, je lui parlais de Serge Vilain, brillant inspecteur des finances, qui avait été l'un de mes excellents collaborateurs dans les cabinets. Il s'était même installé, si ma mémoire est bonne, à Molenbeek. Philippe Moureaux, le rudoya, l'ignora, comme il le faisait excellemment avec les gens qui pouvaient lui faire de l'ombre. Un jour que je lui rappelais les qualités de Serge Vilain, il eut cette réponse lapidaire : « *Il n'a pas su s'accrocher.* » Ah ! Bon, quelles épreuves avait-il ratées, quel Kohl Lanta fallait-il accomplir pour succéder au maître de Molenbeek ?

L'Aveu !

Et puis, après des années, vint l'aveu. Nous reparlions de sa succession, je ne parviens pas à situer la date, il m'explique, mot pour mot : « *Seule Catherine pourrait me succéder, car elle a mon mauvais caractère et le mauvais caractère de sa mère, elle mise à part, personne ne pourrait occuper ici à Molenbeek ma fonction.* »

J'en restais pantois ! Tout ça pour ça ! Faire naître à Molenbeek une lignée à la Kim il Sung… Molenbeek – Pyongyang même combat!

Merde alors, depuis longtemps, je savais que son socialisme sentait le presbytère et la caserne, mais la succession dynastique m'avait échappé ! Dans le fond, on n'y pense jamais, mais si le pire n'est jamais certain, il n'est jamais décevant !

Catherine, adjudante de quartier

Catherine était médecin, mais il faut croire que la pratique ne la passionnait pas. Son papa avait déjà, fait d'elle une députée bruxelloise. Puis une chef de cabinet de Rachid Madrane, lorsque celui-ci était secrétaire d'État. Lors de sa prise de fonction, elle réunit tout le cabinet. Se montrant immédiatement désagréable, elle expliqua sur le mode adjudant-chef qu'il s'agit d'arriver à l'heure, qu'« *elle n'acceptera aucun retard, que tout le monde doit être pile à l'heure dans ce cabinet, ajoutant... sauf moi !* » Elle succédait à un personnage qui avait un tempérament d'artiste, libre dans sa vie comme dans son activité professionnelle, et subitement on passait de la vie d'artiste à la vie de caserne... dur... dur.

Il s'agissait d'un début, certes prometteur, mais Catherine n'avait pas encore montré toutes ses qualités. Elle avait déjà étonné beaucoup de monde lorsque, députée, elle prônait le fait qu'il s'agissait à Bruxelles de placer dans les programmes scolaires l'histoire du Maroc ! On aura compris que pour elle, comme pour son papa et sa maman, le mot intégration était devenu un gros mot quasi injurieux, et que la laïcité était devenue la lubie des « sales laïcards » comme je me l'entendis dire par Moureaux. Et voilà donc qu'avec l'aide, active et directive, de papa, elle accède à la magistrature suprême de Molenbeek. Il faut préciser que n'ayant pas la majorité absolue, elle avait tenté d'enrôler le PTB, qui pas folle la guêpe, veut le pouvoir, mais tout le pouvoir... celui qui ne se partage pas.

Un style Louis quatorzième

Dès sa prise de fonction, un malaise s'installe. Son style étonne.
Ainsi lors de réunions qui s'éternisent au cours des heures du midi, il ne serait pas rare qu'elle se fasse apporter à manger, et... qu'elle se sustente seule alors que les autres participants ne peuvent que la voir mâcher et avaler une nourriture dont eux sont privés. Savait-elle qu'elle imitait Louis XIV? J'en doute.

D'autres s'offusqueraient du fait que son chauffeur-garde du corps bénéficie d'heures supplémentaires dépassant pratiquement les 24 heures d'une journée.

Fureurs, cris et tremblements... Plaintes

Ainsi petit à petit se dessine l'image de quelqu'un de très personnel, isolée, capricieuse, et surtout coléreuse, n'acceptant ni contradictions, ni même explications. Comme dans l'armée française, chez Catherine Moureaux vouloir comprendre, c'est commencer à trahir ! Il y a un an, elle perdit de fait sa majorité. Le sulfureux ex-député Ikazban, celui qui s'est dit proche du Hamas qui fit le signe de reconnaissance des Frères musulmans lors des dernières élections et autres faits d'armes, lui fit comprendre que s'en était fini de jouer, il ne suivit pas les décisions de Catherine Moureaux en matière de taxes, puis s'opposa à la nomination d'une nouvelle secrétaire communale qui ne put donc pas être nommée. Plus récemment, la presse nous apprend qu'elle ne serait pas contentée de se mettre ne colère, ce qui arrive souvent, mais qu'elle aurait empoigné l'un de ses échevins, le poussant violemment à la porte.

D'où plainte au pénal, constatation des traces de coup, etc. Intéressant de savoir que cet échevin est un « cas » très particulier, pour tout savoir à son sujet, il suffit d'évoquer sa gestion des jeunes du Club de l'Union saint-gilloise... Une affaire en cours, selon la formule consacrée. Mais lorsque la presse en fit état, Catherine Moureaux déclara publiquement qu'elle lui maintenait toute sa confiance... Je serai curieux de savoir s'il en est toujours de même !

Les fonctionnaires se rebiffent

Quoi qu'il en soit au départ de cet incident, l'abcès est percé, les langues se délient. Les quatre plus hauts fonctionnaires se fendent d'une lettre où ils expliquent leur mal être. La Secrétaire communale faisant fonction demande à réintégrer son service. On commence à expliquer que Catherine Moureaux hurlerait en permanence sur le personnel, que les cris et hurlements se feraient à un centimètre du visage de la victime, douche de postillons garantie, que la bourgmestre aurait pris l'habitude de jouer les chefs de bureaux, se rendant dans les services, y donnant des ordres sans passer par les sacro-saintes voies hiérarchiques. Et cerise sur le gâteau, deux conseillers communaux d'opposition déposent plainte pour falsifications de documents. Un sujet que je connais bien, car je l'ai vu pratiquer ailleurs ! « *Faux en écritures publiques et authentiques par un fonctionnaire dans l'exercice de ses fonctions* », une pratique beaucoup plus courante que l'on ne pense !

Molenbeek, le laboratoire où se dessine l'avenir de la Région

Pour Catherine Moureaux qui affirme qu'elle est la femme à abattre, les jeux semblent faits. Son père, comme tous les gens fragiles et peu sûrs d'eux, fut un grand colérique, mais jamais en plus de quarante ans de cohabitation, je ne le vis porter la main sur qui que ce soit. La malheureuse Catherine Moureaux a additionné les défauts de ses parents, a soustrait leurs qualités et est devenue leur parfaite caricature ! Mais au-delà de l'aspect personnel lié à la pauvre personnalité de la bourgmestre de Molenbeek, commune qui est effectivement dans un profond chaos, l'essentiel n'est pas là. L'important à mes yeux est que Molenbeek est le laboratoire de la région bruxelloise. Demain, peu ou prou, ce qui se passe à Molenbeek se passera partout dans la région. En effet, si Madame Moureaux perd à ce point les pédales, c'est qu'elle s'est rendu compte qu'elle n'est qu'un soliveau, une marionnette, le pouvoir lui ayant totalement échappé. C'est cela qui lui est insupportable. Le temps est venu où le marionnettiste n'a plus besoin de sa créature de bois, de papier et de tissus, il peut se montrer, agir seul et exercer le pouvoir à ciel ouvert, que jusqu'ici il pratiquait dans l'ombre… Là est la vraie question ! La seule question importante.

Les communes bruxelloises ne sont plus gérables, elles ne vivent que grâce à l'argent régional, région qui elle emprunte à tout va, augmente son déficit de 184 % en trois ans, dont les comptes sont à ce point confus que la Cour des comptes refuse de les contrôler.

Une région où le ministre du Budget se trompe en oubliant, une paille, un zéro dans une addition! Une région où en octobre l'impôt cadastral augmente de façon linéaire de 10 % auxquels s'ajoutent les centimes additionnels communaux, qui en même temps augmentent la rémunération des élus, et augmente les places de parking de 75 %, voilà pour l'automne 2023 à un an des élections… Qui dit mieux ?

Le chaos molenbeekois d'aujourd'hui est à l'image du chaos qui règne à bas bruit ailleurs et qui demain régnera partout! Il est urgent de revoir fondamentalement les institutions régionales et communales à Bruxelles ! Tout craque, se délite et les bruxellois contribuables s'expatrient !

Quant à Catherine Moureaux, peut-être retournera-t-elle à la médecine qu'elle n'aurait jamais dû quitter !

Commedia dell'arte à Molenbeek

Publié le 26 décembre 2023

Le comité de vigilance au PS ou la Commedia dell'arte !
« On voit mal le monde qui naît,
mais comme on voit bien celui qui s'écroule ».
Paul Morand, Journal de guerre, Volume II .

Présentation

Au PS bruxellois, existent aussi Arlequin, Polichinelle, Pantalonne, Capitan, Colombine… les rôles sont distribués, chacun connaît sa partition… La pièce est tout aussi drôle, on y rit, on y pleure… on hue le perdant, on applaudit le gagnant… Quand subitement… oups ! L'inattendu, l'impensable… Une arête dans le gosier, une mouche dans un bol de lait… Quelqu'un a cru à ce qu'il faisait ! On passe de la farce au drame. Je laisse aux lecteurs le soin d'attribuer aux personnages bien réels de cette pantalonnade, les emplois des comédiens de la farce italienne, qui sera à Molenbeek Pantalon, Arlequin, Capitan ou Colombine ?

L'action se déroule à Molenbeek, commune bruxelloise connue internationalement pour sa pépinière de terroristes.

Acte 1. Où le bruit des couteaux qu'on aiguise emplit l'espace

J'ai déjà expliqué dans un article précédent le curieux comportement de Catherine Moureaux. La presse a relaté à pleines pages ses intrusions dans les services, ses fureurs, ses colères. Voilà pour le climat, l'ambiance générale, « le contexte » pour paraphraser les présidentes des prestigieuses universités américaines. Le temps passant… les élections approchant… les relations dans sa majorité deviennent de plus en plus difficiles, les coups de gueule plus nombreux, les bouderies plus longues, les pelures de banane s'amoncellent... Et patatras le vernis craque, des élus du groupe socialiste emmené par Jamal Ikazban, proche du Hamas comme il l'a lui-même proclamé, refusent de voter l'augmentation de l'impôt cadastral, rejettent la nomination d'une nouvelle Secrétaire communale. La crise sort des chuchotis de couloirs, débouche au plein jour. Le PS de Molenbeek se déchire. La reine est nue... Spectacle inacceptable !

Acte 2. Bagarre générale à OK Molenbeek ! Du Capitole à la roche Tarpéienne

Un employé communal a été sanctionné d'un an de suspension, il doit revenir en service. Il dépend, c'est sans doute proche, de l'échevin Abdallah Achaoui, on dirait à Bruxelles au sujet de celui-ci « un drôle de pistolet ». Il refuse absolument la mutation à la voirie de l'ouvrier sanctionné. C. Moureaux l'exige, le veut, entend l'imposer. Le 5 octobre, la bourgmestre et son échevin s'invectivent copieusement, en présence de témoins, C. Moureaux aurait fini par l'empoigner pour lui faire quitter son bureau.

Il aurait subi des coups, ce qui se révélera faux, puisqu'après avoir affirmé qu'il disposait d'un certificat médical, il apparut que ledit certificat n'existait pas ! Cela n'empêcha pas l'échevin de déposer plainte devant le comité de vigilance du PS, suivi par Catherine Moureaux, qui fit de même.

La Secrétaire communale faisant fonction démissionne, refusant, dans un tel climat, de poursuivre sa mission. Dans la foulée, les 4 plus hauts fonctionnaires de la commune auraient déposé plainte contre C. Moureaux auprès du ministre de tutelle, qui n'est autre que Rudi Vervoort. Un conseiller communal d'opposition dépose plainte au pénal pour falsification de documents. Le chaos est total ! C'est la désolation dans les lieux saints.

Catherine Moureaux disparaît en congé de maladie, annonçant son retour sur le ring le 12 décembre, puis prolongeant son absence jusqu'au 6 janvier.

Acte 3. Où apparaît la statue du Commandeur ! Fini de rire en Comité !

Le Comité de vigilance se réunit en secret le 29 novembre. Curieux ça ! Pourquoi cette instance disciplinaire estime-t-elle devoir assurer un secret absolu ? Que les délibérations soient secrètes, cela va de soi. Mais pourquoi la décision doit-elle le rester ? Aujourd'hui, on sait qu'une réunion a eu lieu le 29 novembre. La décision a été prise à l'unanimité. Un rappel à l'ordre pour Catherine Moureaux et un an de suspension pour l'échevin Achaoui. Mais ce n'est que le 12 décembre que la décision est rendue publique. Pourquoi ces 13 jours de secret absolu ! Qu'attendait-on ? Quelle autorisation suspendait-elle l'annonce des conclusions ? Enfin, on les connaît ce 12 décembre.

Alors là, cela ne va plus du tout !

Un autre acteur va entrer en scène, telle la statue de pierre du Commandeur dans le Don Juan de Mozart, A. Laaouej himself, président de la fédération bruxelloise du PS, descend, souverain, de son socle de granit, pour serrer la main des membres du Comité de vigilance… d'une poigne gantée de fer… farcie de menaces… celui qui commande veut parler ! Il parlera… Et oh! Miracolo…

Le Comité suspend sa décision… dans l'attente d'une mission de conciliation, dont on ne connaissait pas l'existence, menée par Rudi Vervoort et Karine Lalieux… Le même Rudi Vervoort qui devrait statuer… Parions qu'il ne se pressera pas… sur la plainte des hauts fonctionnaires de Molenbeek.

Acte 4. Où un gentil militant croit que l'on doit respecter les statuts

Catastrophe ! Un membre du Comité de vigilance refuse de manger son chapeau! La couleuvre ne passe pas dans le gosier.

Mieux encore, il écrit à ses cinq collègues qu'ils ont subi une pression inacceptable de la part d'Ahmed Laaouej. Pire encore, de toute évidence, il organise des fuites dans la presse.

Incroyable, invraisemblable, inouï... Voilà un gars qui a pris sa fonction au sérieux... ça n'arrive jamais ! Personne ne lui avait donc dit qu'il s'agissait d'une farce campagnarde ! Caillou dans la chaussure du grand chef à plume... qui, dans la presse, affirme... bien sûr... qu'il n'a fait aucune pression, qu'il a été entendu à sa demande, mais « *qu'il ne voit pas à quel titre, je peux faire pression* (sic) ». C'est beau comme l'Antique ! Oh ! le brave homme, il n'est pas cause à l'affaire, mais veut être entendu...

Est-il permis de lui demander pourquoi? Le Comité de vigilance, instance disciplinaire, juge des faits, des comportements.

Or, A. Laaouej, n'a été ni partie ni témoin ! Alors, sur quelle base a-t-il obtenu la suspension du prononcé ? Intéressante question à laquelle, il n'y aura jamais de réponse? Quant aux affirmations d'A. Laaouej, si d'aventure vous vous risquez à les répéter à un cheval de bois, vous subirez une solide ruade !

Acte 5. Où, en cas de malheur, un juteux mandat est promis

Où apparaît la relation, peu connue, entre l'échevin querelleur Achaoui et A. Laaouej. De ceci, la presse n'en a jamais parlé.

Sans doute l'ignore-t-elle. Cet échevin ayant été gestionnaire du club des jeunes de l'Union saint-gilloise aurait connu quelques délicatesses dans le cadre de ses fonctions. La presse y a fait écho.
Il était, à ce moment possible, qu'il soit contraint à la démission. C'est à cette époque, il y a un an et demi ou deux ans, que j'ai été contacté par un des grands patrons des industries de l'électricité qui me consultait pour savoir si au PS nous étions devenus fous !

De quoi s'agissait-il ? Le PS bruxellois pouvait nommer un administrateur de l'organe de coupole qui contrôle et définit toute la politique énergétique en Belgique... Et notre président fédéral aurait proposé pour occuper ce poste... un certain Abdallah Achaoui !

Le même que celui qui apparaît en majesté dans les actes précédents!

J'ajoute que ce mandat est l'un des plus rémunérateurs de ceux que le PS bruxellois peut revendiquer. Pas mal, non ! On comprend donc mieux qu'A. Laaouej s'impose au Comité de vigilance, exige et obtient la suspension du prononcé. Voir celui qu'il entendait nommer à un mandat de cette importance suspendu pendant un an... à la veille des élections... Intolérable... Inacceptable ! Le comité a mal jugé... Donc on suspend! Enlevant ainsi, d'un coup d'un seul, toute crédibilité à une instance disciplinaire dont le capital confiance était déjà réduit à la crédibilité que l'opinion publique accorde aux affirmations du PS, soit fort peu de choses.

Quant à la mission de conciliation Lalieux-Vervoort dont, autre miracle... décidément le PS est prodigue... on apprend son existence au moment même où A. Laaouej impose la suspension du prononcé.

Prestidigitation... du grand art.... pour cirque de province !

Acte 6. Où la bourgmestre « au repos » n'en peut plus et s'exprime

Catherine Moureaux jusqu'ici silencieuse sort du bois ! La malheureuse diffuse un tweet où elle précise : « *Pour rappel, j'étais restée silencieuse sur cette affaire depuis plusieurs semaines dans l'intérêt de mon parti, confiante dans l'examen approfondi de ma plainte par la Commission de Vigilance.* » Voilà qui est bref et caramélique aurait dit son auguste père ! Il aimait beaucoup cette expression.
Peut-être l'a-t-elle oublié ? Mais elle s'était unie à Rachid Madrane contre A. Laaouej lors de la course à la présidence de la fédération...

Mais une chose est certaine, Laaouej, lui, ne l'a pas oubliée. Mieux encore, il sait que lors des prochaines élections, il aura un bien plus grand besoin d'Achaoui que de la pauvre

Catherine Moureaux, lessivée, usée jusqu'à la corde, ayant cru, la malheureuse, qu'elle puisse faire comme papa... Un coup de gueule et ça repart ! Ben non, c'est foutu !

Acte 7. Où les dés ont roulé... et rien ne va plus

Ce 22 décembre, le Conseil Communal de Molenbeek s'est réuni, en l'absence de C. Moureaux, il s'agissait notamment pour la deuxième fois de désigner la nouvelle secrétaire communale.

Pschitt... Une nouvelle fois, le groupe socialiste s'est déchiré, la candidate de Catherine Moureaux a à nouveau été recalée.

Petit et sale l'élément nouveau, les adversaires de C. Moureaux répandent à son sujet des rumeurs ignobles, dont je refuse de me faire ici l'écho ! Mais c'est dire que pour elle à Molenbeek les carottes sont cuites, qu'elle revienne de son exil volontaire, qu'elle obtienne du Comité de vigilance le maintien à son propos d'un simple rappel à l'ordre, elle est essorée, vidée, liquidée, pis encore humiliée. Elle fait d'ores et déjà partie des dépouilles rangées au magasin des accessoires dont plus jamais on ne se servira. En un mot, on n'a plus besoin d'elle, le temps est venu de retirer les faux-nez ! Elle a perdu toute valeur sur le cruel, l'impitoyable marché aux bestiaux de la politique. Son remplaçant est déjà dans les plots de départ, muscles tendus, tête relevée, nez au vent, frémissant à l'odeur de la place à prendre. Pourtant, C. Moureaux avait toutes les qualités, d'abord son nom, l'aura d'autorité de son père, sa volonté de poursuivre dans la voie tracée de tout communautariser, elle a même été la première à faire sauter la digue dans les services communaux... le voile partout... sans rire, on affirmera au moment où est prise cette décision, qu'un juif puisse venir travailler dans l'administration communale kippa sur la tête !

Elle était donc parfaite... Copie conforme. Mais non! Indépendamment des aspects propres à sa personnalité, ce n'était pas assez, le seuil est donc franchi ! Les masques à Molenbeek peuvent tomber, elle sera elle aussi... Remplacée...

un mot aujourd'hui très délicat à utiliser ! En attendant que le même scénario, peu ou prou, se produise partout ailleurs, y compris là où on le croit tout à fait improbable, je n'ai aucun doute à ce sujet !

Pour sortir de la farce, en guise de conclusion... provisoire, où apparaît le goût du bonheur

La pièce n'est pas encore jouée, il y aura encore à coup sûr quelques rebondissements, de nombreux sourires cachent encore des poignards. Mais chacun aura compris qui est le maître ! Que le Comité de vigilance soit indépendant comme le prévoient les statuts n'est qu'une vaste plaisanterie, le président fédéral vient d'en faire lui-même la misérable démonstration.

Je veux cependant ajouter un élément plus personnel. J'ai écrit amplement, sans me cacher derrière mon petit doigt, ce que je pensais de Catherine Moureaux, de son autoritarisme de caserne, de ses options communautaristes, de ses abandons de la laïcité...

Ma plume, malgré quelques menaces, n'a pas tremblé. Cependant, je n'appartiens pas à l'ignoble cohorte qui se réjouit du malheur des autres, fussent-ils ses adversaires. Comme l'écrit Frédéric Vitoux dans « *L'Ours et le Philosophe* », « *L'odeur du sang est toujours, pour la foule, un puissant produit d'appel.* » Ce sang-là m'a toujours profondément écœuré. J'ai toujours eu en horreur ceux qui crient à mort au pied des échafauds.

La politique et un visage !

C'est pourquoi aujourd'hui, quand j'observe, sur les photos de presse, le visage de Catherine Moureaux, mon cœur se serre ; j'éprouve une profonde tristesse, car j'y lis une grande détresse, celle de ceux qui se croyaient protégés par une autorité qui masquait mal leur fragilité, ainsi qu'un complet désarroi, une totale incompréhension, une vraie souffrance, devant ceux qu'hier elle encensait, qu'elle croyait protéger, et... qui la dévore à belles dents, répandant les pires ragots, piétinant son existence… sa vie.

Oui, sa vie ! La politique est un jeu tour à tour ridicule ou tragique.

De toute évidence, elle le pratique sans réserve en y plongeant la totalité de son être… On le voit, chez elle, aucune distance, aucun recul, pas de garde-fou. Aujourd'hui, c'est une chute abyssale de tout son être. Lorsque cet écart salvateur, entre ce qu'on est et ce qu'on fait, n'existe pas, chaque mot, chaque geste, chaque écrit, chaque crachat, chaque insulte sont de la chaux vive sur une chair nue, à vif. Tout, à chaque instant, n'est que des flèches meurtrières, blessures inguérissables. La politique vous bouffe tout, si vous ne parvenez pas à être spectateur de vos propres actions, si vous ne parvenez pas à extraire votre être profond des événements. Si votre vie se réduit à la politique, que plus rien d'autre n'existe, la catastrophe est inévitable.

Face à cette souffrance qui marque ses traits, moi je me souviens du petit bébé pour lequel nous avions acheté un parc, méritait-il de telles épreuves, un tel destin ? Certes, non! Pourquoi a-t-elle abandonné son merveilleux métier de médecin ? Pourquoi se lancer très vite dans une carrière politique ? Voulait-elle faire comme papa ou était-ce papa qui exigeait qu'elle marche dans les sillons qu'il avait tracés ? Elle devrait creuser cette question dont la réponse pourrait l'aider.

Si c'est le poids de son père qui a joué, lui historien, aurait dû savoir que les successions dynastiques s'effondrent parfois dans l'horreur… L'horreur totale, quand vous comprenez trop tard, que vous vous êtes trompé d'histoire d'amour… de route, que le chemin que l'on croyait balisé, parsemé de sourires, de roses et de hourras… menait droit en enfer !

Pour ma part, je ne souhaite qu'une chose à C. Moureaux, qu'elle quitte au plus vite un monde pour lequel, contrairement à ce qu'affirmait son père, elle n'était pas faite, qu'elle retrouve au plus vite sa sérénité, que son bonheur futur soit le meilleur remède au cauchemar dont il faut, pour sa sauvegarde, qu'elle s'évade au plus vite.

Post-Scriptum.

Encore un mot, vous me croirez ou pas, mais un ministre socialiste en fonction m'a écrit, il y a deux mois pour dire qu'il approuvait pleinement ce que j'écrivais et vendredi passé un cadre du parti, très introduit dans l'appareil, m'a affirmé qu'il lui serait impossible de voter socialiste aux prochaines élections ! Étonnant, non !

Emir Kir

Mais de qui donc Emir Kir est-il le député ?

20 novembre 2011

*« Et quand il eut dépassé le pont,
les fantômes vinrent à sa rencontre. »*
Nosferatu

Pendant longtemps, Emir Kir fut pour moi l'exemple d'une intégration réussie. Tant dans sa vie publique que dans sa vie privée, tout me conduisait à penser qu'il était un magnifique exemple à suivre, qu'il représentait l'avenir de notre région, qu'il avait réussi la difficile synthèse entre le respect, le souvenir, la mémoire de ses racines et la volonté de s'insérer dans la société belge où ses parents avaient décidé de vivre. Très vite, il fut la cible de ceux, nombreux, folliculaires en mal de notoriété, concurrents envieux de sa popularité, de la rigueur avec laquelle il examinait les dossiers. Je le soutins avec vigueur, me faisant quelques ennemis de plus... mais passé un certain nombre on ne compte plus... et d'ailleurs n'y a-t-il pas ce magnifique proverbe italien qui souligne que c'est le nombre de vos adversaires qui fait la juste mesure de votre valeur... alors à quoi bon se priver. Je soutenais donc qu'il était odieux d'interroger constamment Kir sur le génocide arménien, le rendant quasiment responsable des horreurs commises par le gouvernement « Jeune turc » en 1915. Je déclarais que Kir était belge, qu'il devait être traité comme tel et non comme un ressortissant turc. Je l'aidais aussi dans sa réflexion, lorsque Onkelinx faisait la danse des sept voiles pour tenter de le faire déménager à Schaerbeek... et d'engranger les voix turques... promesse lui était faite d'être bourgmestre de Schaerbeek tant que Onkelinx serait vice-premier ministre. Prudent, il ne tomba pas dans le piège et essaya d'être le premier à Saint-Josse plutôt que d'occuper le glissant strapontin qu'on lui dépliait dans la commune d'à côté. J'en étais ravi. On le sait, j'ai de l'admiration pour Guy Cudell qui fut un vrai original de la politique, un innovateur, un découvreur ayant une vision de l'avenir de cette petite, très petite commune, la plus pauvre de Belgique. Je fus heureux de voir Kir lui succéder, et ainsi être le premier bourgmestre issu de l'immigration diriger l'une des 19 communes, il pourrait ainsi être emblématique d'une intégration pleinement réussie... un exemple à suivre.

Peu après les dernières élections communales, il m'invita à déjeuner en compagnie d'un ami commun. Je perçus une étonnante métamorphose, d'abord dans le ton, plus que ferme, les phrases péremptoires s'enchaînaient tels des coups de sabre... pas de réplique possible... mais bon, l'autorité est tellement rare dans le monde politique qui préfère la médiocrité hypocrite à l'affirmation des convictions... cela changeait.

Survint alors l'inacceptable, nous évoquions les prochaines élections législatives, il déclara « toutes les élections doivent être communautaires, Fadila Laanan et Rachid Madrane n'ont rien compris, sans campagne communautaire pas de victoire possible. »

J'étais stupéfait, éberlué, quel changement, quelle transformation, plus question d'intégration, plus question même d'en parler ! Je n'avais plus le même homme devant moi, celui qui était devenu bourgmestre de Saint-Josse était exclusivement le représentant de la communauté turque. Aucune tête ne doit plus dépasser, tout le monde dans le rang, le capital électoral, ce sont les immigrés turcs... et plus rien d'autre ne doit compter. Je me retirai sur la pointe des pieds, observai de loin, constatant quand même que parmi ses échevins une individualité remarquable se détachait.

Mais des bruits sinistres me revenaient sur d'autres personnes de l'entourage de Kir, dont un échevin ne saurait ni écrire ni lire le français ! Il paraîtrait qu'il apprend avec application.

Vint alors le pénible débat sur la reconnaissance officielle par la Belgique du génocide arménien. Il ne s'agissait plus d'une position personnelle, mais de la reconnaissance légale, officielle du premier génocide de cet horrible XXe siècle. Qui peut, aujourd'hui, mettre en doute l'immensité du crime commis par le gouvernement « jeune turc » à l'égard de la communauté arménienne ?

Seules les instances officielles turques s'y refusent avec une obstination dont le grotesque s'ajoute à un négationnisme immonde.

On sait ce qui se passa au CDH où le président Lutgen n'hésita pas un instant à exclure la parlementaire voilée qui refusait de reconnaître cet acte de mémoire et de respect. Kir tourna autour du pot, diffusa des communiqués de presse caraméliques, circonvolutions reptiliennes, ne parvenant pas à cacher sa position négationniste. Le courage dont avait fait preuve le CDH obligea le PS à mettre Kir au pied du mur. Finalement, à un cheveu de l'inévitable, après de longs débats où Di Rupo mit tout son poids dans la balance, il vota tout en publiant un communiqué dont la casuistique rend jaloux les experts les plus pointus du Vatican.

Pour moi, la messe était dite depuis le triste déjeuner où Kir fit devant moi son « coming out » communautaire.

Et depuis quelques jours, la cerise sur le gâteau ! Il compare les Kurdes à Daech, aux pires islamistes, faisant semblant d'oublier que les Kurdes se battent depuis une éternité pour obtenir une reconnaissance nationale. Ils furent les oubliés du traité de Sèvres qui en 1920 redessina les frontières du Moyen-Orient sans tenir le moindre compte de la réalité des peuples. Sans doute a-t-il approuvé que pendant près de quatre ans l'armée turque ait bombardé les Kurdes qui combattaient Daech, à l'époque, ils étaient à peu près les seuls !

Comment ne pas se rappeler la façon dont furent organisés en Belgique les meetings électoraux pendant la campagne électorale de Turquie ? Plus de 10000 personnes lors de la venue d'Erdogan. Mais aujourd'hui de quoi parle-t-on ? Il ne s'agit pas d'un homme d'État lambda, mais de quelqu'un qui installe une dictature aux portes de l'Europe. Milliers d'arrestations, journalistes, écrivains, magistrats, militaires, enseignants, aucune catégorie n'échappe à la prison. La laïcité qui avait construit la Turquie moderne n'est plus qu'une ombre sans contenu, ne reste que la multitude des portraits de Mustapha Kemal, mais il ne reste rien d'autre alors que la Turquie pouvait être fière des pas de géants accomplis dans la modernité... n'oublions pas que les femmes turques ont voté avant les femmes belges !

Avec tristesse, je ne peux que constater l'alignement de Kir sur les positions les plus aberrantes d'Erdogan... plus question d'intégration... changement de rôle... le gentil garçon à la mise toujours soignée a endossé l'uniforme du porte-voix d'un potentat liberticide qui estime qu'à Bruxelles non plus les Kurdes n'ont pas le droit d'exister ! Il y a de quoi avoir peur si l'ambiance à Saint-Josse est de même nature !

Que fera le PS ? Rien ! Kir contrôle entre 14.000 et 17.000 voix, là est la terrible réalité du communautarisme triomphant. Le PS à Bruxelles est donc coincé entre une majorité d'électeurs d'origine maghrébine dont beaucoup souffrent de l'insidieuse pénétration des sectes fanatiques auxquels des élus islamogauchistes aussi stupides que crédules font les yeux doux et un élu, bourgmestre de Saint-Josse, qui contrôle pour le compte d'un gouvernement étranger une bonne partie de la communauté turque de Bruxelles. On en est là ! Il n'y a aucun doute que cela pose la question de la double nationalité. Entre l'attachement à ses origines, à sa culture et l'inféodation au gouvernement d'un pays étranger, il existe une marge considérable. Mais chut... chut... voilà des sujets qu'il n'est pas permis d'aborder... interdit d'en parler d'y faire allusion. Qu'un élu du SP, le vice-président du parlement bruxellois fait récemment une hallucinante déclaration de soumission dans des termes moyenâgeux au roi du Maroc est emblématique.

Ceux qui peuvent encore se payer l'immense luxe de « penser »... « *les derniers sioux qui refusent de marcher en file indienne* »... ceux qui ont cette incroyable audace, ont sans conteste le droit de se poser la question de savoir « de qui Kir et quelques autres sont-ils les élus ? » Quant à Kir, pour moi pas de doute… « *il a dépassé le pont… et les fantômes viennent à sa rencontre* »

Jamal Ikazban

Jamal Ikazban « Un homme bien ! » Vraiment ?

22 mai 2018

Lettre ouverte à Madame Onkelinx, présidente de la fédération bruxelloise du parti socialiste.

Quarante-huit ans d'affiliation au PS

> « *Qui utilise qui ? En politique, c'est l'ultime question* »
> Régis Debray.

Au début de l'année, vous aviez eu l'amabilité de m'inviter à une petite cérémonie à l'occasion de mes quarante-huit ans d'affiliation au PS. J'en étais ravi. Votre courrier commençait par « Cher Merry », ce qui accroissait sans conteste ma joie de recevoir cette missive personnalisée. Je vous ai répondu en m'excusant de ne pouvoir assister à cette sympathique fête, car à mon sens, elle sentait par trop le sapin… et j'ai toujours pensé que ce n'est pas parce qu'on a un pied dans la tombe qu'on doit se laisser marcher sur l'autre… en un mot faire semblant par ma présence d'avaliser les dérives communautaires du PS bruxellois. Début avril, je vous ai écrit un courrier sur la délicate question de la présence supposée ou réelle d'antisémites sur les listes électorales du PS, je n'ai pas eu le plaisir d'obtenir une réponse de votre part. En conséquence, je recours à la formule de la lettre ouverte. En effet, depuis toujours, je considère que l'absence de réponse est la réponse la plus claire qui soit. J'aurai l'occasion de revenir publiquement sur cette question à mes yeux essentielle.

Jamal Ikazban, un élu bien dans la ligne du parti ?

« Il faut savoir nager en eau trouble, mais ne point pêcher »
Montaigne

J'en reviens au délicat et si nuancé député Ikazban que vous avez qualifié lors d'une interview « d'homme bien. » Vraiment ?

Voyons pourquoi vous étiez interrogée sur celui qui alors était échevin et député de Molenbeek; quelques antécédents : Jamal Ikazban avait traité un journaliste « d'ordure sioniste », il s'en était excusé... ça ne coûte pas cher !

Jamal Ikazban avait déclaré qu'il se sentait proche du Hamas. Pour rappel, le Hamas est une organisation dont la charte prévoit la destruction de l'État d'Israël. Qui en outre a été déclaré organisation terroriste par l'ONU. Tout dernièrement, le parlement européen vient lui aussi de classer cette organisation parmi les organisations terroristes. « Un homme bien » vraiment ! Le PS accepte-t-il dans ses rangs quelqu'un qui se dit proche d'une organisation terroriste qui a comme but de détruire un État avec lequel la Belgique entretient des relations diplomatiques dont vous rencontrez les dirigeants de gauche lors des réunions de l'Internationale socialiste ?

Jamal Ikazban a signé avec quelques autres une pétition pour obtenir la libération d'un personnage qui s'avérera être l'un des organisateurs supposés des attentats de Bruxelles et de Paris... étrange ne trouvez-vous pas ? « Un homme bien ! » Vraiment ?

Jamal Ikazban a été l'objet d'une arrestation administrative opérée par la police de la zone de police à laquelle appartient Molenbeek dont il était échevin. Pourquoi ? Il manifestait, car les policiers avaient eu l'audace de vouloir appliquer la réglementation sur le voile intégral. Son attitude avait été à ce point violente que les policiers n'ont pas eu d'autre choix que de l'arrêter. « Un homme bien ! » Vraiment ?

Dans les tout derniers jours protestant contre l'horreur de la situation à Gaza, il s'est fait photographier en faisant à différentes reprises le signe de ralliement des frères musulmans, et fier de son attitude, il aurait posté ses photos sur son site d'un réseau social. Je dois vous avouer que lorsque j'ai vu la photo pour la première fois, j'ai cru à l'un de ces nombreux faux qui circulent sur la toile, j'ai également émis l'hypothèse qu'il pouvait s'agir d'un montage grossier aujourd'hui très facile à réaliser. Et puis non ! patatras la presse annonce que c'est bien exact, il a bien de façon consciente fait ce signe, ce n'était nullement comme je l'ai erronément écrit… « à l'insu de son plein gré. » Des photos… explicites « la vérité y vit comme incorporée à son signe. » Éric Vuillard

Je m'arrête un instant sur ces photos. On regarde trop vite les photographies, il faut savoir les scruter, les détailler, sur celles-ci une chose m'a chaque fois impressionné, le regard de Jamal Ikazban. Le regard « ce reflet de l'âme » est d'une clarté éblouissante, aucun doute possible Monsieur Ikazban est parfaitement conscient de ce qu'il fait, de ce qu'il veut montrer, de ce qu'il veut démontrer… le PS bruxellois sera à sa botte où ne sera plus, c'est aussi simple que ça… accepter le credo des Frères musulmans ou disparaître. C'est cela, la question monstrueuse que nous posent les gestes et attitudes récurrentes de Monsieur Ikazban.

Où par une extraordinaire conflagration Espace-Temps Jamal Ikazban rejoint le Maréchal Sémion Boudienny

« Informel… informel… vous avez dit informel… comme c'est étrange mon cher affilié » formule piquée dans « *Drôle de drame* » de Carné – Prévert

Il paraît selon la « *DH* » que Jamal Ikazban aurait « *été entendu de façon informelle par les Instances de la fédération bruxelloise du Parti socialiste.* » Là, je rirais de bon cœur s'il ne s'agissait pas d'une situation gravissime. La formule « de façon informelle par les Instances » me fait penser à la formulation utilisée du temps de l'empire soviétique. Il y était question des « Instances » ou bien « des Organes » ou encore « du Centre » façon de noyer parfaitement le poisson, de rendre impeccablement obscure le fonctionnement du Parti. Pourtant, il existe une Commission de vigilance instituée pour régler ce genre de cas. Mais non!

Pour Jamal Ikazban... ce sont les instances « informelles »... un communiqué parfaitement lénifiant d'excuses tout aussi parfaitement bidon qui ne trompe personne et hop... on passe à autre chose. Cela me fait penser au cas du Maréchal Sémion Boudienny, soldat fort célèbre en URSS, car il avait commandé la cavalerie rouge pendant la guerre civile. Tout le monde savait qu'il était un peu con... mais c'était un si bon cavalier, présentant si bien avec sa grosse moustache et le couvre-chef portant son nom.

Au tout début des années cinquante, il eut un tout petit problème... oh ! deux fois rien. Au cours d'une crise de soûlographie, il tua sa femme d'un coup de revolver. Lui aussi fut reçu par « une Instance » du parti communiste qui lui tapa sur les doigts, lui précisant sans doute qu'il ne devait plus recommencer... mais c'est bien sûr... c'est à cela que servent les Instances informelles dans les partis.

Morale et politique

> « On ne peut dissocier la morale de la politique,
> sinon c'est la violence, la barbarie. »
> Albert Camus

À propos des Frères musulmans, Jamal Ikazban assistait-il aussi aux conférences du frère Tarik Ramadan, Frère musulman médiatique, au cours desquelles on vendait « *Le protocole des sages de Sion* » faux antisémite, fabriqué pour nourrir et justifier les pogromes dans la Russie du Tsar ? Connaissez-vous, Madame la Présidente, l'axiome de base de cette « *sympathique* » confrérie ?

Elle figure dans les documents de propagande distribués lors des manifestations et conférences auxquelles assistaient, bienveillants, des pontes de notre fédération. Sans doute n'avez-vous pas eu le temps d'y porter attention, comme peu de gens avaient fait attention à « *Mein Kampf* »... on est tellement négligent !

La voici : « *Allah est notre objectif, le prophète Mohammed est notre chef, le Coran est notre foi, le djihad est notre voie.* » Éclairant, non ? Ne trouvez-vous pas qu'il y a une sorte de distance avec... la Charte de Quaregnon, le congrès Rénover et Agir, les propositions du dernier congrès ? Difficile de faire la synthèse.

Quant au libre examen, cette vieille lune... on est à des années-lumière.

Tiens, j'y pense, Monsieur Ikazban a-t-il un jour entendu parler de la Charte de Quaregnon ou du libre examen ? Ne trouvez-vous pas que notre parti a aujourd'hui... comme une mauvaise haleine annonciatrice de maladie mortelle ? Plus haut, j'ai cité Montaigne, désolé encore un Juif, quand il énonce qu'il faut savoir nager en eau trouble, mais ne point pêcher... nous y pêchons tant de voix qu'on s'y noie !

Petits aménagements ou grandes Trahisons

> « *La politique, ce sont de petits compromis au service d'une grande cause, pas l'inverse.* »
> Régis Debray

Il ne peut plus faire aucun doute, pour toute personne de bonne foi... là est le hic, que Monsieur Ikazban ne partage aucune de nos valeurs. La question posée aujourd'hui est de savoir si c'est l'ensemble du PS bruxellois qui sera l'idiot utile de l'Islamisme des Frères musulmans. Pour ma part, Jamal Ikazban et quelques autres pensent ce qu'ils veulent, expriment ce qu'ils souhaitent comme bon leur semble à condition, bien sûr, que ce n'est pas contraire à l'ordre public... et là s'agissant des Frères musulmans, il pourrait y avoir une petite difficulté. Donc le problème, ce n'est pas Jamal Ikazban, mais vous Madame la Présidente et nous qui acceptons dans nos rangs quelqu'un avec de tels antécédents, de telles attitudes récurrentes. Là est le seul et le vrai problème du PS bruxellois aujourd'hui. Je crains que vous n'eussiez tranché la question en faisant fi dans le choix des candidats et des élus de gens pour qui nos valeurs ne représentent rien, pire des valeurs qu'ils rejettent et combattent ouvertement ou... secrètement.

À Molenbeek, cela a débuté comme cela !

La fameuse caricature antisémite annonçant une conférence du
PAC. Pour moi, ce fut un choc brutal... un choc tellurique... une monstruosité qui aurait dû ouvrir les yeux de tous. Qu'une telle caricature soit possible au sein d'une organisation du PS... c'était la fin. C'était aussi avant les attentats de Paris et de Bruxelles. Après lesquels le monde entier apprendra que Molenbeek fut une pépinière de criminels, se sentaient-ils proches du Hamas eux aussi, considéraient-ils eux aussi que certains journalistes sont « des ordures sionistes » ? Leur base de départ, leur lieu de repli... Molenbeek... en un mot une commune où ils se sentaient chez eux... et c'est l'échevin-député de cette même commune, futur candidat à d'autres élections qui: Traite un journaliste « *d'ordure sioniste* » ? Qui se dit proche du Hamas ? Qui se fait arrêter administrativement ? Qui intervient pour faire libérer le supposé organisateur des attentats de Paris et Bruxelles? Qui fait sciemment et ostensiblement le signe de ralliement des frères musulmans ? C'est beaucoup, non? Peut-on parler de récidiviste ? Madame la Présidente de la fédération bruxelloise du Parti socialiste, ne trouvez-vous pas que cela fait beaucoup...vraiment beaucoup ! Trouvez-vous vraiment que l'on peut se contenter d'un communiqué d'excuses après avoir été reçu par « une Instance informelle » de la fédération ? Pour ma part, je pense que ceux qui disent que vous ne voulez pas voir la réalité et que vous êtes de fait prisonnière de Jamal Ikazban, Kir et de quelques autres, ont parfaitement raison.

Monsieur Lutgen, le président du CDH a agi avec une autre fermeté sur un problème de ce type ! Soyez certaine d'une chose, les gestes de Monsieur Ikazban lui rapporteront des voix, beaucoup de voix... ces voix si précieuses et pour lesquelles de toute évidence on jette par-dessus bord toutes les valeurs fondatrices de notre parti.

Vous rappelez-vous il y a trois ou quatre ans, des crétins faisaient un autre geste « la Quenelle » signe de ralliement des antisémites et négationnistes, popularisés par « l'humoriste » Dieudonné. Il y eut quelques procès (France) et quelques condamnations.

Ne conviendrait-il pas de songer à des dépôts de plainte contre ceux qui font le signe de ralliement d'une organisation que certains estiment proche des réseaux criminels à la base des attentats qui endeuillent le monde ? Je verrais bien, moi, une plainte... peut-être même une plainte collective, en la matière. Je ne doute pas que Jamal Ikazban trouverait pour le défendre d'excellents et dévoués avocats sacrifiant une part de leurs honoraires... et de leurs convictions... pour une telle cause !
Nos véritables victimes. « *Le premier courage en politique, c'est de penser autrement.* » Tony Blair

Mais, en l'occurrence, le pire ne concerne pas le PS. Le pire, ce sont les milliers et les milliers de bruxellois musulmans qui jour après jour, étudient, travaillent, luttent pour exister au sein de notre pays où règne encore beaucoup trop la discrimination et le racisme... et qui n'ont que faire des Frères musulmans, de Jamal Ikazban et... du PS. Le crime que commet Ikazban et quelques autres, crime que vous ne voulez pas voir, c'est d'abord à l'encontre de ceux-là qui sont ou veulent loyalement, honnêtement s'intégrer, jouant ainsi leur rôle de citoyen belge à part entière.

De telles attitudes, comme me l'a dit un jour Mr Laaouej à propos d'un autre individu plus que douteux, font reculer la cause de ceux qui veulent s'intégrer, qui veulent faire autre chose qu'importer en Belgique les drames atroces qui bouleversent l'humanité... et ce pour d'ignobles profits électoraux. Ce sont eux, dont Jamal Ikazban et quelques autres espèrent les voix qui sont les premières et les seules victimes. Je suis persuadé que dans les écoles de Molenbeek et autres lieux du même type, ils seront nombreux les gamins qui feront demain le signe de ralliement des Frères musulmans, ce sont eux que Monsieur

Ikazban rejette et enferment dans le ghetto dont ils doivent absolument sortir, dont nous devrions tous les faire sortir... voilà le crime... et il est immense, car il tue l'avenir du vivre ensemble. « L'Instance informelle » y a-t-elle songé ? J'ai tout lieu de croire que non... elle aussi a les yeux sur le guidon électoral... et apparemment se fiche du reste.

Des crimes, des ruines et des larmes

> « *Les crimes et les folies politiques font toujours boule de neige.* »
> Marguerite Yourcenar

Pour ce qui est du PS, pour ce qui reste du PS, il ne subsiste que nos larmes... des larmes de vieux affiliés depuis quarante-huit ans, de celles qui ne pèsent d'aucun poids électoral, de celles que l'on verse sur nos espoirs morts, sur un monde... le nôtre... qui s'effondre sous nos yeux ! Sur ce qui n'est plus que le passé d'une illusion ! Je vous suis reconnaissant d'avoir voulu honorer mes quarante-huit ans d'affiliation, mais faut-il aujourd'hui avoir honte de celles-ci ? Je vous laisse le soin de répondre !

Ahmed Laaouej

Ahmed Laaouej, l'indignation sélective est une forme d'hypocrisie

10 juin 2019

Lettre ouverte à Ahmed Laaouej

Cher Bourgmestre de Koekelberg,
Cher Député,
Cher chef de groupe du PS à la chambre,

> « *L'hypocrisie est le dernier degré du vice* »
> Honoré de Balzac

La presse a abondamment relayé tes propos concernant la progression du nombre de propos racistes depuis la victoire électorale du Vlaamse Belang. Ton indignation est parfaitement justifiée, il n'y a pas de doute que la croissance de l'extrême droite nourrit ces déclarations ignobles, elles doivent être sanctionnées par la loi comme il le convient en démocratie.

> « *Il est inépuisable le vocabulaire de l'hypocrisie et de l'injustice.* »
> Benjamin Constant

Mais l'indignation, la saine colère dont tu fais preuve ne peut être à sens unique. En effet, tu vas siéger à la chambre avec Emir Kir qui fait partie du groupe que tu présides. Or, ce même personnage a pris des positions scandaleuses à l'égard du génocide arménien, il a été condamné en justice à ce propos. Je t'invite à lire les attendus, ils sont parfaitement clairs. De plus, à l'occasion de ce procès, on a découvert qu'il avait menti sur ses études.

403

Il n'est pas licencié en Sciences politiques de l'ULB, où il a interrompu son cursus. Dois-je te rappeler qu'une secrétaire d'État SP de Malines a été contrainte de démissionner immédiatement à la suite du même type de mensonge ? Pendant la campagne électorale qui vient de se terminer, il a comparé la Belgique au troisième Reich nazi, faisant allusion à des perquisitions dans la communauté turque concernant de supposés projets terroristes.

Il a publié un tract exclusivement en turc alors même que je me rappelle que le président di Rupo nous demandait encore il y a quelques années de ne pas faire de communautarisme lors des élections. Franchement, Ahmed, pourquoi ne t'indignes-tu pas à propos de ce personnage qui a rompu toute cohérence avec les valeurs fondatrices du PS? Est-ce parce qu'il « contrôle » dix-sept ou dix-huit mille voix de la communauté turque ? À mes yeux, cela ne fait aucun doute !

« *Reste à savoir où cesse le vrai visage et où commence la grimace.* »
Gérard Guéguan

Toi aussi, tu m'as stupéfié à la fin de cette campagne à propos de l'égorgement rituel (je préfère ce terme à l'abattage, car on discerne bien mieux ce dont on veut parler.) Nous avions déjeuné ensemble fin octobre 2012 dans un sympathique restaurant italien de l'avenue Sermon à Jette. Le PS jettois venait de réaliser un bon de +5 %, soit le meilleur score régional. Il ne faisait aucun doute à mes yeux qu'avec un leader efficace et rassembleur, le prochain bourgmestre de cette commune serait socialiste... en l'occurrence toi. Tu as refusé de tenter le coup, je le comprends fort bien. Mais à cette occasion, nous avions évoqué les propos et les agissements d'un inquiétant élu SP qui prenait des positions communautaristes et avait été en tête d'une marche de soutien au Sahara marocain. Tu m'avais dit : « *Chaque fois que ce type agit comme cela, il nous fait faire un bon de dix ans en arrière.* » Tu avais parfaitement raison. Je te croyais donc adversaire de tout communautarisme, je me disais que ce n'est pas toi qui irais chercher ses voix dans les mosquées.

Mais voilà qu'à la fin de cette campagne, tu fais une déclaration que j'ai lue dans la « DH » où tu proclames que « NOUS » avons été capables à Bruxelles de bloquer l'interdiction de l'abattage rituel qui a été interdit en Flandres et en Wallonie. Je me suis posé la question de qui est ce « NOUS » ? Cela ne peut pas être officiellement le PS bruxellois puisque je n'ai jamais lu qu'il avait officiellement pris parti pour l'égorgement rituel. Donc, ce « NOUS » ne peut-être que l'expression d'une communauté.

Donc, tu te positionnais en représentant non du PS, mais de la communauté que tu crois représenter. Serais-tu donc devenu d'abord et avant tout l'élu de cette communauté et non plus de toute la population de Bruxelles ? Serais-tu devenu l'élu des seuls partisans de l'égorgement rituel… si c'est le cas, il faut le dire.

Quoi qu'il en soit, j'en fus ébahi. Je suppose qu'angoissé par les sondages, tu as estimé nécessaire de tirer toi aussi sur cette corde… qui conduit au pire.

« *Dites ce que vous voulez, ma fausseté l'emporte sur votre droiture.* »
William Shakespeare

C'est pourquoi en t'entendant t'indigner contre le racisme antimusulman, j'ai été pris d'un doute… tu sais ce doute qu'on peut avoir à propos de la foi… si de temps en temps la Sainte Vierge n'apparaît pas… il y a comme un doute qui s'installe, selon Audiard. Eh bien, j'ai moi aussi un doute à propos de ton indignation, car je ne me rappelle pas une interview de toi, ou un article de presse, où tu prenais publiquement et personnellement position à propos :
Du massacre permanent des chrétiens en Orient
À propos des attentats islamiques de Paris, de Bruxelles, de Nice, de Liège.
À propos de l'attentat antisémite de Bruxelles.
À propos de l'explosion des actes et propos antisémites en Europe et en particulier en Belgique.

À propos de l'égorgement d'un vieux curé dans une église de campagne

À propos de la décapitation d'un flic français et de son épouse

Je pourrais poursuivre cette liste malheureusement fort longue, vraiment beaucoup trop longue… et pire dont on sait qu'elle n'est pas close.

Or, je n'ai pas le moindre doute que comme moi, tu condamnes ces actes ignobles… mais sauf erreur de ma part, tu ne le dis pas haut et fort afin que tous t'entendent… jusque sur les tapis des mosquées de Bruxelles. Je ne dirai pas la même chose de tous les élus de la liste PS, mais de toi je n'ai aucun doute sur ta répugnance à l'égard de tels actes… et ce n'est pas toi qui te ferais photographier en faisant le signe de ralliement des frères musulmans ! Mais pourquoi sur ces sujets autrement plus graves qu'une insulte raciste, ne t'ai-je pas entendu? Si tu as pris des positions personnelles claires, fait le savoir haut et fort, ton indignation à propos du racisme n'en aura que plus de poids. Je les mettrai en valeur au maximum… et avec la plus grande joie, ce serait un merveilleux signe d'espoir. Je crains malheureusement que comme il y a cinquante ans, il ne fallait pas désespérer Billancourt où régnaient en maître la CGT et le PCF, aujourd'hui à Bruxelles plus personne n'ose désespérer, et même légèrement déplaire aux maîtres des mosquées.

> « *L'art si utile de l'hypocrisie.* »
> Stendhal

Si l'indignation est à sens unique, elle n'est qu'une des variantes de l'hypocrisie, que flatterie à l'égard d'une communauté qui mérite mieux que l'enfermement dans un ghetto électoral… qui pire conduit à maintenir l'enfermement social.

Cher Ahmed, tu es un ancien contrôleur des contributions, tu connais la vérité des chiffres et des faits. Tu sais donc comme Aristote que « La véritable justice est de traiter inégalement les choses inégales », mais aussi que la souffrance humaine est la même partout et que contrairement à ce que certains veulent nous faire croire, les valeurs universelles existent et que les civilisations qui ne respectent pas ces droits universels n'ont rien de civilisé

VINGT ANS DE LÂCHETÉS DE LA GAUCHE BELGE
Entre désillusion et espérance

8

SYSTÈME ÉLÉCTORAL À BRUXELLES

Élections en Région bruxelloise, Triomphe du vote patronymique Dans le bac à sable !

13 septembre 2019

Le vote multiple, arme fatale du communautarisme

« Ce qu'on doit absolument éviter, c'est que la campagne interne tourne autour des questions communautaristes qui ont pourri la période électorale. Mais en revanche, il est indispensable que le nouveau ou la nouvelle présidente définisse une ligne claire du PS bruxellois sue cette thématique, ce devra être sa première tâche. »

Rudi Vervoort Président de l'Exécutif bruxellois
« Le Soir » jeudi 5 septembre 2019

Pourquoi ? Ou la tentation de l'entomologiste

Aïe, ouille, un crachat, des menaces, des insultes, peut-être des coups.

J'en suis sûr, voilà ce qui m'attend pour oser aborder le délicat problème du vote patronymique au sein du PS bruxellois. Évoquer la clé secrète de l'ascenseur social… interdit ça… pas touche à un système bien huilé à haut rendement électoral. Pourquoi ?

Simplement, car il s'agit du marqueur le plus clair du communautarisme triomphant élection après élection au sein de mon parti.

C'est élection après élection le basculement des valeurs dans une sorte de gloubi-boulga caramélique, filandreux, glauque où chacun est sensé s'y retrouver… mais dont l'obscurité favorise toujours l'abandon de l'essentiel… la disparition de ce que nous étions, de nos valeurs. La seule vérité évidente pour tout observateur objectif est que les fondements, le socle des

411

valeurs universelles sur lesquelles repose l'existence même du socialisme ont, au fil des élections, fondu, non pas sous l'effet du réchauffement climatique, mais sous l'effet de la lâcheté de dirigeants qui ont préféré la certitude d'un résultat électoral positif fût-ce au prix d'un honteux racolage dans les mosquées ou autres lieux du même acabit... et d'abandons multiples et variés. Mais cette régression de la pensée n'a jamais fait l'objet d'une décision formelle, d'un congrès comme lorsque les sociaux-démocrates allemands ont abandonné le marxisme au congrès de Bad Godesberg en 1959.

Non, chez nous les choses furent feutrées, hypocrites, de coups de canif en coups de hache, jamais sanctionnés, le communautarisme est passé du stade embryonnaire au triomphe total.

La domination est aujourd'hui complète, assumée, revendiquée. On ne touche pas à Kir, car il contrôle entre 17 000 et 20 000 voix.

On accepte qu'un élu socialiste fasse le signe de ralliement des frères musulmans, car ses voix sont précieuses. Voilà la triste réalité du socialisme bruxellois... la laïcité, l'égalité homme/ femme, l'interdiction de l'horreur de l'égorgement rituel... ça pas question de les revendiquer... à la trappe ! Mais le fait de n'avoir jamais pris de décision formelle permet à certains ou certaines dans de grandes occasions, celles où l'émotion l'emporte, de faire de grandes déclarations, la larme (de crocodile) à l'oeil, déclarant leur amour pour la laïcité, nos inaltérables valeurs fondatrices, l'égalité homme/femme, etc., avec des accents, une fermeté digne des défenseurs des accords de Munich ! Cette inversion des valeurs est devenue une évidence quand le Parti n'a pas osé sanctionner Kir et son négationnisme, son mensonge « académique », ses déclarations comparant la Justice belge aux pratiques nazies ; pas plus qu'il n'a su prendre les mesures qui s'imposaient à la suite des multiples et répétés dérapages de Ikazban, élu de Molenbeek et à nouveau parlementaire régional du PS Bruxelles, dont la présidente affirmait à la télévision qu'il « *est un type bien* ».

Ah ! ça fait plaisir ce genre de reculade, sans oublier que c'est un fameux signal à tous ceux qui pensent comme ce genre de personnage et qui se trouvent ainsi confortés… La présidente de la fédération accordant le permis… alors y a plus à se gêner. Ainsi pourquoi ne pas organiser un débat sur le sionisme avec comme affiche une copie conforme des affiches antisémites nazies ? Oui !

Une telle ignominie s'est produite au PS de Molenbeek.

Et le pire était à venir à Zaventem et à la station de métro du Maelbeek ; le monde entier effaré allait connaître le nom de cette commune bruxelloise dirigée depuis vingt ans par le PS. Voilà les conséquences directes et indirectes du naufrage de nos valeurs.

Bien sûr, aucune responsabilité directe, mais une lourde responsabilité morale. Quant à la laïcité, c'est une vieille lune dont il ne s'agit plus de parler… qu'on n'est plus autorisé à évoquer les principes surtout en période d'élections. J'y reviendrai.

Aucun doute donc, je les entends déjà me traiter de raciste, certains même iront jusqu'à… fasciste, pas grave, ils ne savent pas ce dont il s'agit. Plus intéressant, on me servira de l'islamophobe… et là, je rigole un bon coup. En effet, à l'université d'été du parti de la France Insoumise, la parole fut donnée à un philosophe proche de la formation de l'ineffable Jean-Luc Mélenchon… le gars qui croit que sa personne est sacrée, car la République c'est lui !

Le philosophe Henri Pena-Ruiz a jeté un fameux pavé dans la mare en se déclarant islamophobe, aggravant son cas en soutenant que l'on pouvait être insoumis et islamophobe. Ce tenant de la laïcité faisait une différence entre la religion, l'islam, et les musulmans, soutenant qu'on pouvait fort bien être un Insoumis de la république et rejeter l'islam comme d'ailleurs toutes les religions.

Enfer et damnation, désolation dans les lieux saints, le tonnerre se mit à gronder, d'étranges éclairs envahirent l'université d'été.

Les pauvres Insoumis ne savaient plus où ils étaient. Brouhaha, cris, scandales. Plainte des Indigènes de la république.

Le philosophe avait peut-être été sensible au fait qu'il était parmi les insoumis et que musulman, sur le plan étymologique veut précisément dire « celui qui se soumet ». Ah ! les mots, quel plaisir de retrouver le sens exact des choses ! Cela évite toujours bien des problèmes. Pour ma part, je ne me perçois ni islamophobe, ni catholicophobe ni judéophobe ni bouddhistophobe dans la mesure où je comprends... et parfois... j'envie le désir et le besoin de transcendance. Mais je crois que le vivre ensemble n'est possible que grâce à une laïcité exigeante et respectueuse.

À dénoncer une fois de plus notre naufrage collectif, je le répète, je n'ai à gagner que des insultes, des coups... y compris certains coups bas, des ragots répandus une fois de plus à mon sujet dans certains dîners en ville. Bien que je l'avoue, j'y éprouve une certaine vanité, car je crois avoir toujours été à la hauteur de la haine qui inspirait et inspire toujours mes adversaires... nourris de l'éternel, du puissant, de l'inépuisable mensonge.

Alors pourquoi ? Je me demande bien pourquoi, je ne sombre pas dans la douce tentation de l'entomologiste... vous savez celui qui regarde les mouches s'agiter de l'autre côté de la fenêtre. Oui !

Je me demande bien pourquoi malgré l'âge qui décompte les jours, les multiples plaisirs qu'il m'est encore permis de m'offrir, je prends malgré tout le temps de réagir à l'effroyable dérive de la sociale démocratie. Il faut croire que je n'ai pas encore perdu cette capacité de m'indigner à laquelle faisait référence le nonagénaire Stéphane Hessel dans un opuscule qui connut un phénoménal succès auquel, la lucidité et mon sens de l'humour m'interdisent d'espérer. Peut-être ai-je aussi la prétention de m'inspirer du Rabbin Hillel qui écrivait : « Si ce n'est pas moi qui ? Si ce n'est pas maintenant, quand ? » Alors, haut les cœurs, sabre au clair, allons-y !

Les élections communales

« On nous annonçait 14 %, on est à 24 %. Parce qu'on a un carré d'as en main… on revendique Bruxelles comme une ville jeune, multiculturelle, tolérante. » « Le Soir », 22 octobre 2018.
L. Onkelinx Présidente de la fédération bruxelloise du PS

D'abord un petit décodage que nécessite la déclaration d'Onkelinx reprise ci-dessus. Quand elle dit multiculturelle, elle veut dire multi-ethnique ; quand elle dit tolérante, elle donne un signal qui signifie que le PS ne se soucie plus de la laïcité, de l'égalité femme/homme, de l'égorgement rituel, des piscines réservées par sexe, de l'interdiction du voile, etc. Et croyez-moi ceux à qui le message est destiné l'ont parfaitement compris. Les autres, « les petits blancs » toujours fidèles aux idéaux fondateurs du socialisme, plus de problèmes, ils ont disparu des radars, ils ne comptent plus, ni électoralement, ni démographiquement… évaporés… disparus, envolés, morts ou installés ailleurs qu'à Bruxelles. Les plus fortunés ont voté avec leurs pieds et ont quitté la région, les autres savent qu'ils ne seront plus entendus au PS de la région… et subissent en silence, rasent les murs de certains quartiers, passent au plus vite, le regard inquiet… mais chut ! Ce sont des choses à ne pas dire.

Je songe par exemple à un petit couple d'une septantaine d'années, le mari fut employé à la STIB et son épouse nettoyeuse dans une école communale. À force de privation, ils ont acheté, au début des années septante, une petite maison ouvrière rue des Ateliers à Molenbeek. Comment croyez-vous qu'ils aient apprécié la transformation de leur lieu de vie ? Est-il monstrueux de penser à ces deux vieux qui là vivent leurs derniers jours ? Comment ont-ils vécu les émeutes de début 1990 ? Comment vivent-ils la présence de certains personnages vendant des produits dont ils ne connaissent même pas le nom ? Que ressentent-ils en constatant la transformation du marché hebdomadaire ? Eh bien ! Eux personne ne s'en soucie, personne ne songe à leurs problèmes… il est vrai qu'à Lasne le ressenti n'est pas du tout le même ! Ah ! Oui, j'allais l'oublier, les deux vieux avaient toujours voté socialiste.

Les résultats

Onkelinx a raison, alors que la presse et les sondages annonçaient une catastrophe pour les bastions du PS, ceux-ci pour la plupart soutinrent mieux le choc prévu… mais choc il y eut bien.

À Anderlecht - 6,73 %, à Forest - 6,46 %, à Jette - 8,79 % (à noter que la fédération a une responsabilité majeure dans ce naufrage, alors même qu'en 2012 cette section faisait la plus forte croissance de la région avec +5 %. Cette fois, Jette détient le triste record de la plus forte perte)

Au total, le PS enregistre une perte de 4,07 % en moyenne sur les 19 communes, en additionnant cependant les listes PS avec les listes présentées comme liste du bourgmestre quand celui-ci appartient au PS.

Au total, le PS a perdu 17 élus, il passe de 193 élus à 166.

Cependant, personne n'attendait la punition infligée par les électeurs au MR, sanctionnée pour sa participation au gouvernement fédéral avec la NVA, il perd bien plus que le PS. Il ne perd pas moins de 29 élus communaux sur toute la région. Le dossier du Samusocial et autre Publifin aura finalement pesé moins lourd que le mariage du MR avec la NVA. Donc, c'est vrai qu'Onkelinx a raison, le PS a tenu le coup. Il est donc intéressant de comprendre pourquoi et d'analyser qui sont ses élus.

J'ai toujours mis l'accent sur l'importance en politique de deux facteurs essentiels, la géographie et la démographie. Il est clair qu'ici c'est le facteur démographique qui a été déterminant. Le PS dispose donc de 166 élus municipaux, parmi ceux-ci 108 appartiennent selon leur patronyme à l'une ou l'autre des grandes familles de l'immigration, arabo-berbère ou turque.

Il n'y a donc aucun doute que c'est ce groupe humain qui a sauvé le PS d'une débâcle totale. Le patronyme des élus ne permet aucun doute. Les candidats issus directement ou indirectement de l'immigration représentent 66 % des élus communaux du PS… et il n'est pas faux de supposer que de nombreux autres, faisant partie des 34 % restants, ont été élus uniquement grâce à leurs suffrages. Voilà une réalité politique qui fait hurler quand on l'évoque, mais qui n'est que la stricte vérité issue de l'une des constituantes essentielles de Bruxelles, sa démographie. Karl Marx écrivit que les faits étaient plus forts qu'un Lord-maire… Certains ont beaucoup de difficulté à accepter les terrifiants pépins de la réalité… et si vous osez l'évoquer vous êtes un islamophobe, un raciste, un fasciste. La chanson est connue.

Ces élus, cette population issue de l'immigration, ont sauvé le PS, ils constituent, personne de bonne foi ne peut en douter, le vrai « carré d'as » dont parlait Onkelinx dans Le Soir. Il faut donc en tirer des conclusions… et comprendre ce que cela signifie pour l'avenir de la région.

Cela permet de comprendre les réactions de la députée bruxelloise qui a quitté temporairement le PS, car s'estimant inéluctablement ministre et surtout, car cela pèsera sur la désignation du ou de la future présidence, les manœuvres officielles et occultes d'Ahmed Laaouej, député fédéral bruxellois et chef de groupe du PS à la chambre… candidat à la fonction de président de la fédération Bruxelles (Voir article de L'Écho). Cela me paraît logique dans la mesure où Laaouej représente d'abord les électeurs sans lesquels le PS bruxellois ne serait pas mieux loti que le CDH… Le moment est venu pour les sauveurs de présenter la facture. Aïe, certains ne s'y attendaient pas !

Les élections régionales et fédérales

> « La politique est l'art d'empêcher les gens
> de s'occuper de ce qui les regarde. »
> Paul Valéry

Une nouvelle fois, les sondages, la presse annonçaient une Bérézina socialiste, en particulier à Bruxelles… et une nouvelle fois, les pertes furent considérables, le résultat le plus mauvais depuis l'après-guerre, mais l'essentiel était sauvegardé.

Le PS bruxellois restait, de très peu, le premier parti de la région, talonné à deux sièges près par le parti Écolo. Il s'en était fallu de peu ! Mais d'où venait le sauvetage, quelles étaient les voix salvatrices. Une analyse détaillée s'impose. Les candidats du PS ont recueilli en voix de préférence 202 771 voix. Ce chiffre implique l'addition de l'ensemble des voix de préférence pour chacun des 72 candidats présentés.

140 423 voix de préférence échurent à des candidats dont le patronyme permettait de les identifier comme provenant des populations émigrées.

58 348 voix se répartissant sur les autres candidats. Soit un rapport de 71,29 % pour 28,71 %.

Le rapport de 1 pour 3 est évidemment énorme et mérite quelques explications sur le système du vote multiple.

Il y a quelques mois un ami avait eu la magnifique idée de réunir autour d'une excellente table une petite dizaine de personnes appartenant plus ou moins à la même génération que la mienne, c'est-à-dire que nous n'étions pas des perdreaux de l'année. La conversation courut sur notre système politique et les élections.

Mon épouse et moi fûmes stupéfaits de constater qu'aucun des autres sympathiques convives n'avait la moindre idée de ce qu'était le vote multiple, et ses conséquences. Il nous fallut expliquer que chaque électeur pouvait voter pour autant de candidats qu'il le souhaitait sur la même liste. Et que c'est donc le total des voix obtenues par le candidat qui détermine sa place parmi les élus.

Ainsi, un candidat placé 64 -ème « sautera » au-dessus de tous ses colistiers ayant obtenu moins de voix de préférence que lui. Cela veut dire que l'ordre des élus n'est pas fixé par leur place sur la liste telle que le parti la présente, mais par le nombre de voix de préférence obtenues.

Le Stemblock

> « *La liberté, c'est pouvoir dire ce que je crois être juste*
> *même dans un monde où la justice est bafouée.*
> *C'est pouvoir donner raison à l'adversaire.* »
> Albert Camus.

Voilà une technique utilisée depuis longtemps par le SP lorsque cette formation devenue plus que squelettique présente des candidats sur les listes PS, n'ayant plus la force de présenter une liste exclusivement SP. Instruction est donnée aux électeurs du SP de voter, non pas pour le candidat qui a leur faveur, mais pour tous les candidats SP. S'il y en a trois, l'électeur vote pour les trois, s'il y en a cinq, il vote pour les cinq.

Un petit exemple permettra de mieux comprendre. Admettons que vous ayez une liste avec 6 candidats, A, B, C, D, E, F. La liste a obtenu un total de voix lui permettant d'avoir 3 élus.

Les voix se répartissent ainsi :

A : 50 voix
B : 50 voix
C : 50 voix

Ces trois premiers candidats ayant donné pour instruction à leurs électeurs de voter non pas pour le seul candidat qui a leur préférence, mais d'office pour les trois candidats, chacun de ceux-ci recueille donc 50 voix.

Les trois autres n'ont donné aucune instruction, leurs voix se répartissent ainsi :

D : 20 voix
E : 10 voix
F : 20 voix

La conséquence est simple, ce sont les trois candidats A, B, C qui ayant obtenu le plus de voix de préférence sur la liste qui seront élus. CQFD.

Ainsi s'installe un plafond de verre infranchissable pour le candidat qui, ne faisant pas partie d'un groupe de candidats pour qui le vote bloqué est recommandé, est donc dans l'incapacité d'être élu. Sauf bien sûr les tout premiers de la liste qui bénéficient de la répartition des voix données en tête de liste (case de tête), appelée communément le pot, pot qui au fil du temps devient de moins en moins approvisionné au profit des votes de préférence à chaque élection plus nombreux.

La vérité n'est que ce qui importe dans le choix, ce n'est que le patronyme et rien d'autre, ni conviction ni projet ; uniquement l'appartenance à une communauté, un objectif unique obtenir un maximum de sièges issus de cette même communauté... conséquence : un enfermement, une isolation empêchant toute intégration... On ne sort pas de sa communauté comme l'ouvrier communiste refusait de sortir du monde ouvrier qui était le sien... il aurait eu l'impression de trahir sa classe sociale, le parallèle n'est pas difficile à établir.

La réalité est que ce vote multiple est profondément antidémocratique, car l'utilisation de cette formule modifie l'équilibre entre les candidats, les uns bénéficiant du vote multiple via le marqueur patronymique, les autres se trouvant réduits à se voir dépasser par des élus, souvent inconnus de tous... mais issus du communautarisme avec toutes les conséquences sociétales que cela implique.

Cette technique, parfaitement légale, que le SP pratiquait au stade artisanal, est passée au stade industriel avec le vote patronymique.

Ainsi dans chaque section du PS, au moment des élections, on voit apparaître des candidats sortis de nulle part, inconnus au bataillon, dans certains cas n'ayant jamais été membre du PS, faire des résultats exceptionnels. Personne ne les connaît sur le plan politique, mais leur nom suffit, quelques contacts communautaires et hop... l'affaire est dans le sac. Nul besoin de militer, nul besoin de s'impliquer politiquement... et

420

pire nul besoin de partager les idéaux et les valeurs du PS. Il suffit d'arriver au bon moment… à la minute de désarroi où les responsables se demandent où dégotter des candidats qui « font » des voix et en avant la musique… emballez, c'est pesé… affaire conclue, un député de plus. Bien sûr, parfois on s'aperçoit, un peu tard, que l'un ou l'autre de ces météorites appartient à l'extrême droite turque ou qu'il a un passé « curieux » ! Ce sont des choses qui se produisent et bien d'autres encore… de plus étonnantes.

Ah il est loin le temps où pour être candidat sur une liste socialiste, il fallait être membre depuis trois ans, être affilié à la mutuelle socialiste, être coopérateur et avoir ses enfants scolarisés dans l'enseignement public… il est vrai que ce dernier point est difficile à exiger quand les enfants, de celui qui a été un désastreux Ministre-Président pendant quinze ans, fréquentent le très select collège Saint-Michel.

Pas de méprise

Lorsque j'ai été élu député en 1995 et suis devenu chef de groupe après Robert Hotyat, j'observais Mohamed Daïf présider l'une des assemblées législatives, j'éprouvais un sentiment de fierté parce que c'était ma formation politique qui avait permis l'élection de cet homme qui avait subi la répression policière du régime d'Hassan II, qui avait fait le choix de l'émigration et qui, en toute connaissance de cause, avait rejoint, nos rangs. À cette époque, pourtant pas si lointaine, il n'était pas question d'aller glaner des voix dans les mosquées, de faire campagne pour imposer le voile, pour exiger la poursuite de la pratique abjecte de l'égorgement rituel, d'obtenir l'interdiction des piscines mixtes, etc. Nous vivions une sorte de rêve républicain où les émigrés, tout en conservant pieusement leurs racines, intégreraient à notre société lui apportant un sang neuf, des idées nouvelles, définiraient de nouveaux horizons, de nouveaux projets que nous bâtirions en commun.

C'est la raison pour laquelle, pendant des années, j'ai défendu Emir Kir, qui me paraissait le parfait symbole de cette intégration.

Je reconnais, le rouge au front, que je me suis trompé. Comme j'ai été stupéfait de lire à quelques jours des élections l'article de la « DH » où Laaouej déclarait que « grâce à nous, l'abattage rituel n'est pas interdit à Bruxelles. » Je le croyais aux antipodes de cette barbarie moyenâgeuse commune aux musulmans et aux Juifs ultra religieux. Seuls Madrane et Laanan ont toujours résisté, n'ont jamais basculé dans le chaudron nauséabond du communautariste. Je suis désolé de leur faire peut-être un tort considérable en écrivant cela.

J'ai déjà exprimé toute mon admiration pour le courage qu'il a fallu aux émigrés pour quitter leur pays, leurs racines. Qu'il s'agisse des Polonais des années vingt, des Italiens fuyant Mussolini, des Espagnols fuyant Franco, des Italiens choisissant la mine plutôt que le soleil de leur merveilleux pays dans les années cinquante, des Marocains à la même époque, poussés par une atroce misère. Tous ont connu des conditions de travail terribles, tous ont été, et sont encore, victimes d'un racisme imbécile et d'une discrimination à l'emploi et tous ont leur juste place dans le pays qu'ils ont chois et où leurs enfants, petits-enfants et arrières petits-enfants sont nés. Mais où est-il écrit que les Arabo-Berbères ont vocation à rester au sein de ghettos urbains et électoraux ? Combien de fois n'ai-je pas entendu des maghrébins me préciser que la première chose à faire est de quitter les lieux de cette sorte, combien de fois n'ai-je pas entendu ces mêmes amis maghrébins me dirent qu'ils refusaient de voter pour les listes socialistes, car il y avait trop de Maghrébins sur celles-ci.

Comment au PS bruxellois n'a-t-on pas encore compris que ceux qui ont besoin d'une identité collective, celle que donne le ghetto et le communautarisme, c'est précisément parce qu'ils n'ont pas réussi à se forger une identité individuelle, ils ont été obligés de se fondre dans une identité globalisante, totalitaire... d'où la logique des dérives radicales. Or, la ghettoïsation, le

communautarisme, en centrant, en pitonnant l'individu dans une collectivité, seul réceptacle d'une identité commune, bloque tout développement vers ce qui est l'essence même de l'identité à partir de laquelle doit se construire chaque individu et qui seul conduit à la liberté.

Pendant quelques années, le PS crut pouvoir disposer à sa guise d'un volant d'électeurs captifs, masse de manœuvre et vivier où l'on pourrait puiser des voix et les personnalités les plus intéressantes.

Aujourd'hui, les facteurs se sont inversés. Les chiffres le prouvent, c'est le PS qui est prisonnier de cet électorat dont certains n'ont aucune intention de s'intégrer, mais tentent d'obtenir une profonde modification de la société dans laquelle ils vivent notamment en remettant en question les principes élémentaires de la laïcité.

Le syndrome forestois

Il y a une bonne vingtaine d'années, lors d'une élection communale, le PS avait remporté la majorité. Magda De Galan devait devenir bourgmestre… à quelques jours des échéances patatras deux élus de sa liste lui faisaient faux bond et passaient à l'opposition qui dès lors devenait la majorité. Ces deux élus appartenaient à l'immigration.

Déçus de la modestie des mandats obtenus, ils avaient simplement changé de boutique où la cheffe de l'opposition leur fit une offre d'un meilleur rendement. Ce fut un rude choc. Forest a toujours été une commune difficile, les sauts de carpe des uns et des autres étaient courants. Mais nous ne nous attendions nullement à cette catastrophe. J'en discutais avec Moureaux, Président fédéral, afin de tenter de dégager une solution. Je fus stupéfait d'entendre qu'il condamnait De Galan, qu'il estimait qu'elle n'avait pas suffisamment bien traité les déserteurs.

Ce jour-là, je compris que nous étions prisonniers de nos nouveaux électeurs. Il leur suffirait de tirer sur le bout de la ficelle et toute la pelote suivrait. La résistance sur nos valeurs était subitement devenue inutile. La pente était amorcée, douce d'abord, brutale aujourd'hui. Maintenant, on fait très attention, vraiment très attention.

Mais voilà que très récemment un incident survint, d'abord feutré, assez obscur... on comprendra plus tard.

De quoi s'agit-il ?

La députée Nadia El Yousfi annonça qu'elle quittait le PS et siégerait en qualité d'indépendante. D'abord, elle n'expliqua pas les raisons. On apprit plus tard qu'elle remettait en cause la désignation d'une autre personne non élue au sein de l'Exécutif, mais disposant sans doute d'une botte secrète lui permettant d'obtenir le très convoité strapontin, estimant que cette fonction ministérielle lui revenait... J'ai quelques petites idées sur la nature de la botte... bon passons !

Une explication est nécessaire

Dans les statuts du parti, il est précisé que c'est le président, et lui seul, qui désigne souverainement les ministres. C'est évidemment un gigantesque moyen de pression... et la clé d'or pour obtenir l'ordre et la discipline au sein du parti. La régionalisation a eu pour conséquence que de fait à Bruxelles, c'est au président de la fédération que revient ce privilège. La députée rentrant dans les rangs,

Laaouej et Chahid ayant joué les bons offices, ne se priva pas de mettre en cause Onkelinx. Elle précisa : «J'ai obtenu des garanties sur le fonctionnement de la fédération bruxelloise du parti.» J'aurais été ravi de savoir avec précision quelles étaient ces garanties !

Elle critiqua : « l'opacité entourant la confection des listes et la désignation des ministres, ainsi que l'absence de débat sur les thèmes communautaires. » Voilà qui est passionnant. Elle n'a apparemment pas compris que le PS, sur ce thème, est à poil, et que ne pas en parler permet de faire croire qu'il maintient ses principes alors qu'il les a largués depuis longtemps. La députée concluait en souhaitant que le changement de présidence soit l'occasion « d'un exercice de démocratie collective ». Il n'est pas interdit de rêver… pas encore.

On n'a donc pas été étonné d'apprendre que Laaouej aurait tenté une opération visant à se substituer à Onkelinx pour désigner une autre ministre et que, ayant apparemment échoué, il serait candidat à la présidence fédérale… Ainsi, c'est lui qui nommera les ministres… pourquoi pas ?

Interminables adieux

> « *La liberté consiste à ne pas mentir. Là où le mensonge prolifère, la tyrannie s'annonce ou se perpétue.* »
> Albert Camus

Il y a deux ans, au plus fort de la crise du Samusocial, Onkelinx larmoyante, présidente du PS bruxellois, apparaissait sur les écrans annonçant son retrait de la vie politique. Deux ans plus tard, ayant joué un rôle dans la confection des listes communales, des listes régionales et fédérales, ayant négocié la constitution du nouvel exécutif, la voici encore au côté de Di Rupo pour négocier la constitution d'un très incertain gouvernement fédéral, ce rôle étant lié au fait qu'étant présidente du PS bruxellois elle est de droit vice-présidente du parti. Je crois que seuls Charles Trenet ou Aznavour ont fait des adieux aussi longs. Il est vrai qu'entre le music-hall et la politique, certains ne font pas vraiment la différence. Le petit cénacle que dénonce la députée El Yousfi était solidement arrimé aux mandats qui leur ont été généreusement confiés, l'avenir de ces heureux élus étant pour un temps garanti, la fédération pourra enfin se choisir un nouveau ou une nouvelle présidente.

Le communautarisme fin ou extension tous azimuts. Une solution simple et efficace.

Il y a une façon fort simple pour mettre fin, d'un coup, d'un seul coup de baguette magique à ces dérives communautaires législatives. **Il suffit d'interdire le vote multiple au-delà de trois voix. On pourrait donc voter pour**

425

trois candidats de la même liste, mais pas plus. Le vote bloqué ou stemblock disparaîtrait instantanément. Plus moyen de sauter les autres candidats de la liste, plus moyen de jouer l'OVNI électoral. Plus question d'entretenir la confusion sur les thèmes communautaristes ou même comme je l'ai entendu de mes oreilles, religieux. Tel candidat sur une liste PS disant clairement et à haute et intelligible voix à ses électeurs potentiels : « ne votez pas pour celle-là, ce n'est pas une musulmane, ne votez que pour des candidats musulmans », et ce de façon systématique… pendant toute la campagne, malgré les remarques très fermes qui lui étaient faites.

Cette réforme simple et efficace changerait totalement l'atmosphère des élections à Bruxelles. Mais évidemment, elle se heurtera directement à ceux, et ils sont aujourd'hui les plus nombreux qui vivent, qui sont élus grâce à ces votes de préférence multiples.

Or, c'est là l'unique solution pour briser ce communautarisme délétère qui fait disparaître tout ce qui fit la spécificité du PS.

Un concurrent encore plus communautariste ! Le parti écolo

Au cours de cette dernière élection régionale, le PS a fait une bien désagréable découverte. Le Parti écolo s'est en effet révélé plus communautariste que lui. Depuis longtemps, il existait d'étranges attitudes. Ainsi à Molenbeek, sous la précédente législature, l'échevine Turin, parti écolo, forçait l'interruption du conseil communal pour participer à une rupture du jeûne et réapparaissait une demi-heure plus tard, royale, permettant que le conseil reprenne ses travaux. Les autres membres du conseil ayant sagement attendu, assis sur leur banc, qu'elle veuille bien reprendre sa place. Donc, au sein du parti écolo, on n'avait pas de leçon de communautarisme à recevoir du PS.

Mais en fin de cette dernière campagne est apparu un tract établissant un comparatif de la porosité des partis aux exigences communautaires, œuvre, paraît-il, d'une ancienne présidente de ce parti écolo.

Le comparatif portait sur le voile, l'égorgement rituel et autres exigences religieuses. Une parfaite ignominie, condamnée mollement par la présidente Zakia Khattabi qui pourtant se devrait de défendre le libre examen et la laïcité dont elle se glorifie en d'autres lieux !

Un gros os pour le PS... ou enfin le retour aux valeurs fondatrices

Voilà donc qu'à Bruxelles le PS voit arriver un concurrent là où on ne l'attendait pas... sur le communautaire. Toujours difficile pour une petite entreprise de perdre son monopole, d'autant plus que c'est cette communautarisation des campagnes qui, comme on l'a vu ci-dessus, a sauvé le PS d'une débâcle complète tant aux communales qu'aux régionales. Le concurrent écolo offrira-t-il dans l'avenir l'entrée dans un ascenseur social plus rapide, moins compliqué d'accès? Offrira-t-il un refuge à ceux qui s'estimant mal nourris au PS, iront ailleurs vers une mangeoire mieux fournie ?

Le PS aujourd'hui ne dispose que de deux petits sièges d'avance sur le parti écolo, avance réduite à un pendant les quelques semaines où Mme El Yousfi avait quitté le parti... On le voit l'enjeu est lourd, très lourd. Tous l'ont bien compris... à genoux et vite... sinon...

Voilà vraiment un os de taille pour ceux qui au PS réfléchissent à l'avenir d'un électorat qui d'élection en élection s'avère de plus en plus volatil, ou pire encore, de plus en plus exigeant.

Peut-on espérer que confronté à la concurrence écolo en matière de communautarisme, le PS prenne conscience de l'intérêt de la solution que je propose à savoir réduire les votes de préférence à trois.

Les conséquences du communautarisme ou la ghettoïsation

Communautarisme et ghetto vont de pairs. En effet, le contrôle électoral est infiniment plus facile au sein de populations fragilisées et rassemblées dans des ghettos supposés leur faire croire à l'inéluctabilité d'un destin fait de misère, de racisme et de rejets.

C'est la pire des conséquences, car elle implique une séparation entre les populations qui devraient se fondre dans l'ensemble régional. Or, le communautarisme veut surtout éviter cette intégration, car il vit et prospère sur l'illusion de pouvoir transposer au cœur de l'Europe l'existence dans toutes ses composantes que ces populations connaissaient dans leur pays d'origine. J'irai jusqu'à dire que c'est là une politique criminelle, car elle enracine une illusion qui bloque tout avenir harmonieux. Mais il faut bien constater que tout est fait pour que l'on ne connaisse pas exactement de qui se constitue la région bruxelloise.

Les statistiques nous disent que nous sommes un peu plus de 1 million 100, soit 400000 étrangers et 700 000 belges, mais il est interdit de savoir combien parmi ces 700 000 belges disposent de la double nationalité. Cela constituerait un crime contre les droits de l'homme, contre l'égalité des Belges. Personnellement, je ne vois nullement ce qu'il y a de dommageable à savoir quel est le nombre de nos concitoyens qui disposent de ce privilège. Deux de mes petites filles étant dans le cas. Je ne vois nullement où est le drame. Mais, comme dans le procès du capitaine Dreyfus, la question ne sera pas posée.

Il est intéressant de noter que Mahinur Özdemir, qui avait été virée du CDH, car elle refusait de retirer son voile au parlement bruxellois, est citée par la presse turque en qualité de future ambassadrice de Turquie à Alger... cela devrait faire réfléchir, non ! On se souviendra aussi des délirantes déclarations d'amour et de soumission au roi Mohamed VI proférées par le député SPA Fouad Ahidar au retour de l'un de ses voyages au Maroc. On peut en rire... je le comprends, mais il conviendrait quand

428

même de se poser quelques judicieuses questions sur ce délicat sujet.

J'ai toujours pensé que quand une autorité quelconque ne répond pas à une question, l'absence de réponse est… la réponse la plus claire. Pas de doute qu'en fait, « on » ne souhaite pas que l'on sache de qui se compose exactement la population bruxelloise. Pour moi, c'est grave. Car sans connaissance statistique précise, il est impossible de définir des politiques efficaces répondant à des besoins réels. Ainsi, pour avoir ignoré, il y a une vingtaine d'années, ce que le journaliste François Robert avait précisé dans « Le Soir », à savoir que Bruxelles avait la natalité de la ville d'Alger… aucune politique de bâtiments scolaires n'a été mise en place, conséquence, vous avez aujourd'hui des écoles vétustes, surpeuplées ou bien des enfants regroupés dans des containers où il y a 2 ou 3 sanitaires pour 200 enfants. Il en va de même dans tous les secteurs ! Quand on ne connaît pas sa population, on ne peut pas mettre en œuvre des politiques adaptées.

Je n'ai donc pas été étonné d'apprendre dans la presse de ce 12 septembre que Bruxelles compte la population moyenne la plus jeune de Belgique… tragique de constater que les politiques n'en dégagent aucune conséquence.

Pourquoi le bac à sable ?

Tout le monde a constaté à quelle vitesse a été mis sur pied l'exécutif bruxellois alors que les autres gouvernements régionaux sont toujours dans les limbes. C'est fort simple. En fait, ce qui se passe à Bruxelles n'a plus le moindre poids politique dans le reste du pays. J'évoquai cette question avec un important éditorialiste flamand qui me faisait remarquer la médiocrité des ministres flamands désignés par leur parti dans l'exécutif bruxellois. Je n'ai pas osé m'exprimer sur la qualité des ministres francophones. Il ne fait plus de doute pour personne en Flandre qu'on s'achemine à grands pas vers la solution prônée par la NVA, à savoir que Bruxelles fera l'objet d'une cogestion par la Flandre et la Wallonie… alors ce qui se passe en politique à

Bruxelles… en réalité au Nord et au Sud tout le monde s'en fiche, même si Onkelinx joue le rôle de potiche à côté de Di Rupo, cela ne trompe plus personne. Voilà le drame vers lequel on s'achemine pas à pas… mais croyez-moi on finira par y courir.

Un débat sur le communautarisme au PS ?

On l'a vu, Rudi Vervoort et la députée El Yousfi souhaitent ce débat. Je doute qu'il ait lieu dans la mesure où la clarification des positions en matière de laïcité, de voile, d'égorgement rituel, d'égalité homme/femme, etc., conduirait à rendre publique et officielle la rupture du PS avec ses valeurs fondamentales.

Je crois au contraire que ces dernières élections communales et régionales ont fait franchir au PS un saut du qualitatif vers le quantitatif. Certaines ambitions, jusqu'ici prudemment contenues, vont se faire jour. Une génération nouvelle va sans doute émerger. Il est temps pour les sauveurs de montrer qu'ils sont largement majoritaires et que sans eux il n'y a plus de PS.

Les rapports de force ont pris une telle dimension, le PS est à ce point dépendant d'éléments n'ayant plus qu'un rapport lointain avec ce qui faisait sa spécificité qu'un retour à nos valeurs de base me semble pour le moins très incertain. Il faudrait un vrai courage à certains pour oser enrayer cette course à l'abîme. Un PS sans projet collectif, sans utopie concrète, sans projet futur, voilà la réalité. Or, si un parti n'a plus ni projet ni idéologie, il n'y a plus rien qu'une petite entreprise à faire des voix… de moins en moins et des sièges de moins en moins.

Il ne me paraît pas inutile de rappeler ici les résultats d'un sondage en Allemagne qui concluait que 64 % des personnes interrogées ne savaient pas quelles sont les valeurs du SPD. Quels résultats, croyez-vous, donnerait un tel sondage à Bruxelles à propos du PS ? Ce serait effrayant. Force est de constater que le PS bruxellois n'est plus que l'épave d'un vieil et grand idéal. Il a muté, changé de genre… très tendance cela aujourd'hui… il est devenu une petite entreprise, sans idées, sans principes, sans âme, animée par le dur désir de durer, durer au profit des familles régnantes qui ont comme seul objectif de se perpétuer et de se reproduire. On y croise même des antisémites ! Des gens se revendiquant proches du Hamas, faisant le signe de ralliement des frères musulmans dont l'article 1 de la charte prévoit la destruction de l'État d'Israël...

Difficile dans ces conditions... de vouloir définir des positions claires en matière de ce communautarisme.

Mais attention, l'idéal socialiste n'est la propriété de personne.

Ceux qui aujourd'hui le gouvernent n'en sont nullement propriétaires, ils ne règnent que sur le transitoire. Je connais deux ou trois mandataires socialistes capables de rassembler des forces nouvelles, de retrouver les valeurs, qui ont la capacité, le charisme de faire face, de dire que le roi est nu, de se lever, de refuser l'éparpillement d'une gauche déboussolée, dénaturée par le communautarisme.

Je ne les cite pas, car ce serait les torpiller. Mais je sais qu'ils existent. Qu'ils se lèvent, prennent la tête d'un combat pour la laïcité, le respect et la liberté des femmes, contre l'égorgement rituel, pour le respect de la neutralité religieuse. Ceux-là verront revenir à eux des Bruxellois dont on ne percevait plus l'existence... ceux-là espèrent, attendent « l'espoir c'est ce qui meurt en dernier ».

Ne le laissez pas mourir, car avec lui disparaîtrait à Bruxelles une grande et belle Idée !

VINGT ANS DE LÂCHETÉS DE LA GAUCHE BELGE
Entre désillusion et espérance

Enfin… La remise en cause d'un système électoral injuste, inéquitable et qui conduit inévitablement au pire communautarisme

Publié le 19 janvier 2023

La proposition du député Julien Uyttendaele vise précisément à remettre en cause ce système. Tous les Bruxellois doivent la soutenir, car il ne fait aucun doute qu'au parlement elle sera retoquée. Les Bruxellois doivent maintenant se réapproprier les élections dont les résultats doivent représenter de façon juste et équilibrée les différentes composantes de la population. Mobilisons-nous pour retrouver enfin un système électoral conforme à notre constitution. (Voir « Le Soir » de ce 19 janvier 2023)

Julien Uyttendaele ose dire que « le roi est nu» et que ce qui se passe à Bruxelles conduit au séparatisme. Il convient donc de le soutenir, car ce n'est pas au parlement qu'il trouvera une oreille attentive. **Il est rare que l'on coupe la branche sur laquelle on est assis !**

Le vote multiple, l'arme fatale du communautarisme

Publié le 25 janvier 2023

Le fléau du vote communautaire à Bruxelles – Pourquoi ne pas oser dire à qui il bénéficie ?

Ce matin dans « Le Soir », le professeur De Coorebyter décrit parfaitement les conséquences du vote multiple dont le député Uyttendaele veut obtenir, grâce à sa proposition de décret, la modification. J'ai déjà depuis des années mis en avant les arguments permettant de mettre à jour les effets de ce vote multiple qui est de fait contraire à la Constitution, je l'ai qualifié d'arme fatale du communautarisme. Il suffit de relire les articles de mon blog (hermanusinfo.wordpress.com) où j'explique les conséquences de ce que j'ai appelé « le vote patronymique ». Mais si le professeur De Coorebyter explique brillamment les effets délétères du vote multiple, il n'évoque jamais ceux qui en sont les principaux bénéficiaires. Il cite les néerlandophones, les femmes, ce qui est en l'occurrence tout à fait négligeable, mais jamais la communauté maghrébine alors même qu'à Bruxelles, c'est elle et elle seule qui bénéficie en masse du système du vote multiple.

Il suffit pour s'en convaincre de voir qui sont les élus dans certains conseils communaux et surtout au parlement bruxellois.

Le professeur De Coorebyter évoque, il est vrai l'égorgement rituel, mais ce n'est qu'une brève allusion. Je me demande bien pourquoi il n'évoque pas les seuls ou les principaux bénéficiaires de ce système scandaleux. N'ose-t-il pas ? Mais alors pourquoi ?

Je ne veux pas le croire et j'avoue, si ce devait être le cas, qu'il y aurait de quoi être inquiet.

435

Oui, Monsieur le professeur « le roi est nu», il faut oser le dire, d'autant plus que Julien Uyttendaele vient de fournir les clés pour le déshabiller.

Table des matières

Du même auteur

Tempête sur l'Audio-visuel, Du Perron 1990
L'Épreuve, Luc Pire 1999
Paul Halter, 151.610 – D'un camp à l'autre, Labor 2004
Je t'écris par de là les nuages, du Céfal 2005
Du Bonheur de la certitude d'être aimé, Du Perron 2010
L'Ami encombrant, Luc Pire 2013
Carnet d'un cancer tabou, Luc Pire 2015
Fusiller Céline -Essai, Jourdan 2020
L'Orchestre rouge – Les derniers secrets, Jourdan 2020
Paul Hymans - Carnet d'exode 1940. Un géant de la politique belge dans la tourmente, Belg-O-Belge 2022
Vu de mon bistrot, Belg-O-Belge 2023

©LES ÉDITIONS AMÉRICAINES
UNITED STATES OF AMERICA
2024
Library of Congress
ISBN 979-8-9907180-0-5